中国管理名家文库

管理的变革

邓荣霖◎著

企业管理出版社
ENTERPRISE MANAGEMENT PUBLISHING HOUSE

图书在版编目（CIP）数据

管理的变革 / 邓荣霖著. —北京：企业管理出版社，2022.4
ISBN 978-7-5164-2574-9

Ⅰ. ①管… Ⅱ. ①邓… Ⅲ. ①企业管理－研究－中国
Ⅳ. ① F279.23

中国版本图书馆 CIP 数据核字（2022）第 039762 号

书　　名：管理的变革
书　　号：ISBN 978-7-5164-2574-9
作　　者：邓荣霖
责任编辑：尤　颖　　徐金凤
出版发行：企业管理出版社
经　　销：新华书店
地　　址：北京市海淀区紫竹院南路 17 号　　邮　　编：100048
网　　址：http://www.emph.cn　　电子信箱：emph001 @163.com
电　　话：编辑部（010）68701638　　发行部（010）68701816
印　　刷：北京博海升彩色印刷有限公司
版　　次：2022 年 4 月第 1 版
印　　次：2022 年 4 月第 1 次印刷
开　　本：787mm × 1092mm　1/32
印　　张：13.25 印张
字　　数：260 千字
定　　价：66.00 元

出版者的话 / THE WORD OF THE PUBLISHER

企业管理出版社自成立以来，始终坚持面向企业、为企业和企业家服务的办社宗旨，紧紧围绕国家经济建设和中国企业管理与发展的主线，致力于传播管理前沿理论、知识、方法，推广先进典型的企业管理实践经验，编辑出版了大量管理理论和管理实践类专业图书，受到读者和企业界的好评。

改革开放 40 多年来，在我国广大管理专家和企业家的共同努力下，伴随我国企业的发展与壮大，我国管理研究和管理实践都取得了丰硕成果。为总结和传播我国管理研究与管理实践的优秀成果，推动我国管理实践、科研及教学上新台阶，促进我国企业管理水平不断提升，实现企业高质量可持续发展，企业管理出版社汇集我国当代著名管理专家和优秀企业家的精品原创著作，编辑出版《中国管理名家文库》（以下简称《文库》）。

《文库》有以下几个特点：

第一，阵容强。《文库》作者队伍由权威管理专家和知名企业家组成，他们是我国管理研究和实践创新方面有独到建树并取得卓越成就的专家和企业家。

第二，内容广。“名家”们可以向读者展示自己最想展示的内容。《文库》收录的著作内容既可以是管理学术研究建树和管理实践成果，也可以是专家和企业家的管理思想，还可以是专家和企业家对管理的感悟和心得，等等。只要是对管理专业人士或管理者有价值的东西，都可作为《文库》的内容。

第三，形式活。《文库》对收录的著作之表现形式不作硬性的规定和要求，“名家”们可以自由发挥，以自己喜欢的形式著述。

希望更多优秀的管理专家和企业家加入《中国管理名家文库》作者队伍，希望广大管理专家、企业家和读者朋友大力推荐“名家”，帮助我们把《中国管理名家文库》做好。

序　　言 / PREFACE

改革开放40多年来，我国实现了从生产力相对落后的状况到经济总量跃居世界第二的历史性突破，实现了人民生活从温饱不足到总体小康、奔向全面小康的历史性跨越。这一举世瞩目成就的背后，有无数专家、学者和研究人员的伟大贡献和无私付出，邓荣霖教授正是这些贡献者中的典范。

邓荣霖教授被誉为中国经济学研究领域三大泰斗之一，他从1961年毕业留校到1978年改革开放，长期从事工业企业管理教学和研究工作，对传统计划经济体制下工厂的组织形式的弊端了如指掌。1979年11月至1982年2月，邓教授作为改革开放之后国家首批公派国外的高级学者，前往南斯拉夫留学，对南斯拉夫工业企业管理进行深入研究。1982年，邓教授从南斯拉夫留学回国后，在高校率先开设“公司概论”课程，同时撰写了《南斯拉夫工业经济管理学》，开创了中国现代企业和公司理论与实践研究的新领域。1984年9月和1986年12月，邓教授参加《公司法》起草工作及研讨，见证并参与了我国经济体制的变革过程及管理方式的转变过程。1987

年，作为我国企业改革的亲历者和研究者，具有多年国内及国外企业管理研究经验的邓教授指出，股份有限公司和有限责任公司将成为我国社会主义公司体系中两种最基本的公司责任形式。1993 年，邓教授任中国人民大学博士生导师，在担任系主任期间，筹建了中国人民大学国际企业管理专业。1997 年，邓教授担任国务院学位委员会工商管理学科评议组成员。多年来，邓教授从未停止对企业改革和发展等问题的研究和探索，他围绕公司理论和现代企业制度理论发表了大量的论著和学术论文；多次参与国家经贸委、国家体改委等有关部委关于公司和现代企业制度方面的专题讨论和研究，其研究成果和建议成为制定有关政策的重要依据，邓荣霖教授也由此被理论界和实业界赞誉为“邓公司”。

邓教授的管理思想从实践中来，并用以实践，以简练易懂的语言表达，将管理的真谛囊括其中，得出指导企业长期发展的科学管理理论。邓教授多年来紧密结合中国实际情况，立足于中国企业发展的现实，采用理论与实践相结合、历史与现实相结合、国内与国际相结合、原理与个案相结合的研究方法，对企业制度和企业管理、中国企业成长和发展等多个方面做出详尽的理论研究。他的研究紧密把握各个历史阶段的中国企业状况和发展趋势，针对推动中国企业理论研究和企业实践的发展提出的新思路和对策，具体包括以下几个方面。

在法制的建设和完善方面，邓教授是我国最早系统研究公司理论的著名学者，他从考察经济发达国家的公司组织入手，对比分析了我国现状，建立了较为系统的公司理论体系，并运用于我国的实践。他在公司和现代企业理论与实践研究领域做出的重要论述，完整呈现了中国公司发展的曲折历程。邓教授曾参与《公司法》《国有资产管理法》的起草工作，在建立相互联系、相互制约的法人治理结构方面，做了系统的早期探索。他始终坚持要尽快制定《公司法》，以规范我国公司法律形式和公司经营行为。1984 年邓教授提出，要合理组建工业公司，就要实行政企分开、自愿互利和采用多种组织形式。1987 年邓教授主编的《工业公司概论》系统地提出了“建立并发展具有中国特色社会主义公司体系”的理论框架。1992 年，党的十四大正式把建立社会主义市场经济体制作为我国体制改革的目标。在新的形势下，邓教授把研究重点放在现代企业制度以及与建立现代企业制度相关的整个经济体制改革上，发展并建立了独特的关于现代企业制度的理论体系。1994 年《公司法》颁布并实施之后，他继续关注《公司法》的建设情况。在充分肯定我国第一部《公司法》的现实作用和战略意义的前提下，他认为《公司法》中存在一些遗留问题和不完善之处，比如若干条例还需要制定具体的实施办法，一些法律条文留给执法部门过多的执行空间等，并详细研究了《公司法》施行中需注意的现实要点。除此之外，他还参与了早期国有资产法的立法体系指导思想及草案的有关讨论和研究活动。

在现代企业作用和现代企业制度优势方面，邓教授认为，企业是集合经营要素并在利润动机和承担风险条件下为市场提供产品或服务的组织。企业在经济体系中具有重要的地位和作用，它是社会物质财富创造的基本单位，是社会生产力发展的载体，因此任何一个国家都需要为企业成长和发展提供良好的外部环境。在对企业实质认定的基础上，邓教授进一步指出现代企业是指拥有现代技术和现代管理的企业，并强调现代企业制度有六大优势。第一，现代企业制度可以极大地提高专业化协作水平。第二，现代企业制度可以做到工商结合、工贸结合、农工商结合。第三，现代企业制度能够实现生产科研结合。第四，现代企业制度可以做到产业资本和金融资本相结合。第五，现代企业制度有利于实现企业资源的综合利用。第六，现代企业制度可以带来规模经济效益。

在现代企业制度建设方面，邓荣霖教授认为，企业是一个系统，现代企业制度建设应该包含企业系统的全部内容。总体来看，现代企业制度主要包括现代企业产权制度、现代企业组织制度和现代企业管理制度。首先是产权制度创新。在规范股东的基础上实现股权多元化，股权结构要合理，实行股东所有权与公司法人财产经营权分离的产权制度。其次是组织制度创新。企业内部的组织结构要变革，建立和规范公司法人治理结构。最后是管理制度创新。建立战略管理与业务管理相结合的制度，建立综合的、系统的、科学的业务管理制度，处理好管理工作中的制度建设和人本管理的关系。关于这些论述，邓教授在当初提出“建立并发展具有中国特色的社会主义公司体系”构想和论述股份制企业的外部关系时大部分已有涉及，此后又做了进一步的丰富和完善。

在国有企业改制及民营企业建制方面，邓教授提出，在我国国有企业改革一直都被定位为经济体制改革的中心环节，这是由国有企业在整个经济体制中的地位所决定的。邓教授长期关注国有企业的改革问题，他认为国有企业依靠优惠倾斜政策已走到尽头，靠推广经验或单纯换企业领导也不行，国有企业现阶段的改革应是改制，改制是改革的延续和发展。国有企业改制，应该着重解决如下四个问题：第一，股权多元化。第二，股权结构要合理。第三，处理好所有者与经营者的关系，实行公司所有者与经营者分离的制度。第四，建立公司法人治理结构。在民营企业建制方面，邓教授指出从企业本身来说，不问“姓公姓私，姓社姓资”。作为现代企业制度表现形式的股份制企业，既可以通过国企改制来形成多元化的股份制企业，也可以通过民营企业吸收新股权来建立股份制企业，殊途同归，方向是共同的。民营企业是从无到有，由小到大，由弱变强，要由原来家族式管理、人盯人管理、个性管理发展到制度化管理，即建立现代企业制度。所以，国有企业是改制，民营企业是建制，它们的共同方向是建立现代企业制度。在这一背景下，邓教授提出了“现代企业制度是国有企业改制和民营企业建制的共同方向”这一命题。

在企业文化与企业制度的关系方面，邓教授不仅看到了企业制度对企业发展的作用，而且能够准确理解企业文化的本质及其对企业发展的重要作用。他认为企业文化建设最重要的是增强企业凝聚力。企业作为一种由人组成的以利润为目的的组织系统，其组成要素主要包括制度、文化、战略和组织等。其中，战略决定了企业发展的目标，组织决定了每个人在企业中的位置，而制度和文化则起着约束和规范企业中人的行为的作用。邓教授指出，企业制度是有形的，企业文化是无形的；企业制度是物质的，企业文化是精神的；企业制度是外在的，企业文化是内在的；企业制度是他律的，企业文化是自律的。企业文化能引导人善的一面，企业制度能抑制人恶的一面，因此，两者都是企业发展建设必不可少的，是企业发展的两大支柱。

在企业制度创新方面，邓教授认为，制度的障碍是困扰企业发展的最大障碍。回顾企业发展的历程，改革初期有一些企业是靠优惠政策倾斜扶持发展起来的，但到了现在要想长远发展就成了问题。改革到现在企业之间的差异愈来愈明显，企业发展的情况千差万别，靠“一刀切”式的制度模式已经不能解决所有企业的问题，必须一对一地解决，完善企业管理制度上的缺陷已是迫在眉睫。我们的企业习惯于出现问题就换领导而不是换制度，其实很多企业问题普遍反映出的不是企业领导的问题，而是制度的问题，因此我们要找出其中的规律。邓教授认为，要规范企业制度，首先需要破除传统计划经济体制划分企业的标准，建立与社会主义市场经济相适应的企业制度分类标准。关于建立与社会主义市场经济相适应的企业制度分类标准，邓教授提出应按照企业资产所有者形式的不同来划分企业制度，这样可以使企业资产责任明确，有利于企业制度的规范、提高企业的市场竞争力，促使有实力的企业进行跨国经营和合作。因此，这就要求我们应该毫不动摇地坚持企业制度创新的方向即建立现代企业制度，并坚定不移地按照现代企业制度的要求付诸实际行动，深刻领悟其重要的现实作用和深远的战略价值。

纵观邓教授的研究历程，我们可以清楚地看到他对公司及现代企业制度理论研究的思想脉络，以及他在公司理论研究领域所做出的突出贡献，其研究有这样几个特点。第一是科学性。他的研究注重发掘事物发展的一般规律，抓住公司理论和现代企业制度在经济体制改革中的核心地位和作用这一问题的本质进行系统研究，他的论述直到今天仍能与国际接轨、符合现代市场的经济发展规律。第二是系统性。他的理论以公司为核心，对企业的制度形式、企业的组织形态、企业的经营管理、现代企业制度的建立、企业的文化建设进行了系统性的研究，使他的研究既有层次性，又有连贯性，更多地着眼于创造整体效益，发挥综合效应，达到整体优化。第三是实践性。他的研究注重理论与实践结合，紧紧抓住了中国如何实现工业化这一大的时代命题，使得研究从实践中来，到实践中去并能有效解决实际问题。第四是创新性。邓教授看到了计划经济体制的弊端，指明了国有企业改制和民营企业建制的方向，建立了与社会主义市场经济相适应的企业制度分类标准，他的研究总能走在时代前列，紧跟时代节奏并提出新观点。第五是前瞻性。邓教授抓住公司这一市场经济的核心命题，对我国社会主义市场经济体制改革和公司发展方向做出了前瞻性的研究和预见，并在此后为我国企业改革和发展的实践所证明。

从邓荣霖教授的诸多学术研究中，我们领略到他科学的方法和踏实的作风，正是这样优秀的科研品格使他在公司理论和现代企业制度等方面的研究在国内处于领先水平。邓教授把管理的实质归结为“把复杂问题简单化，把简单的事做好”。

管理是一个具有丰富内涵的概念，其具有时代特征，不同时代管理活动的主题和关注点会存在一定的差异。这就要求管理研究必须针对实践中的问题进行长期、系统、客观的观察、理解、认知和分析，由此形成的管理理论才能是历史与现实、理论与实践紧密结合的产物。管理理论强调对市场机制的坚持，在管理活动中，要处理好市场经济体制中各个成分的关系。而管理变革强调创新，创新是推动管理理论持续发展的重要动力，通过“破中有立，立中有破，不破不立，不立不破”来形成破与立的统一，达到管理与变革的有机结合。

《管理的变革》收录了邓教授多年来紧密结合中国实际对企业管理进行理论研究的丰硕成果，从内容上划分为管理篇和创新篇两大板块。邓教授认为，管理是企业为实现经营目标而使具有凝聚力的全体员工都认同的这样一个价值观；而管理理论是一个知识体系，是一个学科集群，其目的就是要在发展变化的社会中，构成与之自相适应的系统。要使这一系统能够得到持续地、高效率地输出，不仅要求运用现代化的管理思想和管理组织，还要求使用现代化的管理方法和手段来发展现代管理科学。

书中邓教授特别强调，企业管理是市场经济条件下的企业管理，绝不能还原到计划经济体制的企业管理，主要有四个要点。

第一个要点，企业管理是企业制度的一个部分，企业制度有三个部分：一为产权制度，二为组织制度，三为管理制度。产权是前提，组织是保证，管理是基础，三者紧密相连。

第二个要点，不同的公司制度有不同的产权结构，组织包括组织结构、组织机构。组织机构在《公司法》中叫公司治理结构，或公司法人结构，这些常识问题要达成共识。在中国很多地方没有达成共识，导致很混乱，各地有各地的想法和做法，不是按照市场的规律来做。

第三个要点，企业管理制度与人本管理的关系。这一点是要点中最为重要的。在企业管理当中，企业文化属于“软”的方面，是引导人善的一面；企业制度属于“硬”的方面，是遏制人恶的一面。企业管理一定要“软”“硬”结合，双管齐下。

第四个要点，企业管理的内部条件与外部条件。人力资源条件等属于企业管理的内部条件；社会环境、法律环境、人文环境、宏观经济环境、微观经济环境等属于企业管理的外部条件。企业管理，在无法改变外部环境的情况下，就要发挥内部优势，同时把劣势对企业的影响降到最小。这也符合哲学原理，内因是主要的，外因是次要的。

处在新时代，制度建设依然是各家企业亟待解决的共性问题。任何一种企业管理制度都不可能放之四海而皆准，企业的管理工作需要不断创新，包括以高新技术、新产品去开拓新市场，以内部组织结构变革来进行组织创新，以重组企业内外部关系为重点进行管理创新，以创新管理战略和业务模式推动持续发展，以夯实基础和精细管理促进模式优化，以文化创新和软实力建设来形成价值升级……这些都是管理变革的灵魂。

创新，首先是产权制度的创新。建立现代公司制度，就是要建立一种资产所有者和经营者分离的制度，推行股权多元化，在公司内部形成经营者持股、技术人员持股甚至职工持股的制度，用制度激励人、留住人、管理人。企业产权制度的实质不单单是财产归谁所有的问题，更要求有责任制和建立在责任制基础上的社会化。其次是组织制度的创新，要处理好企业内部的分工与协调的关系，建立合理的企业分工制度和在分工基础上的协调制度，构建适合企业的组织结构，用制度管人。

强调制度创新，因为市场经济是法治经济，不是人治经济，人是暂时的，而制度是永恒的，生产是无限的。企业不是讲大道理，讲永恒真理的地方，所以应从微观上更快地完善和创新企业制度，为企业的可持续发展奠定制度的基础保证。

纵览邓荣霖教授的研究历程，其在国内开创并系统研究了公司理论和现代企业制度理论，对企业进行了全面、深入、系统的研究和论述，对经济发达国家和中国企业在成长和发展过程中的制度创新和管理创新实践进行深刻剖析和系统总结。邓教授用实行和真知真正做到了其治学格言所写：专中有博、博中有专。邓教授有言："学校有专业，专业是要专，但不能钻牛角尖，要专中有博，在博中求专，这是专与博的关系，企业管理学科要不断发展，它是一个专业，但是它要不断发展。实践常青，理论不止，科学知识代代相传。"

回首过去，无论是学术成就，还是传道授业，邓荣霖教授都为中国管理的探索和发展做出了重要贡献。他用朴实的文字、简单的言语和精准的思想来阐述理论、指导实践，真正做到了化繁为简，即“说得清，听得懂，用得上”。在《管理的变革》一书中，我们不仅能够看到邓教授对现状的深刻思考，还能领略其基于实践不断创新的精神、广博的管理理论知识及富有创见的思维方式。邓教授的研究不仅注重解决现实问题，还着眼于未来发展，在理论上和实践上都为我国社会主义市场经济的发展和我国企业的改革与发展做出了杰出贡献。

中国企业联合会 中国企业家协会

副理事长

2022 年春

目　录 / CONTENTS

管理篇

| 创新篇 |

管理篇

中国企业管理的现状与展望

随着21世纪的到来，会计学科在管理学、经济学领域起着越来越大的作用。管理学科的建设需要会计学科的发展，会计学科的建设需要管理学科研究的发展。

中国企业管理的现状是处于从计划经济体制转向市场经济的变革时期。这种变革从企业组织形态考虑，即要从单一工厂型管理转变为公司型管理。现代企业制度是以公司制度为主体的市场经济体制的基本成分。中国要建立市场经济体制，首先要处理好三个成分的关系：消费者（市场）、企业、政府。在市场经济体制下，企业围着市场转，政府围着企业转。然而，现阶段中国的大多数企业仍然围着政府转。这个问题依然没有得到解决，影响着建立起面向市场的现代企业制度。

现代企业制度以公司制度为主体。21世纪中国企业发展趋势包括三种形态：个人独资企业、合伙企业、公司。现行一些企业形态的划分和法律界限不明确，如集体企业、乡镇企业、民营企业，这种划分使得会计没有企业形态的基础，产权界定不清。只有以资产所有者形式的不同来划分企业的形态，不再以所有制来划分企业形态，打破所有制的界限，调整所有制的结构，会计才会有基础。现行国有企业比例过大，这使会计学科的发展难上加难。

从企业管理的内容来看，20 年来的改革，改变了国有企业的封闭式单纯生产管理和坐等顾客上门的状况，按照现代公司管理的要求确立了“市场第一，用户第一”的经营观念，从过去无视市场、轻视销售转变为高度重视市场调查和市场预测，建立市场销售网络和售后服务体系，实现生产管理和市场营销的有效结合，而且在生产管理中，强调把质量管理和成本管理作为生产管理的生命线，贯穿于生产管理的全过程，建立起生产、营销、人力资源、科技开发、财务等几个方面的综合型的企业管理。现在中国企业也开始讲究名牌效应，树立名牌意识，今后应该将企业管理带入一个新的阶段，按照现代企业管理的准则改进管理。

企业的管理面临着更激烈的国内外市场竞争的挑战，市场竞争是实力竞争，是企业管理水平的竞争，是科学技术水平的竞争。目前，中国企业仍然存在管理基础薄弱、管理秩序混乱、管理制度僵化、组织结构刚性、生产活动封闭、资源浪费严重等诸多问题。

中国企业如何增强企业市场竞争力？首要的是明确企业市场竞争力的标志。本文提出四个标志。

（1）财务数据。财务指标要真正反映市场竞争力；财务数据要真实、可靠、及时，会计很重要。

（2）用户满意程度。

（3）企业内部员工工作效率。

（4）企业不断创新的精神，包括技术创新、组织创新、人才创新。应注意如何将科技成果转换成盈利的商品，将单个盈利商品转换成批量、规模、市场占有率。

以上这些问题都与会计学科建设有关。

国外市场经济发达国家的现代企业管理水平实际是几十年乃至上百年的企业管理理论与实践发展的结果。从现代企业管理理论与实践的发展规律来看，中国企业管理也要经历由低到高、由小到大、由弱到强的过程，但严峻的市场竞争现实不允许中国企业也像国外那样用上几十年、上百年去分阶段达到。按现代企业制度的要求，中国企业要在尽可能短的时间里实现规模效益、成本效益、价格效益、质量效益的企业管理目标。

中国企业管理的发展趋势是：立足于中国企业的现实状况，在扎扎实实做好企业管理的基础工作的同时，必须加快企业管理工作的改革步伐，尽快实现规模、成本、价格、质量的市场竞争优势和综合经济效益。企业管理不仅要加强，而且也要改革。

当中国企业管理逐步向国际接近时，要认识到国外企业管理又在向更高层次发展。信息技术的进步和企业管理中计算机辅助信息系统的建立，在企业管理理论中的发展表现为信息技术工程及管理信息系统理论的兴起，全面研究计算机辅助管理对企业管理的影响日益重要。20 世纪 80 年代，重视企业结构重建、流程再造，从企业组织变更入手以适应信息技术、知识经济条件下的市场需求。20 世纪 90 年代，以对客户最佳服务为企业管理的首选目标，重视分析技术变革对管理工作的影响，重视分析客户的需求变化和购买行为，以求得最短的产品开发时间及对市场做出最快的反应，交货期成为市场竞争的焦点。21 世纪，企业管理工作的不断创新，包括以高新技术、新产品去开拓新市场，以调整企业内部组织结构为主要内容的组织创新，以重组企业内外关系为重点的管理创新，将成为现代企业管理工作的灵魂。

中国企业管理将面临以客户为中心的更加激烈的市场竞争的挑战，但企业与政府深层次的关系仍然没有理顺，所以中国企业管理的发展趋势是在认真有效地改革企业内部管理工作的同时，加快企业外部的体制改革和为企业创造公平、公正、公开的市场竞争环境，使各类企业在市场竞争中求得生存与发展。

为迎接日新月异的以技术变革为中心的信息技术和知识经济的挑战，研究信息技术、知识经济对企业管理的影响，包括对会计学科的影响，这是中国企业管理界的重要任务。

中国企业管理未来的变革和发展要想赢得持久的市场竞

争力，必须解决以下三个问题。

（1）企业要拥有一批高素质人才，包括企业内部各类人员在观念、文化、技能、行为各方面均能适应市场竞争的要求。特别要形成一批职业企业家，提倡和培养企业家精神，包括人的独立性、自主意识、自己动手能力、首创精神、成就感、承担风险和确定目标的能力、自信心、自我表现力、讲信誉、守约、韧性、自我制约能力等。人的素质是关系企业管理的一个极其重要的问题。

（2）企业管理制度建设是企业科学管理的起步。要变企业当前的无序管理为有序管理。中国的“质量第一”的口号非常响亮，推广国外企业质量管理的方法不下几十种，但质量问题一直是困扰中国企业产品久治不愈的顽症，关键是缺少一套健全有效的质量管理制度。因此，必须建立责、权、利相结合的企业管理制度，激励机制和约束机制相结合的企业管理制度。企业的管理制度要和企业的产权制度结合起来，要和企业的组织制度建设结合起来，要做到产权明晰，要建立公司法人治理结构。公司法人治理结构是公司制度的核心，而董事会又是法人治理结构的核心。要处理好董事会和股东会（股东大会）的关系，处理好董事会和公司经理的关系，这有利于保证企业管理的组织机构作用的发挥。

（3）要处理好制度与人的关系。科学管理制度要由高素质的人来制定，也要靠人去执行，因此人是最重要的。要实行以人为本的管理，同时，人本管理要强调在科学管理制度条件下发挥人的作用。中国企业如何处理好制度与人的关系？这个问题尚未解决。我认为人是暂时的，制度是延续的。中国企业有些老总在位时业绩显赫，离任后企业管理迅速下滑，原因在于没有建立一套管理制度延续下去，或是没有使管理制度坚持下去。制度要变革，但变革制度不是不要制度，恰恰是要完善制度，使制度发挥先进的作用。制度安排是由生产力决定的。制度好，坏人难以得逞；制度坏，好人变坏人。制度和人的关系融合在企业管理的每一项活动中。企业管理工作，包括会计工作，每一项都应该有制度，又要发挥人的作用，这是企业管理中必须解决的问题。

［原载魏明海、谭劲松主编：《新世纪中国会计改革与发展研究》，北京，中国财政经济出版社，2000］

企业集团的内部组织与管理

第一节　企业集团的组织目标及组织原则

从企业集团作为由具有一定内部经济联系的多个企业联合组成的经济组织的基本含义及其特征中可以看出，不仅企业集团是组织，而且企业集团的内部成员企业也是组织。因此，企业集团内部存在着大组织与小组织、整体组织与局部组织的关系。它们之间是一种互相依赖、互相制约的关系。不论是大组织还是小组织，整体组织还是局部组织，都必须有共同的组织目标，遵循共同的组织原则，使企业集团形成一种组织力量。这是企业集团作为经济组织生存和发展的基本原则，也是企业集团内部组织与管理工作的基本指导思想。

企业集团的组织目标，从根本上来说，就是在经济发展和技术进步中求得企业集团更好的生存与发展，为我国的社会主义现代化建设做出更大贡献。企业集团的这个组织目标是通过高效率来实现的，没有高效率就无法实现企业集团的组织目标。因此高效率就是企业集团组织目标的内涵。企业集团的高效率，既是在同其他企业集团的比较中确定的，表现为高于其他企业集团效率，也是在其成员企业的各自比较中确定的，表现为这些成员企业组成企业集团之后的效率高于之前各自的效率。

企业集团组织系统的高效率，是建立在企业集团内部的合理分工与有效协调的基础上的。集团内部的分工与协调、各个成员企业之间的分工与协调及各种职能人员之间的分工与协调，比起单个企业的组织工作，显然更为复杂、更加困难。为此，努力做到企业集团组织机构精简，企业集团的高层领导班子精练，企业集团的各种职能人员精干，既有合理分工，又能有效协调，激发出蕴藏在各个成员之中的积极性、主动性，乃是实现企业集团组织系统高效率的必要保证。

企业集团作为一种现代的经济组织，是为着实施其内部的合理分工和有效协调而建立起的高效率的组织系统，应该遵循下列三项重要原则。

（1）统一目标原则。既然企业集团是作为一个组织而存在的，就必须有一致对外的共同目标。这个统一目标是高效率目标的具体化和深化的表现。如果缺乏统一目标，那么，这个企业集团就毫无意义。各个成员企业联合起来、组织起来，不是为组织而组织，而是为了实现企业集团的统一目标。

（2）法人平等原则。企业集团内部各个成员企业所具有的法人资格，表明这些企业之间在法律上的平等地位。这在客观上要求企业集团必须确认各个成员企业在经济活动中具有平等、独立地进行商品交换活动的自主权。因此，企业集团内部各个成员企业之间的关系，与每个成员企业内部各个单位之间的关系，是既有联系又有区别的。

（3）组织变革原则。由于企业集团内部各个成员企业条件的变化和企业集团外部环境的变化，企业集团须相应地进行组织调整与变动。企业集团的这种组织变革，应当反映出内部条件与外部环境的结合，不仅要保持各个成员企业之间的平衡，而且要体现整个企业集团组织的连续性过程，使企业集团的组织目标继续执行下去，不至于出现因组织变革而损害整个组织目标的状况。

第二节　企业集团的组织联系及其形式

企业集团内部的组织联系，即各个成员企业之间的关系，表现为一种经济关系。企业集团通常是由一些在经济上有着一定联系的关系企业所组成的。所谓关系企业，是指两个以上具有业务关系或所有权投资关系的法人资格的企业体。因此，企业集团就是由多个企业形成的关系企业体。在这些关系企业中，往往是公司这种企业组织形式起着核心的、主导的、基础的作用，故企业集团也多是以公司特别是经济实力雄厚的大公司为核心、为主导、为基础而形成的。

企业集团内部的关系企业，基本上有两种形式。

（1）两个以上具有业务关系的法人资格的企业体。所谓业务关系，包括生产、营销、采购、财务、人才、技术等方面的关系，其具体形式可以多种多样。例如，在生产联系方面，有承担产品装配的中心企业与承担零部件加工的卫星企业之间的关系；在营销联系方面，有生产企业与批发企业和（或）零售企业之间的关系；在财务联系方面，有企业之间的借贷关系或企业与金融机构之间的往来关系。所有这些业务关系，对于企业集团内部的任何一个企业来说，都会在一定程度上影响到这些企业的生存与发展，从而也影响到企业集团本身的生存与发展，两者的命运是相关的。

（2）两个以上具有所有权投资关系的法人资格的企业体。这种企业集团内部各个企业之间的经济关系，表现为相互之间的投资关系，并以此来带动其他的业务关系。一般来说，有以下三种具体形式。

1）控股公司与关联公司的关系。在这种企业集团内部，控股公司投资于关联公司。控股公司和关联公司都具有独立的法人资格。控股公司的转投资本必须在法定账册上予以记载，而且不得超过原公司（即控股公司）资本总数的三分之一。在年终的财务报表中，应当冲销企业集团内部相互投资的往来数额，以真实地反映企业集团的资本数额，避免造成假象。因为关联公司的资本是由控股公司的转投资形成的，并在控股公司的账册上已有记载，所以不能重复计算。控股公司对关联公司，一般是只控制一定数额的股权，不派人参与关联公司的管理工作，由关联公司独立自主地从事自己的各项经营活动。

2）母公司与子公司的关系。在这种企业集团内部，母公司不仅转投资于子公司，控制子公司一定数额的股权，而且往往还派人参与子公司的管理工作，包括向子公司委派领导人员、指导子公司的经营方向和调整子公司的业务关系。但是，子公司仍然具有独立的法人资格，受到国家有关公司的法律保护和监督，独立自主地从事经营活动，承担自负盈亏的经济责任。由于子公司的资本是由母公司的转投资形成的，所以，必须在母公司的法定账册上予以记载，并在年终财务报表中冲销企业集团内部的投资往来数额。一般情况下，母公司的转投资本数额不得超过母公司资本总额的三分之一。

3）多个法人的共同投资关系。在这种企业集团内部，各个成员企业（即作为法人企业而存在的公司）共同投资于企业集团的多种经营事业，形成姊妹公司的关系。这些姊妹公司的共同投资，如同它们各自投资于某种经营活动一样，承担各自盈亏的经济责任，所不同的是它们作为公司集团（即企业集团是由多个公司共同投资而形成的）的成员而从事统一目标的多种经营事业。因此，这些姊妹公司的各自投资，无须在专门的法定账册上予以记载，而且投资数额不受比例限制。这种企业集团内部的企业关系，在涉及诸如交通运输、服务行业以及其他公用事业活动的经营业务方面，较为明显地表现出来。

由控股公司和关联公司、母公司和子公司所组成的企业集团内部的经济关系，一般表现为控股公司和母公司是作为投资中心，关联公司和子公司是作为利润中心，关联公司和子公司的内部工厂或其他生产单位以及其他业务操作单位是作为成本中心，它们都为企业集团的共同目标和整体经济利益而发挥各自的作用。

如果企业集团是以跨国公司的形式存在，那么，在这种跨国公司式的企业集团内部，除了上述的企业集团内部关系企业之间的经济关系之外，还有着跨国公司内部的特殊经济关系。因为跨国公司内部的企业关系，不仅涉及这些企业相互之间的业务关系和投资关系，而且还涉及母国（即跨国公司的母公司所在国）与东道国（即跨国公司的子公司所在国）之间的关系，包括法律关系、货币兑换关系、关税及商品检验关系、技术转让关系、语言及文化习俗关系以及其他方面的关系。

跨国公司式的企业集团内部企业关系，大体上分为两种形式，即股权参与形式和非股权参与形式。

股权参与形式是指跨国公司的母公司在东道国新建的企业中占有股权和通过收买或参与当地企业的股份而占有股权。这是跨国公司内部企业关系的主要形式。其具体形式有三种：

① 全资子公司形式，即母公司拥有子公司的全部股权，也称作独资经营方式；② 合资经营形式，即由母公司与东道国人士合股经营设在东道国的子公司，母公司占有子公司的一部分股权，可能是占大多数股权，也可能是占少数股权；③ 三方经营形式，即由母公司、东道国和国际金融机构（例如世界银行）三方共同投资，在东道国设立子公司。

跨国公司内部的母公司对子公司的控股份额比重不同，有着不同的组织形式和经营方式。但是，不论哪种具体形式，跨国公司内部的企业关系都表现出一些共同内容：① 母公司对子公司的控股份额多少取决于母公司本身的条件和东道国的立法规定，而这两者是缺一不可的，并各自受到许多不同因素的影响；② 母公司拥有股权的多少，表明对子公司控制程度的高低，因为股权是所有权并成为支配企业的关键，拥有股权越多就越能控制子公司的活动，拥有全部股权就意味着对子公司的完全控制；③ 子公司具有独立的法人资格，在东道国注册登记，服从东道国有关公司的法律规定；④ 母公司通过子公司所从事的经营业务内容可以多种多样，但其主要宗旨是利用当地市场环境，从事国际性的生产、投资和技术转移活动，而不仅是把产品从甲国销往乙国或丙国，这是跨国公司与不在国外从事生产活动的国际性贸易公司的主要区别。

非股权参与形式是指跨国公司的母公司不是通过对东道国的子公司的股权占有，而是通过提供各种服务来建立母公司与子公司的经济联系，这是20世纪70年代以来逐渐被广泛采用的跨国公司内部企业关系的重要形式。其具体形式有三种：①许可证（或特许证）合同形式。它包括许可证贸易和许可证合同。前者是母公司与子公司按一定价格，就母公司向子公司转让某项技术知识达成协议，子公司的偿付方式为一次付清或分期付清；后者是母公司按一定价格向子公司转让某项技术，而子公司对转让技术的补偿方式是依据产品的生产和销售数量由母公司按合同规定提取一定比例的费用。母公司虽然不参与子公司的股权权益分派，但可以对产品数量和质量进行监督。② 统包合同形式。这是指母公司为东道国的子公司或其他企业和单位承包建设工程项目，例如厂房设施体系、交通系统、道路、水坝、油管以及其他生产设施，不仅供应机器、设备和物料，而且提供设计、建造、安装和交付使用，直到开工阶段的生产操作人员的初始培训等一整套服务。③ 管理合同形式。这是指母公司在一定报酬条件下，为国外某一企业或事业承担实际的经营管理工作，经过一定时期或一切工作转入正轨之后，再将其交还该国的原企业或事业人员去经营管理。

跨国公司式的企业集团内部对股权参与形式和非股权参与形式的选择与采用，既是母公司向国外发展的经营战略和策略的表现，又由东道国的经济水平、技术状况、管理能力及其对企业的政策所决定。

第三节　企业集团的组织结构

企业集团的组织结构就是其总部的各个部门和人员构成以及这些部门和人员之间的关系。以大公司为核心组成的企业集团，在许多情况下其总部就设在大公司，由处于核心地位的大公司（如母公司）来承担企业集团总部的职能。因此，企业集团的组织结构，有的表现为企业集团总部的组织结构，有的表现为企业集团内部处于核心地位的大公司的组织结构。但无论是哪种表现形式，企业集团组织结构的基本原理和内容都是一样的。

企业集团的各个部门及其人员之间的分工与协调，形成了该企业集团组织结构的“框架”。这个“框架”是由部门化、管理幅度和委员会这三个基本要素组成的。

部门化是把企业集团的业务工作和人员划分为可管理的部门的过程。部门化的基础在于分工，通过部门化而设立许多部门的过程，实际上就是对企业集团组织的业务活动及其人员配备的专业化过程。划分部门的方法是多种多样的，包括按职能划分部门，按产品划分部门，按地区划分部门，按用户划分部门。这些划分方法有各自的优点和缺点，适用于不同的组织，难以找到适合各类企业集团组织或各种条件的唯一的最佳方法。因此，每个企业集团都要善于分析各种划分部门的方法的优点和缺点，并根据自身所面临的内部条件和外部环境，选择有助于实现企业集团经营目标的有效方法。

管理幅度是指一个部门的管理者所直接管辖的下属人员人数。任何一个企业集团的组织结构，都必须合理确定管理幅度，解决好从总经理到各个部门管理者能够直接管辖多少下属人员的问题。总经理不可能直接管辖这个企业集团的所有人员，而应当确定各个组织层次管理者的有效管理幅度。为此，企业集团应当分析影响管理幅度的各种因素，包括各项业务工作的特点、各类人员的工作能力、各个组织层次的上下左右关系，从而决定各个部门管理者的管理幅度。

在企业集团组织结构的三个基本要素中，部门化对组织进行了横向分割，形成了组织的水平差异；管理幅度对组织进行了纵向分割，形成了组织的垂直差异；而委员会则充当纵向分割与横向分割的交叉点，形成了组织结构“框架”中的“节点”。因此，对委员会组织进行深入的分析与研究，探讨委员会组织的优点和缺点，以使企业集团成功地利用委员会组织，是合理设计企业集团组织结构的重要任务。

在企业集团的组织结构中，委员会是由一个集体负责处理某种特定问题的组织形式。这个由若干人组成的集体就叫委员会组织。企业集团中有各种各样的委员会，这些委员会组织都是由集体来进行讨论、提出建议、做出决策。委员会组织的最大特点是集体活动。

根据委员会组织的工作任务的不同，可以设立各种各样的委员会组织。有的承担管理职能，有的不承担管理职能；有的需要决策问题，有的仅仅讨论问题；有的是直线式的，有的是参谋式的；有的是正式的，有的是非正式的；有的是常设的，有的是临时的；还有一些委员会纯粹是为了接收信息，既不提建议，也不做决策。

委员会的优点通常有四点。

（1）集体判断。集体判断常常胜于一个人的判断，因为集体总能比个人拥有更广泛的知识和经验。因此，一个需要不同的知识和各种经验去求得最优解答的问题，最适合进行集体研究。一位经理，为了某项决策广泛听取各个部门的意见，也可以取得较好的效果。然而，人们不能保证每一位经理在决策时都这样做，实际上在许多情况下也不需要这样做。但当一些决策需要更广泛的知识与经验时，从制度上保证决策的集体判断就必须运用委员会了。

（2）增进激励。委员会可使更多的人参与决策。一般来说，参与编制计划或决策工作的人通常会怀着更大的热情去接受和执行这些计划或决策。似乎总有这样的人，如不事先与他商量，他就什么事都反对，或者对决策做出消极的反应。这样会使得决策的执行变得缓慢。在执行计划中加强合作或增进激励，是参与委员会的工作的结果。参与使得人们更多地了解了以前不知道的事情，因而他们能更好地执行决策和对待决策。对于决策的支持者来说，积极地执行由自己努力建立的计划是合乎情理的；而对于决策的反对者或旁观者（弃权者）来说，他们感到不执行决策就是一种错误，至少集体表决对这些人产生了一种暗含的压力。

（3）制约权力。委员会内部的权力制约适当地克服了职权过于集中于某个人的偏向。虽然在大多数情况下委员会主席的意见可能基本上确定了决策的方向，但一个委员会一般总是存在这样的委员：不管委员会主席的看法如何，坚持发表自己的观点；或者当委员会主席的倾向性意见明显地对组织不利时，也不表示反对。如果委员会的委员都是选举产生的，各个委员的作用将更大，也就是说，这种情况下相互的权力制约更具有实质性。董事会制约董事长的权力和行动就是委员会内部权力制约的最明显的例子。

委员会不仅能在委员会内部实现一定程度的权力制约，而且委员会之间或委员会与某个实权人物之间也会有一定的权力制约。

（4）改善协调。协调的方式有很多，委员会也是一种协调的方式。委员会一般要定期开会，委员们必须面对面地接触，可以接收和交换情报，这不但能节省时间，而且加强了相互间的了解。因此，委员会总是可以完成协调的职能。专门用于协调的委员会常见于由生产、销售、财务等各职能部门组成的经营或管理委员会，或者由各生产以及有关部门组成的生产调度委员会等。

但是，委员会也存在缺点，如果对这些缺点没有足够的认识，就很难利用委员会组织。委员会组织的缺点有以下几个方面。

（1）做出决策往往需要很多时间，费时费钱。如果 8 个委员一起开会 3 个小时，就等于花费 3 个人一天工资或是一个人 3 天的工资，这笔支出是很大的，如果再加上会议的准备时间和费用，那就更可观了。

（2）效率低。一般来说，集体决策总比个人决策要花费更长的时间，因而行动迟缓、效率低。委员会是一个论坛，所有委员都要发表自己的意见，需要花费更长的时间。

（3）导致问题的妥协解决。委员会的决策往往是折中的结果。有时某些委员因为对其他委员的尊敬或畏惧而不敢坚持自己的意见，只好顺从他们的看法。有时因为委员们争执不下，只得放弃最好的解决方案，勉强通过一个不好不坏的方案。

（4）责任难以明确。在委员会组织内，委员的责任感较差。因为是集体决定的事情，不是某个委员负责决定的事，所以，往往不如个人决定那样认真负责。对于集体决定中的失误，也无法追查委员个人的责任，容易出现大家都负责又都不负责的现象。

由于委员会组织本身既有优点又有缺点，所以，问题不在于企业集团要不要设立委员会组织，而在于如何正确发挥委员会组织的作用。企业集团必须想办法发挥委员会组织的优点，并采取措施防止与克服委员会组织的缺点，以达到成功地利用委员会组织的要求。企业集团应该主要注意以下几个问题。

（1）明确规定委员会的职权范围。对企业集团的每个委员会组织，都要依据其具体目的，详细规定该委员会的权限及其职责范围，包括使每个委员都知道集体讨论的议题的准确范围。

（2）委员会规模的确定。企业集团的每一个委员会组织都应有合理的规模。一般来说，委员会组织应有足够的人数，以便能够集思广益，并包含为完成其任务所必需的各种专家。但是，委员会组织的人数不能太多，规模不能过大，以免浪费人员和时间，或是助长优柔寡断，造成拖延会议或者是议而不决。

在正常情况下，企业集团的小型委员会组织以 5 ～ 6 人为宜，大型委员会以 15 人左右较合适。当然也不能一概而论，而应通过分析具体情况，来确定每个委员会组织的具体规模。

（3）委员的选择。把符合条件的人选入委员会，担任委员会的工作，是使委员会组织成功的一个基本因素。每个委员都必须具备在品质、能力和知识诸方面完成该委员会任务的起码条件，还应当清楚地了解其所代表的部门的情况。每个委员都必须有足够的时间和充沛的精力参加委员会组织的工作。不宜由同一个人参加若干个委员会组织；不能因照顾关系或本人情绪而把没有才能的人塞进委员会组织；不要设置挂名的或名不副实的委员。

（4）主席的挑选。委员会组织作为一个集体，每个委员都有权利和责任来做好委员会主席的挑选工作。虽然委员会组织实行的是集体决策原则，但委员会主席对整个委员会组织的工作效果有着重要的作用。

对委员会主席的挑选，必须服从于完成委员会组织的任务。委员会主席要善于了解并把握委员会组织的优点与缺点，能够充分发挥每个委员的作用；善于启发委员们的辩论又能果断地结束这种辩论；不把个人观点强加于人但又不迁就狭隘观点；使会议开得生动活泼但又不走题，并能够就实质性问题做出决定。

（5）选择议题。企业集团的工作是多种多样的，但并非一切工作都要通过委员会组织。有些问题必须交由委员会组织决定，而有些问题就不必经过委员会组织，因此，选择委员会组织的工作议题是很重要的。

委员会组织的工作议题必须是适合于集体讨论并能够做出集体决定的议题。一般情况下，企业集团的发展方向、长远规划、方针政策，以及主要计划的制订与控制这些问题，最适于作为委员会组织的工作议题。议题可由委员个人或几个人联合提出，也可由委员会主席提出。议题的选择应当符合所要审议和解决的问题，并须附必要的资料，以供委员们准备好讨论的意见。

（6）决议的执行。委员会组织做出决议并不是委员会工作的结束，而是检验委员会组织实际工作效果的起点。委员会组织工作的成败，关键要看委员会组织的决议执行之后所带来的工作效果。不能认为开完委员会组织的会议，做出集体决议，就完成了委员会组织的任务。

为此，委员会组织的每次会议应有记录，写出会议所讨论的问题和决定的内容。委员会组织的决议必须简明、准确，便于执行与检查，这有助于在执行过程中节省时间和减少费用的支出。

企业集团在合理地划分部门、有效地确定管理幅度，特别是成功地运用委员会组织的基础上，可以分别选择与建立经理人员的直线指挥系统、参谋职能组织系统、各种事业部组织、矩阵或多维的组织结构，以及企业集团内外结合的多层组织结构。

第四节　企业集团的组织机构

企业集团是多个法人企业在多种层次上联合的经济联合体。一般地，典型的企业集团内部成员企业有如下几种类型。

（1）总公司或母公司，一般指企业集团核心企业。核心企业具有法人地位，每一个核心企业都是资产一体化和经营一体化，并拥有雄厚的实力。

（2）子公司及孙公司，一般指企业集团的骨干企业和配套企业。母公司对子公司具有控股关系，同样子公司对孙公司也有控股关系。子公司与孙公司都是独立的企业，具有法人地位，但由于具有控股关系，母公司对子公司（同样，子公司对孙公司）在经营决策上具有重大的影响。

（3）分公司或事业部，一般指企业集团内部总公司的下属公司，分公司可以有一定的经营自主权，进行独立核算，但不具备法人资格。

（4）关联公司或关联企业，一般指企业集团内部子公司、孙公司有一定参股份额，或者没有参股但有固定协作配套关系的公司或企业（工厂），这些公司或企业都是法人企业，但由于在集团内不是紧密联合，一般不参与集团的经营决策。

由上可见，企业集团的组织结构，一方面是指集团总部的组织机构，另一方面也指集团整体的，包括上述四类成员企业在内的组织机构。后一方面实际上就是各个公司的组织机构。

企业集团组织机构的建立，从整体框架上考虑，应该着眼于建立“三个中心”，即投资中心、利润中心与成本中心。

投资中心是整个集团的“灵魂”，它包括投资决策、资金筹措、资金融通、资金运行实务等一系列任务。集团投资中心的形成可以分别从决策与执行两个层面来考虑。投资中心的决策层面，典型的是通过集团的“经理会”来实现。“经理会”是一种委员会组织，通常由核心企业和骨干企业的经理组成。“经理会”在日本比较流行，它作为企业集团的最高领导机构，实际上相当于集团的大股东会，它定期举行会议，对集团中的重大问题（如投资决策）进行协商，做出决策。

在我国，比较普遍的做法是以核心企业为核心，组成一个董事会（由于只有一个核心企业，所以它同核心企业的董事会合二为一），负责投资决策。投资中心的执行层面，一般由集团的财务公司来负责。财务公司是一种非银行金融机构，自主经营、自负盈亏，在业务上受国家银行的监督指导。它全部由集团内成员企业（主要是核心企业和骨干企业）入股投资创建，没有国家拨款。

在我国，当前的企业集团绝大部分都是产业集团（银行等财团未介入），而且通常只有一个实力强大的核心企业，财务公司只有少数集团设立，且设立时间很短，因此，作为投资中心的执行机构，财务公司一般同核心企业的财务部门合为一体（一个机构，两块牌子）。

利润中心是整个集团的中间环节，因此，集团母公司下属的子公司和关联公司都是该集团的利润中心。这些公司具有独立的经济地位和法律地位，有自己的经营决策权。集团总公司下属的分公司或各个事业部虽然不是独立的法人企业，但也有一定的经营决策权，实际上也是一种利润中心。

成本中心一般指集团内各类公司下属的工厂或生产单位，其特征是具有生产决策权，从事经济核算，通过增产节约，提高质量、降低产品成本。

企业集团中各类公司（尤其是组成核心企业的母公司或控股公司）的组织机构，从整体框架上考虑，应该着眼“三权分立”（三权即决策权、执行权和监督权），并相应建立决策机构、执行机构和监督机构。

集团内公司的决策机构是董事会。董事会也是一种委员会组织，由全体董事组成，董事则由该公司的股东大会选出。在股份公司内，股东大会是最高权力机构，董事会则是股东大会闭会期间行使股东大会职权的常设权力机构。有关董事会的具体内容包括董事会的规模、职责、权利和义务，董事长和副董事长的产生办法，董事的条件及素质要求等。[①]

集团内公司的执行机构是指具体负责经营管理活动的一种执行性机构，其主要职责是贯彻、执行董事会所做出的决策，经营公司的日常业务。公司执行机构实行个人负责制，一般是总经理负责制，总经理由董事会选任和解任，而总经理

① 蒋一苇. 企业集团概论. 北京：中国劳动出版社，1991：76-80.

有任免各职能部室负责人的权力。董事会与总经理的关系，反映了决策权与执行权的分立，因此在具体的权力、责任和义务诸方面，需要在公司章程中明确规定。当然，在执行机构负责完成各项经营业务过程中，也须对一些问题做出决策，但这不同于决策机构所承担的对重大问题做出决策的专门职能。概括地说，前者一般指经营决策，后者主要是资金决策。

集团内公司的监督机构，一般指企业集团内部对决策机构和执行机构的工作监督，以区别于集团的外部监督（这种外部监督通常由国家有关部门，如审计部门、税务部门、金融部门及工商管理部门等负责）。监督机构通常采用委员会组织，如监事会等。监督是发现和纠正在决策和执行过程中发生错误行为的有效手段。监督机构成员由股东大会选出，代表股东大会执行职能，它是执行业务监督的法定机构，独立行使监督职权，从职能上说，它与董事会是处于对立地位的。为此，决策机构和执行机构的成员，不得兼任监督机构职务。

在我国，公司的监督机构尚未定型，实际做法也多种多样，关键是根据我国的国情和有关法规、条例的精神，如何协调公司中党组织、纪委、职代会的职责，以及是否需要另设监督机构。所有这些还须通过实践，通过试点，总结经验，以最终建立具有我国特色的监督机构。

第五节　企业集团的经营管理

一、企业集团经营管理中的现代观念

企业集团的经营活动是依据集团的内部能力和外部环境而从事的商品经济活动。在社会主义有计划的商品经济条件下，企业集团的经营活动具有以下几个方面的基本特征。

（1）企业集团的经营活动是生产过程与流通过程的结合。集团能够在生产过程中把多个存在分工与协作关系的企业有效地组织起来，把工业、农业以及其他存在相互联系的生产部门联合形成新的社会生产力。集团在联合生产企业的基础上，还能把生产企业、商业企业、外贸企业、金融企业及科研单位组织在一起，实现多种商品经济活动的结合。

（2）企业集团的经营活动是内部能力与外部环境的结合。集团经营就是要有效地运用与协调其内部的能力，包括人力资源、机器设备、物质设施、原材料、资金、科研技术力量和其他各种条件的运用，对内部成员企业之间、单位之间及人员之间的横向和纵向关系的协调。这是集团经营事业取得成功的立足点。在此基础上，集团还必须考察和适应外部环境的各种因素及其变化，而且更要善于把内部能力与外部环境有机地结合起来。

（3）企业集团的经营活动是整体经营战略与具体管理工作的结合。集团的整体经营战略，包括集团发展方向、开发新产品、开拓新市场、采用新技术、资金筹集和运用以及其他的重要战略决策，涉及集团的全局利益和长远利益，在集团经营活动中占有举足轻重的地位。在集团经营战略指导下，切实做好集团内部的各项具体管理工作，包括生产管理、销售管理、人事管理、财务管理以及其他各项管理工作，是集团得以顺利发展的根本保证。

依据上述企业集团经营活动的基本特征，在企业集团的经营管理过程中，必须确立集团的现代经营观念。按照社会主义现代商品经济客观规律办事，是在集团经营活动中不断获取更大经济效益所必须具有的明确的信念。企业集团经营管理中的现代观念，基本上有两类。

1. 空效观念

这是集团从空间的扩展中获取经济效益的观念。集团的经营活动总是在一定的空间范围内进行的，所以，必须重视空间对集团的重要作用。集团的空效观念，具体表现在以下几个方面。

（1）开放观念。在科学技术迅速变化、各种信息公开而广泛地传递的现代商品经济条件下，集团的经营内容、经营方式、经营手段日趋社会化、国际化。集团经营管理过程中的开放，不仅是向国内开放，而且还向国外开放。

（2）开拓观念。集团应当具有开拓意识，善于开辟新的领域。从一定意义上说，集团经营观念的精髓就是创新精神。集团经营管理过程中的开拓观念，既包括开拓新产品、新技术、新工艺、新市场及同经营有关的新领域，又包括适时调整集团原有的组织结构和组织机构，以及在改革集团原有内部组织系统过程中建立新的组织系统。

（3）多角经营观念。集团多角经营就是把多方向发展新产品和多个目标市场有机地结合起来，多方面地长期地占领市场的经营活动。其内容包括纵向多角经营，即把同原有产品处于同一生产领域但属于不同生产阶段的新产品投向原有市场；横向多角经营，即以利用原有生产技术条件生产的同类产品投向同行业市场；多向性多角经营，即以多行业生产技术交融的边缘新产品投向不同行业的全新市场；复合性多角经营，即以完全不同的崭新产品投向各行各业的全新市场，特别是从作为硬件的物质产品转向作为软件的信息、服务、知识方面的产品，开展硬件和软件齐头并进的一揽子经营活动，成为集团全方位地占领市场的战略措施。

（4）形势法则观念。这是要求集团在经营管理过程中，看清外界经济技术发展的形势，并依据形势变化的客观规律，来确定集团的经营策略。集团应当观察经济技术的发展动向，综合分析全局性的变化趋势，不断形成集团经营的新策略，用以指导整个集团经营行为；集团应当根据形势法则的要求开创自己的新业务，从事前景兴旺的产业或行业；集团应当选择有利机会迎接各种挑战，而不能坐失良机，回避挑战。

（5）联合观念。把联合就是力量的原理贯穿于集团组建过程及组建之后的经营管理过程之中。集团通过多种形式和多项内容的联合，为扩大集团的组织力量，发挥集团的优势与特长，增强市场竞争能力并扩大集团的市场占有率。

2. 时效观念

这是集团从时间的节约中获取经济效益的观念。集团的经营活动总是需要占用一定的时间。因此，用同样时间以取得更大经济效益，或取得同样经济效益而占用更少时间，就成为指导集团经营活动的一条根本性的指导原则。集团时效观念的实质是求得速度与效益的有机结合。集团的时效观念具体表现在以下几个方面。

（1）资金周转观念。这是集团运用资金的数量概念与质量概念相结合的表现。其具体要求是，集团在占有必要数量资金的情况下，必须加速资金周转，提高资金周转率；集团应当形成合理的资金结构，包括自有资金与外借资金、长期资金与短期资金、固定资金与流动资金，以及其他有关经营活动各项资金的合理比例关系；集团应当重视分析利息，包括增加利息收入、减少利息支出、内部成员企业之间的资金往来采用计息办法、控制各个成员企业的利息支出在其销售额中的比重等。

（2）投入产出观念。集团应当确立的是把投入与产出有机地结合起来的观念，既不是以为产出越多越好而不问投入多少，也不是以为投入越少越好而不问产出多少。这是集团在整个经营管理过程中必须解决的经常性问题。

（3）信息传递观念。信息传递对于集团从内部及从其同外部的关系中求得时间节约而获取经济效益的作用越来越重要。其具体要求是：集团的信息传递速度应当尽可能快；信息传递内容应当尽可能广；信息传递效果必须准确。

二、企业集团的经营战略

企业集团的经营战略就是对涉及集团经营规模或方向的长期性、全局性、决定性的方案在组织与环境之间所进行的决策。集团的经营战略是集团全部决策过程中的最主要内容，对集团的生存与发展具有极其重要的意义。企业集团的经营战略是由集团的长期目标决定的。集团长期目标不同，就有不同类型的集团经营战略。例如，产品市场战略是使集团的产品适应已选定的现有市场的要求，实现把这种市场作为集团的长期目标，从而减少集团风险，这是最常见的一种以求稳为主的战略；市场渗透战略是通过不断改进集团的产品，吸引更多的顾客，实现集团扩大市场占有率的长期目标，从而取得集团在市场中的更重要地位，这是一种比较激进的战略；市场领先战略是使集团的规模和技术优势得到充分发挥，实现集团保持或迅速占有市场的大部分份额的长期目标，从而排斥或压制市场竞争对手，这是实力雄厚的集团的一种迅速发展战略。

值得重视的是，面对世界上科学技术日新月异的严峻挑战，当代一些高技术工业集团正在改变经营战略，由以竞争对手为目标的经营战略转为“战略性结合”的经营战略。所谓“战略性结合”，是把昔日的国内竞争对手（甚至包括某些国外竞争对手）变为今日的联合伙伴，并加强与高校和科研机构的联系及合作，结合成同舟共济、一致对外的巨型联合生产企业集团。这种经营战略的出现，有着许多内在的具体原因：一是高技术开发费用高、风险大，单个公司显得力不从心；二是市场国际化迫使大公司寻找新的合作伙伴，以结成统一战线去开拓国外市场；三是一批竞争实力雄厚的外国高技术工业集团纷纷涌现，迫使本国的大公司改变经营战略，结成新的巨型联合生产企业集团。

在这种高技术工业集团经营战略的调整和发展过程中，还出现了跨行业的联合趋势。例如，汽车工业与微电子工业的结合，正在形成一个汽车电子的独特领域。在这个领域中，汽车工业为微电子技术的发展提供了庞大的市场，微电子装备在汽车中的广泛应用又促使汽车工业技术焕然一新。

在一般情况下，企业集团经营战略的选择，应当对集团的外部经营环境和内部经营能力分别进行评价。通过评价集团的外部经营环境，包括自然物质环境、政治法律环境、社会文化环境、宏观经济环境和微观经济环境，可以了解这些环境中对集团的有利因素和不利因素，从而使集团经营战略建立在客观、及时、有效的基础上，并符合环境变化趋势的要求；通过评价集团的内部经营能力，包括人力、物力、财力、技术、信息等现有资源的能力和对这些资源的运用能力，可以把握本集团的优势和劣势，从而做到扬长避短、取长补短，力求选择与本集团优势一致的经营战略。

对企业集团经营战略实施管理，是整个集团经营战略的重要组成部分。在具体实施集团经营战略的管理工作中，应当注意长期效益与短期效益的结合；系统性与灵活性的结合；综合考虑物资、资金、人员的协调关系；经营战略的实施与集团的一般经营计划相协调。对集团经营战略实施管理，就是考虑经营战略执行的结果与预期的目标之间所出现的偏差及引起偏差的原因，进而采取纠正偏差的有效措施，以保证和控制经营战略的顺利实施。

三、企业集团内部管理的特点

由于企业集团是由具有一定经济联系的多个企业联合组成的大型经济组织，因此，企业集团内部的各个企业管理工作对整个集团的管理水平有着决定性和基础性的作用。为更好地发挥企业集团的作用，企业集团内部管理工作往往体现出以下几个特点。

1. 以顾客为中心开展经营活动

这是企业集团内部各个企业的共同经营方向。在企业集团面临激烈市场竞争的条件下，内部各个企业以顾客为中心，就是从市场信息、产品设计、产品制造、销售渠道、销售方式、售后服务到新产品开发，都围绕着满足顾客的要求进行，这已经成为企业集团生存与发展的重要保证。任何一个企业集团，要想长期保持竞争中的优势地位，必须使其内部各个企业的管理工作都能全心全意地为顾客着想，不断保持与顾客的直接联系，把顾客遇到的问题作为自己的问题来对待，时时、处处使顾客满意。

2. 重视计划的整体性和应变性

企业集团内部各个企业的计划管理工作，应当体现出企业集团的整体性要求，有利于企业集团统一目标的实现。但由于市场需求的千变万化和现代技术的日新月异，各个企业的计划还必须具有必要的应变性，以便根据情况的变化来迅速调整自己的经营活动，应付各种意外情况和事件。企业集团内部各个企业计划的整体程度和应变能力，乃是企业集团生存与发展的一个重要条件。

3. 财务管理的重点从事后控制为主转向事前控制为主

为了保证企业集团经营战略的实现，必须重视资金使用的经济效益，控制财务收支，加速资金周转，提高资金利用效果。因此，企业集团内部各个企业的财务管理工作的重点，应当由事后控制为主即以财务监督为主，变为事前控制为主。其核心内容是把财务管理工作中的资金筹集、资金运用、会计控制、风险管理等方面有效地结合起来，并通过多种融资手段，形成满意的资金结构，提高企业的盈利能力。

4. 在企业管理中更多地采用定量方法和先进的经济技术分析方法

随着企业集团经营规模的扩大和科学技术的进步，企业集团广泛地应用高等数学研究管理的定量方法，使定性管理与定量管理有效地结合起来；普遍采用各种先进的经济技术方法，包括生产分析中的规模收益率和生产函数分析、销售分析中的市场份额和时间序列分析、成本分析中的成本函数和盈亏分析、定价分析中的各种定价方法，并建立和开发各种管理信息系统，使企业管理更趋科学化。为此，企业集团内部各个企业管理工作中越来越多地运用电子计算机技术，已成为企业管理发展的一种重要工具。

5. 重视职工的挑选和培训

由于企业集团的经营环境复杂多变，以及各种先进的管理技术和科学方法的广泛采用，企业集团内部各个企业对职工素质的要求越来越高，职工的挑选和培训已成为企业人事管理工作中的一项重要任务。是否重视对人力资源的开发和对职工的智力投资，已成为关系到企业集团能否生存与发展的重要前提条件。企业集团内部各个企业对职工的挑选和培训，不仅包括工人和技术人员，也包括管理人员和高层领导人员。对公司经理人员的培训，一般属于“通才”教育，着重于全面的管理理论和知识以及经验的培训；对公司职能部门的专业管理人员的培训，往往属于“专才”教育，着重于专业职能范围的理论和知识以及技巧与方法。企业集团应当使其内部职工的这两类培训有机地结合起来。

6. 通过联合形式来开发新产品

不断创新是企业集团持续发展的基本动力，也是其内部企业之间增强凝聚力的基本标志。尽管企业集团内部各个企业可以独立开发新产品，但在这些企业之间通过联合形式来开发新产品，对整个企业集团的发展具有更重要的意义，是企业集团内部各项管理工作的重要特征。这不仅有利于加快新产品的研制工作，适应科学技术飞跃发展的要求，而且通常可以节省研制费用并保证新产品的开发质量。同时，在企业集团内部各企业之间联合开发新产品的基础上，还可以在企业集团与高等院校和科研机构之间及企业集团之间，通过联合形式来开发新产品。甚至同国外企业集团（有时还是竞争对手）进行合作开发新产品，以更有效地同国外企业竞争，打入国际市场。

7. 加强对国际管理的研究

随着国内市场营销与国际市场营销的联系越来越紧密，

企业集团的国际营销业务活动必定会逐步扩大，使国际环境成为企业集团外部环境的重要组成部分。因此，企业集团内部各个企业必须加强对国际管理的研究。通过这种研究，一方面可以博采众长，吸取各国企业管理的有益经验，促进企业集团的发展；另一方面可以使企业集团更有效地同国外企业开展经济往来和市场营销活动，增强企业集团的实力。企业集团内部各个企业对国际管理的研究，包括合资企业的管理、跨国公司的管理、国际财务、国际金融、国际经济合作，以及涉及国际市场营销管理各个领域的研究。在对国际管理进行研究的过程中，企业集团必须重视开展国际管理的教育与培训工作，逐步开设国际管理知识和国际管理专门化方面的必要课程，提高有关人员的国际管理专业水平。

8. 重视以人为核心的管理

企业集团是由众多的企业及成千上万的人所共同形成的组织。这些企业的各项管理工作只有紧紧围绕着以人为核心，把注意力集中到重视发挥人的积极因素，才能充分显示出企业集团的优势。在企业集团内部的所有资产中，人是最重要的“资产”。把人看作具有主动意识的企业一员，看作实现企业集团目标的主体，而不是把人当作被动的、利己的客体，才能有效地调动人的积极性和创造性，使员工一心一意为企业集团的发展从事创造性的工作，实现企业集团的统一目标。为此，企业集团内部必须合理地解决集权与分权的关系，发挥各个成员企业及其下属部门各类人员的自主性；企业集团内部的各个企业，在管理工作中应当实行民主管理，吸收职工参与企业的决策和监督过程。

四、企业集团的跨国经营策略

随着科学技术的飞跃发展和市场的社会化与国际化，越来越多的企业集团从事跨国经营活动。跨国公司式的企业集团自然是以跨国经营方式为其基本特征，但是，一般的企业集团都在不同程度上把跨国经营作为自己的重要目标，并力求使本集团跻身跨国公司的行列。尽管我国的企业集团历史较短，集团规模和经营程度有限，但在我国社会主义经济迅速发展和生产社会化水平不断提高的情况下，我国企业集团以更加勇敢的姿态进入世界经济舞台，走跨国经营之路，是集团发展的必然趋势。因此，我国的企业集团应当重视分析与研究跨国经营策略，用以指导和改进集团的经营管理工作。

企业集团的跨国经营策略就是集团经营战略在跨国经营活动中的具体实施政策和方法。集团的跨国经营策略同集团的一般经营策略有着共同的基本原理，但跨国经营策略是着眼于世界范围的全球性经营活动，所以具有范围广、程度高、竞争激烈等重要特点，采用跨国经营策略有利于带动一般经营策略水平的提高。企业集团的跨国经营策略主要表现在下列几个方面。

1. 产品策略

（1）出口带动投资的策略。即先在本国发展一种产品，随着出口业务的扩大，把零部件运到国外装配或直接在国外投资建厂生产产品，从而使出口产品转变为在国外直接投资生产。

（2）产品多样化策略。即把在国外生产的单一产品转向多品种产品的生产；不仅生产本行业的多种产品，而且生产跨行业的产品，甚至从事与本行业生产毫不相关的多种行业的经营活动。

（3）按产品生命周期扩展市场的策略。一般是在产品投入期进行小额投资，利用本国新技术优势在国内生产与销售；在产品成长期到经济发达国家进行有限度的投资，在当地生产销售以获取大量收益；在产品成熟期到发展中国家进行大量投资建厂，以利用当地廉价劳动力；到产品衰退期就不再进行投资，而是把在国外生产基地的产品运往世界各地市场进行销售。

（4）国际专业化生产的策略。这是按照当代最先进的科学技术水平和专业分工来安排国外的投资生产，在全球范围内配置专业化工厂网，定点生产，分工制造零部件，然后集中运到有利的地点进行装配，定向销售。

（5）统一调配的策略。即从原料购买到零部件加工再到成品销售，都是先在集团内部成员企业之间进行统一调配，或用现金购买或用转账方式结算；当内部成员企业不能供应，或是内部价格不合算时，再同集团外部企业进行交易。

2. 销售策略

（1）当产品的用途和使用方式在国内外市场上完全相同时，国外市场的推销方式可与国内市场相同。

（2）当产品用途不同而使用方式相同时，则应调整销售策略。例如，自行车在各国的使用方式是相同的，但用途有所不同。在用作交通工具的国家或地区的市场上，推销自行车的广告应强调其运输功能；在用于锻炼身体的国家或地区的市场上，则可在体育电视节目中做推销自行车的广告。

（3）当产品用途相同而使用方式不同时，可以采用相似的销售策略，但必须对产品本身作适当变动，例如，洗衣粉都是用于清除衣物上的污垢，但在主要采用手工方式洗衣或主要采用机器方式洗衣的不同国家或地区的市场上，应当对洗衣粉的成分、颜色及包装诸方面做一些变动，以满足当地市场上顾客的使用要求。

（4）当产品用途和使用方式都不同时，则应当对销售策略和产品本身都做适当调整和变动。例如，在不同国家或地区的服装市场上，由于顾客对象不同，对面料的要求不同，并且不同时令的流行款式和风格也是经常变化的，服装企业必须同时调整销售策略和变动产品本身。

（5）对国外市场上销售渠道的选择和利用，除了考虑产品用途和使用方式并充分发挥国内市场上已有销售渠道的作用以外，还应当有效地利用当地代理商及其既有的销售网，或是在当地市场及其周边地区建立集团的直接销售网，以取得推销活动的最大成功。

3. 定价策略

企业集团在跨国经营活动中的产品定价策略，主要是根据当地当时市场的不同情况采用不同的价格。有时在全球范围采用统一价格，有时在不同市场采用变通价格，有时可采用倾销价格以加强竞争力，而且产品生命周期的不同阶段对集团的产品定价策略有重要影响。其中产品投入期的定价尤为关键，在某些市场可能定价很高，然后依照产品在市场演变的各个生命周期阶段再逐段降低售价；在某些市场上则可能定价较低，以迅速打开市场，待市场打开之后再逐步地提高售价。

对于跨国公司式的企业集团来说，往往采用内部定价策略，即在本集团的母公司与子公司之间以及子公司之间的一种内部价格，通常称为划拨价格或转移价格。这种内部价格一般不受供求关系影响，不受市场价格水平影响，而是服从于整个集团全球战略目标的需要。实际上，这是使国外的所有子公司服从于母公司获取最大限度利润的目的。因为母公司通过把各种名目的费用列在划拨价格内，来调整子公司的产品成本，转移子公司的利润，增加母公司的利润。其方法包括：控制零部件进口价格来影响产品成本；调整对子公司固定资产的出售价格或折旧年限来影响产品成本；通过出口专利、提供技术咨询服务以及有关管理、租赁、商标、运输方面的劳务费用来影响子公司的成本和利润；改变对子公司的贷款利率来影响产品成本；在销售产品时给予子公司高低不同的佣金或回扣来影响子公司的销售收入，以及其他一些隐蔽的办法。这些做法虽然在有些情况下可能给子公司及其所在国带来局部利益，但在许多情况下，一方面会对子公司及其所在国（特别是对发展中国家）有效地利用跨国公司式的企业集团对推动本国经济发展起积极作用；另一方面又需采取必要的防范措施和监督手段来消除与抵制对本国经济发展的不利因素。

目前，我国企业集团跨国经营方式尚处于探索阶段，企业集团可以根据自身条件来选择和利用相应的方式，开展跨国经营活动。例如，代理自营方式，就是利用国外的公司协助我国企业集团扩大销售渠道，为外国的进口商和大批发商提供良好的服务。这种方式的特点是所需资本较少，风险较小，虽利润不高，但有助于扩大出口。又如，进口批发方式，就是由我国企业集团在国外建立自己的销售网点，其服务对象是国外的零售商和中小批发商。这种方式的特点是所需资本较多，风险较大，但可以直接获得第一手的市场信息，而且利润较好。各个企业集团分析自己的优势和劣势，有助于合理地运用各种跨国经营方式。从总体上看，我国企业集团的优势是有生产能力、有货源，价格竞争力较强；劣势是商品适应能力差，质量及技术水平较低，缺少销售渠道。随着我国社会主义经济的发展，企业集团经济实力的增强，集团内部的组织和管理水平的提高，我们可以通过逐步开展集团的大宗商品进出口业务，在国际市场上树立集团信誉并积累资金，由小到大地开展在国内生产的系列产品的出口批发经营方式，进而发展到在国外投资生产并开展地产、旅游、金融、股票及其他交易活动，这必将形成我国的多功能式的企业集团，建立我国社会主义的跨国公司式的企业集团。

［原载蒋一苇主编:《企业集团概论》，北京，中国劳动出版社，1991］

企业组织改革是提高经济效益的重要途径

一、企业组织改革的必要性

企业组织，从广义上看，既包含企业内部的组织工作，又包含组成企业的方式。企业内部的组织工作，是整个企业管理体制的重要内容，对提高企业经济效益有重要意义。而组成企业的方式，既涉及企业内部管理体制的改革，又涉及企业外部宏观管理体制的改革。因此，这里讲的企业组织改革，是指企业组成方式的改革。

企业组织是企业制度最基本的内容。企业组织对企业机制的建立具有决定性的影响。不同的企业组成方式，会导致不同的企业机制，包括不同的企业经营方式和不同的企业管理制度。所有这些影响，集中地表现在企业组织对经济效益（包括社会经济效益和企业经济效益）的重要作用，特别是企业组织的规模效益更为重要。

在以社会主义公有制为主体的多种所有制形式并存的

条件下，企业的组成方式基本上有两类，即由一个业务单位（例如工厂、商店等）组成一个企业和由多个业务单位组成一个企业。前者可称为单厂企业，后者称为多厂企业（其中以由多个工厂联合组成的公司作为这种企业组织形式的典型表现）。

与不同的企业组成方式相对应，存在着不同的规模效益概念。单厂企业的组成方式，表现出工厂的生产规模效益；多厂企业的组成方式，表现出企业的经营规模效益。工厂生产规模效益的源泉来自生产要素的不可任意分割性。这包括两个方面。① 生产设备的整体性。只有当工厂生产规模达到一定水平，足以使每台设备能力得到充分发挥时，才具有经济效益。② 生产能力的配套性。只有当工厂产量尽可能地接近各个环节的生产能力之间存在着的最小公倍数时，才具有经济效益。

企业经营规模效益的源泉不仅来自生产规模效益，还来自其他各种经营要素的有效结合。这包括三个方面。① 工厂之间专业化协作水平的提高，形成新的社会生产力。② 生产与销售的结合，使企业面向社会市场有效地实现产品价值。③ 生产与科研的结合，使企业依靠科技进步来改善工艺过程和开发新产品，获得长期的、持续的经济效益。

我国现阶段的企业组织，从企业组成方式来看，存在着下面两个主要问题。

（1）大量企业是封闭的全能式工厂。这些企业不论是大厂还是小厂，都是从毛坯、零部件到装配样样自己干的万能厂。对这种“大而全”“小而全”的落后的封闭现象，我国曾采取一些措施，设法解决这个问题，虽然取得了一定效果，但效果并不明显。在有些部门、有些地区这个问题仍相当严重地存在，企业 60% ～ 80% 的零部件都由本厂生产。而经济发达国家的企业零部件自制率一般只有 20% 左右。企业合理确定自制与外购零部件的比例关系，是提高经济效益的有效途径，但我国许多企业长期未能树立这种效益观念，致使效益低下。这是个老问题，也恰恰就是阻碍经济效益提高的深层次问题。改革，就应该首先解决这些与生产力发展直接有关的深层次问题，以达到促进生产力发展的根本目的。

（2）以单厂企业为主，企业经营规模不合理。例如，轮胎企业的合理规模应是年产 200 万～ 300 万套，而我国 1989 年生产的轮胎 2864 万套却分散在 200 多个厂家。除少数几家企业年产在 100 万套左右外，其余的单厂企业都是几十万套，有的甚至只有几万套的规模。这种状况在国际上是极为罕见的。全世界没有一个国家有我们这么多的轮胎企业，我们也没有一家企业达到合理的经济规模。汽车企业的合理规模应是年产 10 万～ 30 万辆，而我国汽车企业数量已经超过美国、日本、英国、意大利、德国这五个发达国家的总和，但全国 100 多家企业年产仅 60 多万辆汽车。除“一汽”“二汽”外，平均规模仅为年产 4000 辆，有些单厂企业甚至年产只有 100 辆左右。国外汽车公司大多是年产 100 万辆左右。我国电梯厂有 300 多家，全国年产电梯 1.2 万部。其中 200 家小规模的单厂企业年产不到 10 部，产量最多的一个电梯厂也不过年产 650 部。而瑞士迅达公司年产电梯 1.3 万部，美国奥的斯公司年产 2 万部。

这种落后的封闭现象和单一化的企业组成方式，造成企业的各类消耗长期居高不下，难以降低产品成本；企业的技术力量有限，难以形成技术群体和提高产品质量；企业的经营能力单薄，难以抵御市场风险；企业的投资分散、重复，难以提高投资效益；企业资金的筹集不易，难以扩展更大的经营范围；企业缺乏足够的信息，难以建立综合性的信息网络系统。总之，我国企业组织的现状，已经成为提高经济效益所必须解决的根本性问题。深化企业组织改革势在必行，早改早主动，早改早受益。

二、企业组织改革的基本方向

企业组织改革可以从两个方面着手。

第一，对单厂企业来说，应当在具有工厂生产规模效益的基础上，防止和克服“全能厂”的组织形式，充分发挥其特长。从经营成功的单厂企业的实践经验来看，都有着各自的特长，这些特长一般包括以下几方面。① 具有较强的生产专业性，便于创造出局部优势，为专门用户生产某种专业产品。②具有较强的市场应变能力，善于洞察用户的需求，对市场需求变化做出快速反应。③机构精简，免受机构重叠及官僚习气的危害。④用企业家的创新精神来指导企业的经营活动，为造就企业家创造条件、奠定基础。

为使单厂企业能够更好地发挥这些特长，改变“全能厂”的不合理状况，提高经济效益，从整个经济改革的角度来看，必须确定并保证企业自主经营、独立核算、自负盈亏的地位，实行政企分开，使企业不再成为政府的附属物，而是按照国家法律和政府政策的要求独立自主地从事经营活动。

第二，对多厂企业来说，应当特别重视有效地发挥现代公司这种企业组织形式的作用。我国在20世纪50年代中期曾经兴起一批公司，对当时的经济发展和体制变革起了一定作用。后来由于种种原因，其中的大多数公司消亡了。从20世纪70年代末期开始，到整个20世纪80年代，尽管公司的发展是曲折的，但从总体上看，公司的数量更多、范围更广、规模更大了。我国公司发展的历史过程和实践经验表明，公司作为一种现代企业组织形式，有利于促进我国社会主义经济的发展，有利于推动我国社会主义现代化大生产水平的提高，符合我国社会经济发展的客观要求。

我国的公司与单厂企业相比较，有以下几方面的优越性。①便于有效地组织工厂之间的专业分工与协作关系，提高社会生产的专业化与协作水平。公司不是各个工厂的简单相加，而是集各个工厂优势和特长于一体，形成新的合力，具有更高的生产力水平。② 能够把生产、商业、金融、信息等单位，以及与经营活动有关的其他业务单位组织在一起，形成一个具有雄厚经济实力的企业实体即利益整体。③ 有助于把经济单位与科研单位结合在一起，使公司既是生产基地，又是科研基地，集中大批科技人才从事新产品、新工艺、新设备的开发活动，形成以先进技术力量为后盾的现代企业组织形式。④ 有利于实现社会资源的综合利用，充分发挥技术、资金、设备诸方面的优势，从企业组织上保证对原材料和能源以及"三废"的综合利用。⑤ 能够表现出大型企业的规模经济性，特别是通过采用大批量的专业化与协作生产和开展多种经营活动，节省原材料消耗，降低成本费用，增加企业收入。

为使公司这种现代企业组织能够真正发挥作用，依据我国社会主义经济体制改革目标的要求并结合我国公司的历史经验和现实状况，必须坚持按照政企分开的原则来组建公司和发展公司。公司是企业，不是一级政府机构；不能使公司既具有企业职能，又行使政府的行政权力职能。近些年来，清理整顿公司，对于解决以权谋私和取缔公司中的违法乱纪活动取得了明显效果。但清理整顿公司并不是消极地取消公司这种企业组织形式，而是为了解决公司中存在着的政企不分问题，以保证我国公司的健康发展。从我国社会主义现代化的要求来看，我国公司的数量不足，质量不高，真正起到现代大型企业骨干作用的现代公司还不多。随着我国社会主义经济的发展需要，我国公司必须在更高水平上有一个新的发展。

因此，我建议，我国应当尽快出台《公司法》。通过立法，明确公司的企业法人地位；规定组建公司的法律程序；防止行业性垄断公司的出现。这是使我国公司健康发展的根本保证。

我国企业组织改革的基本方向，是建立以大公司为主导、众多中小企业相配套的企业组织体系。大公司的主导地位，是指大公司在国民经济发展中的战略地位，包括在创造国民生产总值中占有举足轻重的地位；在满足市场消费者需求中的重要作用；对经济结构的形式和调整的关键作用；对我国在世界市场中的地位的决定性作用。但是，大公司的主导地位并不能取代单厂企业的作用。公司是一种最先进的企业组织形式，但不是企业的唯一组织形式。一般来说，公司是大企业的主要组织形式，单厂企业多是中小企业。在发挥大公司主导作用的同时，必须充分发挥众多中小企业的配套作用，两者相互依存、相互促进，不可偏废。在企业组织改革过程中，必须解决落后的单一化的企业组成方式，但切不可重复过去那种按行业“梳辫子”、按地区“装口袋”的做法，把所有的工厂都硬性凑入公司。应当看到，单厂企业不仅不能取消，而且从企业数量来考察，任何时候都是中小企业占多数，作为大企业的大公司只是少数。离开众多中小企业的配套和促进作用，大公司就难以发挥主导作用。无论是大公司，还是中小企业，在国家法律面前的地位都是平等的，都必须通过市场竞争来检验经济效益的高低。

三、合理确定公司的规模效益

在企业组织改革过程中，必须解决合理确定公司的规模效益问题，并在此基础上明确大公司的发展战略。

公司的规模效益是由公司整体的规模效益和公司内部的工厂规模效益两部分构成的。对公司来说，这两部分效益既有联系，又有差别。公司整体的规模效益包含着公司内部的工厂规模效益，但公司整体的规模效益是指公司的经营规模效益，公司内部的工厂规模效益是指这些工厂的各自生产规模效益。公司的经营规模效益不仅包含公司内部各个工厂的生产规模效益，而且还包含这些工厂之间在更高的专业分工与协作基础上的联合效益；同时还具有除生产要素之外的其他经营要素所带来的效益，例如销售渠道、推销方式、商标、服务质量等方面的效益。因此，对公司规模效益的决策，除了要考虑公司内部工厂生产规模效益外，还要考虑公司整体的经营方向、经营范围及其在市场竞争中的地位和发展前景的效益。

一般来说，在满足需求和条件可能的情况下，公司总是力图扩大自身的规模。因为规模越大的公司，越有雄厚的经济实力和竞争能力，越能发挥专业化和协作化以及联合化的优势，越能把生产过程的高效化与适应市场需求的多样化有机地结合起来，取得更好的经济效益。当然，大公司的规模不是无限的，而是有限的。它既受公司本身条件的限制，又受国家法律的制约，不能盲目地追求公司规模的扩大，不能形成大公司的垄断状态。

大公司内部的工厂规模通常有下列三种方式：① 由大工厂与大工厂联合组成的大公司，即“大－大”联合式；② 由大工厂与小工厂联合组成的大公司，即“大－小”联合式；③ 由小工厂与小工厂联合组成的大公司，即“小－小”联合式。从组成大公司的三种方式中可以看出，作为大企业的大公司，可以由若干个大工厂联合组成，但大公司内部的工厂并非一定是大工厂。由此可见，大企业并非必须是大工厂。如果从传统的单厂企业组成方式来看，似乎扩大企业规模就意味着必须扩大工厂规模，而且是把工厂变成包罗万象、万事不求人的“全能厂”；但从公司作为现代企业的组织形式来看，小工厂同样可以取得大企业的规模经济效益，这就是走联合之路，包括由许多小而专的工厂联合组成大公司，或由小工厂与大工厂联合组成大公司。

大公司内部工厂规模的确定，受到各种内外因素的综合影响，其目的是实现公司内部各工厂生产规模效益与公司整体经营规模效益的有效结合。例如，不同类型的行业，对公司内部工厂规模有着明显的影响。一般情况下，在装置型行业，如钢铁、有色金属、石油、化工、电力等行业中，规模经济效益主要靠设备大型化来实现，所以，这些行业的公司内部工厂大多是大工厂，即是“大－大”联合式的大公司。在装配型行业，如汽车、机器制造、家用电器等行业中，规模经济效益是通过整机组装生产自动化、连续化的大批量生产和零配件生产的高度专业化来实现的，所以，这些行业的公司内部工厂更多的是大型整机厂和小而专的零配件厂相互配合，即是“大－小”联合式的大公司。但是，所有这些行业，都不是一个行业只有一个公司，而是根据不同情况形成各具特色的公司。

在相当多的行业中，公司的规模很大，但其内部工厂大多是小工厂，即是“小－小”联合式的大公司。作为大公司，它拥有强大的经济实力，能够从事大规模生产和多种经营活动，在市场竞争中占据有利地位并抵御市场风险；拥有雄厚的科技力量，能够形成先进的技术群体，从事应用研究和技术开发活动，在日新月异的科技进步中持续处于前沿阵地。作为大公司内部的小工厂，便于灵活机动地调整生产方向；便于用先进技术和新产品淘汰落后技术和衰退的产品；便于抛弃陈旧过时的工厂并以较少投资创建新的工厂，减少新建工厂的风险，取得更好的经济效益。因此，这种建立在小工厂基础上的大公司组织形式，更能适应现代技术迅速变化和产品生命周期愈益缩短的要求。

大公司发展战略的确定，对提高经济效益具有长远的方向性影响，是企业组织改革必须解决的重要内容。依据我国社会主义发展战略的要求，以及我国深化改革和对外开放政策的要求，我国大公司发展战略的要点包括以下几个方面。

（1）依靠日益加快的科学技术进步，有效地占领国内外市场。

（2）打破传统的行业界限，不断拓宽公司经营领域，不断调整经营范围和经营方向。

（3）采用不同公司的类型，包括股份公司、有限公司、两合公司，通过多种途径，包括新建工厂、建立合资合营企业、实行企业兼并、购买国外股票、扩大对外贸易往来等，不断扩大经营实力。

（4）大公司把中小企业组织在自己的周围。这既有利于促进大公司本身的发展，又有利于大中小企业相互依存、共同发展，包括大公司直接投资控制中小企业，通过开展专业化协作关系，建立各种形式的联系和协调关系。

（5）形成以大公司为核心的企业集团式的利益共同体。公司与企业集团既有区别，又有联系。公司是企业，是法人，而公司内部的单位不是企业，不是法人；但企业集团内部的企业（包括公司）是法人，而集团本身不是法人。企业集团一般建立在公司（特别是大公司）的基础上，办好公司是发展企业集团的前提条件。两者是相互促进的，不能彼此替代，更不是相互排斥的。

（6）迅速向跨国公司发展。

（7）建立高智商的决策机构和高效率的指挥系统。

［原载《改革》，1991（1）］

企业跨国经营的基本战略

企业跨国经营战略是指一个企业所确定的长期的经营目标，以及为实现这些经营目标所进行的一系列部署和安排。在当今世界上，从事跨国经营活动的最重要的企业组织形式就是以跨国公司为代表的国际化企业。因此，对企业跨国经营战略的研究，突出地表现为对跨国公司经营战略的研究。

跨国公司的经营战略，区别于跨国公司的一般经营管理。跨国公司经营战略是对公司总体的、长期的、重大的事务做出判断和决策，从战略上确定公司的经营目标，并从战术上进行部署和安排，以保证这些经营目标的实现。经营战略的制定，是跨国公司立于不败之地的根本大计，对跨国公司的生存与发展具有至关重要的意义。跨国公司的一般经营管理，是对公司各个职能方面的事务的具体管理，包括生产管理、营销管理、人事管理、财务管理、研究与开发管理及各项组织工作。前者主要是公司董事会、总经理和高层决策者所必须考虑的问题；后者主要是公司各个职能部门和各层次管理人员所必须完成的具体任务。当然，两者是相辅相成、彼此影响的。合理的跨国公司经营战略，使跨国公司经营管理具有明确的方向和目标；有效的跨国公司经营管理，是制定和实施跨国公司经营战略的必要条件。

跨国公司的经营战略，不同于一般企业的经营战略，这是由跨国公司的经营特点决定的。跨国公司的经营活动，其产品涉及同一行业的许多产品，甚至是不同行业的多种产品，并提供各种服务，同时涉及不同国家的许多地区。跨国公司的这种跨行业、跨国界的经营特点，决定了它的基本战略必然是全球经营战略。

跨国公司的全球经营战略，具有一般企业的经营战略不具有的独特内涵。

第一，跨国公司经营战略所规划的范围，是以世界市场为经营目标，并把世界市场作为一个整体来考虑。

第二，跨国公司的经营活动是以全球范围为出发点，对各种资源进行有效配置，包括对自然资源、人力资源、资本资源、技术资源和其他经营要素资源的配置。

第三，跨国公司着眼于全球观点来设置海外分支机构，并规定各个子公司的职能和经营范围，协调母公司与子公司之间以及子公司相互之间的关系。

跨国公司经营的这种全球战略（Global Strategy），是一般国内企业从事国际化经营活动逐步发展的结果。国内企业从事跨国经营即国际化经营的原因是多方面的，或是由于国内市场趋于饱和转而到海外寻找市场，或是利用绝对优势原理和相对优势原理在国际贸易中获取利润，或是通过国际技术转让使企业获得先进技术和技术控制权，或是为了取得国内短缺而国外较便宜的原材料和零部件，或是尽力扩大在海外的市场占有率。总体来说，从事国际化经营活动的企业称为国际企业。具体来说，国际企业包括四类企业：① 出口产品占企业全部产品一定比例（例如 30% 以上）的企业；② 合资企业；③ 利用特许经销方式在国外设立分支机构的企业（即执照经营企业，例如代理、代销企业等）；④ 在海外设立子公司或其他分支机构的跨国公司。这四类企业的跨国经营活动，不管出于上述哪一种原因，都表明企业的跨国经营过程是一个企业发展成为跨国公司的过程。企业在从事国际化经营活动的初期，经营目标比较单一，企业内外关系的协调较为容易，但当国际化经营活动扩展到同一行业的许多产品、不同行业的多种产品和服务、不同国家的许多地区时，企业就必须制定一项全球战略，以适应整个世界市场的激烈竞争和现代科技的飞速变化，从而出现了跨国公司的全球经营战略。

跨国公司全球经营战略的内容，包括规划年限的确定、内部条件的分析、外部环境的评估、发展目标的决策。这些对任何一个企业的跨国经营活动，都是极其重要和不可缺少的。

从许多跨国公司制定全球战略的宝贵经验和实际效果来看，年限的规划一般确定在 4 ～ 5 年较为适当，这既能保证企业长期发展的战略地位，又能提高战略预测的准确性和实现战略目标的成功率，并取得企业近中期的可以看得见的现实利益，可防止由于内部条件和外部环境变化幅度太大而使预测失误。

跨国公司对内部条件的分析，主要是分析生产能力、营销能力、服务能力、研究与开发能力、资源供给、管理水平和财务状况。归根到底，是分析这些内部条件对企业跨国经营活动的有利因素和不利因素，其目的在于扬长避短，发挥优势条件，消除劣势因素，并以此作为制定全球战略的基础。

跨国公司对外部环境的评估，是对全球范围的综合性大环境的评估，而综合性大环境是由许多具体的小环境组成的，包括自然物质环境、经济环境、技术环境、社会文化环境、政治法律环境等多种经营环境。对各种具体环境的评估，是十分复杂和艰巨的工作，涉及大大小小的诸多因素。例如，自然物质环境包括有关国家和地区的自然条件、地理状况、资源条件、资金状况等；经济环境包括国民生产总值、收入分配、经济水平、通货膨胀、行业及企业状况等；技术环境包括技术基础、技术成果、高新技术开发程度及其应用状况等；社会文化环境包括人口、劳动力、就业率、教育程度、文化水平、风俗习惯等；政治法律环境包括法律制度、政府的政策稳定性与连续性、政局稳定状况等。尽管这些评估工作的难度很大，但由于跨国公司是一个国际性现代化大企业构成的开放系统，再也不是早期企业的那种封闭状态，其经营绩效在越来越大的程度上受到外部环境的影响，所以，跨国公司极其重视外部环境的变化及其对经营活动的影响并采取相应的对策。这是制定全球战略的关键所在。

跨国公司发展目标的决策，往往着眼于综合性经营目标的实现，采取多角化经营的策略，避免过分追求单一目标而带来的片面性、局限性和风险性。例如，单纯追求利润最大化会忽略风险因素，造成只顾眼前利润而忽视长远利益的后果；只注重股东财富最大化会使管理层缺乏信心，不能反映出影响股票价格的外部因素，而这些外部因素是公司内部管理部门和管理人员无法控制的；管理者报酬最大化虽然满足了管理者的欲望，但其错误的投资和融资决策会影响公司利润最大化和股东财富最大化。所谓综合性经营目标，就是在跨国公司经营思想指导下的战略规划期限内所欲实现的目的和方向，包括加强全球性经营活动的目标，抢先进入不断发展的高新技术产业领域的目标，对母国与东道国的经营业务安排及其关系协调的目标等。这些发展目标是多项具体目标（包括盈利指标、投资收益、市场份额、股利分配、成本降低、价格策略、产品开发、环境保护、政府关系等）的综合表现。这些发展目标决策的正确与否，从根本上来看，取决于跨国公司的经营思想是否符合全球发展的需要。跨国公司的经营思想，表明一个企业从事跨国经营活动的业务指导原则和经营宗旨。实践证明，在“顾客至上，质量第一”“诚实既是最好的也是唯一的有效的政策”“繁荣东道国经济并随时显示整个世界是我们的市场”，以及其他一些积极向上的经营思想指导下所确定的发展目标，往往成为跨国公司全球战略的最重要内容。

中国企业跨国经营战略的制定及其实现，除了上述世界各国企业跨国经营战略所必须研究和解决的共性问题之外，还有自身的特殊问题。当务之急，关键在于解决两个问题。第一，彻底摆脱计划经济旧体制对企业的束缚，使企业真正成为面向国内外市场的自主经营、自负盈亏的经济实体，切实拥有从事跨国经营活动所必需的自主权，这是中国企业经营国际化的前提和基础。第二，迅速改变单一工厂式的落后的企业组织形态，使企业公司化，使公司成为中国现代企业的最重要、最有效的企业组织形式。同时，尽早出台公司法，使公司企业化，使公司成为真正的现代企业骨干力量，而不是一级政府机构或政企不分的组织，这是中国企业经营国际化的组织保证。在此基础上，中国企业才有可能朝跨国公司式的现代企业组织及其经营战略方向发展。我深信，随着中国社会主义市场经济新体制的建立与完善及中国重返关税与贸易总协定愿望的实现，中国企业的跨国经营必将成为全球性经营活动的重要组成部分，推动中国经济及世界经济获得更大发展。

［原载赵曙明主编：《企业跨国经营研究——兼论中国企业国际化》，南京，南京大学出版社，1993］

企业集团的基础在于公司的发展

一、公司理论是企业集团的理论基础

企业集团是在公司发展的基础上应运而生的。当公司发展到一定的程度，就出现企业集团；没有公司的发展，也就没有企业集团。因此，在客观上，公司理论必然成为企业集团的理论基础。为了促进我国企业集团的健康发展，我们必须形成正确的企业集团理论，用来指导企业集团的各项经营活动的顺利开展。而企业集团理论的正确与否，取决于公司理论的正确与否。正确的公司理论，关键在于明确公司组织的内涵和特征，认清公司与企业集团的辩证关系。

公司理论的最基本内容就是确认公司是企业。公司具有企业的全部内涵和特征，包括公司直接为社会提供产品或服务；以追求经济效益作为经营活动的直接目的；实行独立核算，自负盈亏；向国家照章纳税；拥有必要的企业自主权；公司领导层行使企业职能。这个公司理论对我国公司发展并在此基础上形成企业集团具有极其重要的现实意义，即公司不是政府机构，也不是政企不分的组织；企业集团不是政府机构，也不是政企不分的组织。

公司是企业，但并非所有的企业都是公司。公司是企业的一种组织形式，但不是企业的唯一组织形式。公司与其他企业组织形式的并存及其发展，是现代商品经济和社会化大生产的客观规律的要求。不应当人为地强制所有的企业都变成公司，也不应当主观地随意把所有的公司和企业都装入企业集团的口袋之中。

公司既是企业，又是法人，因此，公司是法人企业。“公司是依法集资联合组成，具有独立注册资产，自主经营，自负盈亏的法人企业。”[①] 公司的这个定义表明，从企业的资产关系来看，作为法人企业的公司区别于作为自然人企业的独资企业和合伙企业。从企业组织形式及其联合形态的发展过程来看，公司作为法人企业存在，正是形成企业集团的基础和前提条件。

在我国社会主义公有制情况下，公司成为企业集团的基础，不仅是由于公司作为法人企业存在，还在于公司是现代企业的典型组织形式。与传统的早期的单厂企业组织形式比较来看，公司具有现代企业的显著优越性。① 公司能够有效地组织工厂之间的专业分工与协作关系，提高社会生产的专业化与协作水平。公司既能保持并提高各工厂的专业化水平，又

① 邓荣霖．公司经营学．北京：中国人民大学出版社，1989.

能集各工厂的优势于一体，形成新的合力，优化组合和合理配置，达到更高的社会生产力水平。② 公司能够把生产、商业、金融、信息及各种服务业组织在一起，形成一个经济实力雄厚的企业整体，从而有利于各种经营要素的合理流动，减少不必要的中间环节，开展多种经营活动，实现工商结合、工贸结合、农工商结合及相关经济活动的结合，达到提高企业经济效益和社会经济效益的要求。③ 公司能够使经济活动与科研活动结合成一个利益整体，形成以先进的科技力量为后盾的企业组织形式。在公司这种企业组织之中，生产需要科研，科研面向生产，而且生产与科研的结合是在追求企业整体经济效益的前提下进行的，这就从组织上和利益上解决了生产、科研“两张皮”的脱节现象，使生产与科研之间形成鱼和水的关系。④ 公司对实现资源的综合利用起到组织保证作用。公司更能克服单厂企业在技术、资金、设备、人员诸方面的限制与困难，凭借公司雄厚的经济实力和先进的科技力量，对原材料和能源进行综合利用并对“三废”(废物、废水、废气）进行综合治理，以利于提高社会资源的利用效率。⑤ 公司能够表现出大型企业的规模经济性。虽然单厂企业可以成为大型企业，即把工厂规模搞得越来越大，但工厂规模的扩大受到行业特点和客观条件的限制。因此，在现代经济技术条件下，大型企业更多地表现为公司这种企业组织形式。尽管公司规模有大有小，但公司作为大企业的主要组织形式已是客观存在的事实。公司规模的扩大可以不受工厂规模的限制，既能包含大工厂，又能容纳众多的中小工厂。公司作为大企业，显示出“船大好压浪”的优势，但其内部的众多中小工厂，又便于适应日新月异的技术进步和千变万化的市场需求，显示出“船小好掉头”的灵活性。公司作为大企业的规模经济性大大地超过了单厂企业的规模经济性，在当代各种行业、部门和领域发挥着越来越大的作用。

企业集团的功能正是建立在公司上述作用的基础上。公司作为大企业可以不断扩大规模，但不能无限扩大。如果公司规模扩大到一个不合理的垄断程度，不仅不能带来规模效益，而且会损害我国社会主义经济发展过程中企业之间的竞争机制。而企业集团的出现有利于继续发挥公司的作用，并解决公司发展过程中的矛盾。企业集团看起来像一个大公司，但实际上并不是大公司。从这个意义上来说，公司是大企业的正形体，企业集团是大公司的变形体。

因此，企业集团功能的实现，从企业集团内部来看，就是既要充分发挥作为集团基础的主体公司的优越性，又要有利于集团成员企业的独立自主经营及其相互之间的竞争机制的运行。而集团内部的成员企业之间的相互关系，归根到底，表现为作为集团基础的主体公司与各个成员企业的关系。企业集团的建立，不是一些工厂、企业的简单拼凑或强行捏合，而是顺应主体公司发展目标的客观需要。为进一步发挥主体公司的作用及优势并不断实现其发展目标而形成企业集团，才符合企业集团的本来目的和要求，才有利于促进经济发展。如果离开这个目的和要求，去追求什么提高企业行政级别、扩大企业知名度、争取企业优惠政策，甚至收回已下放的企业或对抗上收企业的做法，则会失去企业集团发展的基础，使企业集团误入歧途。

为了保证我国企业集团的健康发展，使企业集团建立在公司发展的可靠基础上，必须对我国现存的大量“工厂式企业”进行公司化改造。从根本上来说，企业集团的数量和质量是由公司发展的数量和质量决定的。没有一定数量和质量的公司，不可能形成真正的企业集团。即使人为凑合一个，也难以有效地发挥企业集团的作用。企业集团的发展，有助于推动商品经济的发展和生产社会化水平的提高。企业集团是对我国现有企业进行公司化改造的有效组织形式。

二、我国企业集团发展的关键在于解决公司中的政企不分问题

我国公司发展的历史与现状表明，在我国建立和发展企业集团，已经具备一定的基础和条件。企业集团的出现，是社会化大生产发展的必然结果，是在公司发展基础上的一种新型经济组织形式，具有重要的意义。

但是，必须清醒地看到，我国公司发展的历史是极其曲折的，我国公司的现状是相当复杂的。20 世纪 50 年代中期我

国兴起的一批公司，除极少数目前尚存之外，其余的绝大多数公司都不复存在；20 世纪 60 年代初期我国试办的一批托拉斯式公司，又很快地在“文化大革命”期间夭折了；20 世纪 70 年代末期我国出现的大量公司，其数量之多、范围之广、规模之大都超过了以往，但到 20 世纪 80 年代中期就进入了公司的清理整顿阶段，一直持续到 20 世纪 80 年代末期和 20 世纪 90 年代初期。我国公司的大起大落和小起小落，反映出我国公司状况存在复杂的矛盾现象：一方面，我国社会主义经济的发展在客观上需要公司这种先进的企业组织形式，这是不以人们意志为转移的经济发展规律的表现；另一方面，人们长期习惯于工厂型企业的形式，缺乏公司型企业的实践经验，再加上现实中的许多公司存在种种问题，致使公司的作用难以发挥，并在一定时期损害了公司的组织形象。我国公司状况的这种矛盾现象，必然会影响我国企业集团的发展。

从我国社会主义经济发展的总体需要来看，我国的公司不是多了，而是少了。尤其是从我国企业集团发展的要求来看，必须有一大批高质量、高水平的公司，才能使企业集团建立在扎实可靠的现代化大型公司的基础之上。但具体分析可发现，确有相当数量的公司未能起到应有的作用。几年来的公司清理整顿工作取得了一定成效，特别是解决了一些公司违法乱纪，以权谋私，打着公司的旗号从事贪污、犯罪活动的问题，但并没有真正解决公司政企不分的问题。我国公司在今后的发展中必须重视解决政企不分问题，不能使那些政企合一的组织采用公司的名称继续存在下去。公司就是企业，不是一级政府机构，也不是政企合一的组织。不符合公司内涵和特征的组织不能采用公司这个名称。目前我国一些公司的职能和权责混乱，不是因为公司这个名称不好，而是政企不分所带来的弊端。如果不能有效地解决公司中的政企不分问题，势必会引起企业集团的混乱现象，造成企业集团的政企不分问题。那种以为用企业集团名称取代公司名称就能解决问题的想法是不现实的。从深化体制改革的角度来看，只有解决我国公司中的政企不分问题，才能既有利于公司的健康发展，又能在公司发展的基础上发挥企业集团的作用，防止以“拉郎配”“梳辫子”“装口袋”等方式把企业集团变成政企不分的组织。

我国现阶段正在进行的股份制企业试点工作，极其有利于解决公司中的政企不分问题。因为股份制企业在我国目前的两种类型——股份有限公司和有限责任公司，实际上就是我国公司制度的丰富和发展。而一旦采用了“股份有限公司”的名称和“有限责任公司”的名称，那么，这种公司就必须是而且只能是企业，不可能成为一级政府机构，也不会使人们误认为公司是一级政府机构。这就从根本上解决了公司中的政企不分问题，同时也为按照股份制建立与发展企业集团创造了有利条件。可以预见，20 世纪 90 年代将是我国公司制度健康发展的新时期，并将在此基础上有效地促进我国企业集团的健康发展。

三、公司立法是企业集团的法律基础

所谓企业集团，是指以大公司为主体的若干企业通过资产纽带联结并从事多角化经营业务所形成的经济组织。企业集团的这个定义包括以下几个方面的内涵。① 企业集团是一种经济组织，不是一级政府的行政组织。② 企业集团必须有一个主体公司。这个主体公司的规模大，经济技术实力雄厚，是企业集团的核心公司，可称集团公司或母公司，具有独立的法人地位。③ 企业集团必须由若干企业所组成。这些企业的下限数量应符合国家的有关规定，上限数量则由主体公司及集团发展需要来决定。这些企业可称作集团企业或子公司，或关联公司。这些企业的规模有大有小，但每个企业都具有独立的法人地位。④ 企业集团的联结有两种类型：一是通过资产纽带的联结，即形成财产所有权的投资关系；二是通过业务纽带的联结，包括生产、营销、采购、财务、人才、技术及其他各种业务关系的建立。主体公司与集团企业必须具有资产纽带的关系，并在此基础上建立业务纽带的联络关系。企业集团不是一般的契约式关系。⑤ 企业集团从事多种行业的经营活动。企业集团既不是行业式的垄断组织，也不是行业性的民间协调组织。企业集团所从事经营的多种行业之间虽然没有必然的依赖关系，但都是为了共同使用集团的资源条件，分散经营风险，强化竞争优势。⑥ 企业集团是由主体公司及集团企业的经济发展要求而内在地形成的一种企业联合组织。企业集团经营是依据内部能力和外部环境而从事的商品经济活动。

由此可见，企业集团内部的主体公司和成员企业（即集团企业）都具有独立法人地位。企业集团本身不是一个独立的法人，而是由多个法人联合组成的一种经济组织。实际上，企业集团是多个法人合伙式的企业联合组织。公司既是一个经济概念，又是一个法律概念。企业集团是一个经济概念，但不是一个法律概念。企业集团与公司是既有联系又有区别的两个概念。其联系在于企业集团的基础和主体就是公司，离开公司的企业集团是无法生存的；其区别在于公司既是一个单独企业又是一个独立法人，而企业集团本身既不是一个企业又不具有独立法人地位。由于公司是法人，在公司基础上形成企业集团之后，企业集团内部的公司仍然具有独立的法人地位。所以，在法律上，公司法律必然成为企业集团的法律基础。

公司是法人，但公司的内部单位不具有法人地位；企业集团内部的公司具有法人地位，但企业集团本身不具有法人地位。这两种情况的法律原理是一致的，即法人之间的法律地位是平等的，不存在“二级法人”概念，不存在大法人内部的小法人关系。从法律意义上来分析，公司作为法人存在，既是公司生存与发展的法律前提条件，也是企业集团生存与发展的法律前提条件。

因此，我建议，应当尽早使我国公司法出台。公司法，既是我国公司设立和组织及其有关事项的法律依据，也是我国企业集团建立与发展的法律基础。当然，在公司法的基础上，可以就企业集团发展中的一些具体事项做出相应的政策性规定。但是，必须分清主次，分清先后，即公司法是主要的，应当先颁布公司法。只有这样，才能使我国公司以及在公司基础上形成的企业集团得以健康发展。

公司法是规定公司的种类、设立、组织、权利与义务及解散和清算的法律制度。我国从 1982 年就开始拟定公司法，到现在已有十年时间，但至今尚未出台。进入 20 世纪 90 年代之后，我国公司进一步发展，成为我国公司发展史上的新时期，并在公司发展基础上出现了一批企业集团。在此形势下，公司法的出台已不容拖延。公司法的制定和实施，不仅有利于“治乱”，即解决现存公司中的各种问题，更重要的是为了“治本”，包括统一公司的法律定义，确定公司的法律地位，规定公司的责任形式，明确公司的内外关系，保障公司的合法权益，创造公司的公平竞争环境，惩罚公司的违法行为，从根本上为公司的“生死存亡”提供法律依据。

在我国公司立法过程中，必须明确一个基本问题，即公司法是公司组织法，不是公司一般行为管理法。因为公司法应当在完善公司法人制度的基础上，建立我国的公司制度，规范公司设立方式、组织工作和变更规则，并推进企业制度改革，促进企业集团发展。公司法当然也是清理整顿公司工作的法律依据。但公司法的出发点不是着眼于对公司的清理整顿，更不是作为一种行政手段去解决撤并公司的问题。公司法也应当是公司经营过程中各种行为的法律依据，但从公司法的根本制度来说，公司法是组织法，而不是公司一般行为管理法。即使公司法包含对公司行为的一种管理，也应当是对公司商事交易行为的管理，主要集中于对公司股票和公司债的行为管理，而不是公司其他一般行为的管理。至于对公司其他一般行为的管理，不是公司法所要解决的问题，而应当通过其他立法来规范公司行为。例如，针对偷税漏税问题，可以通过税法来解决；针对贪污盗窃、行贿受贿问题，可以通过刑法和其他有关法律来解决；针对以权谋私、弄权勒索问题，可以通过有关法律条文予以解决。如果公司法以打击各种违法乱纪行为为核心内容，势必与其他条文发生重复，而且不符合公司立法的国际惯例，不利于我国公司的对外往来。

在起草、讨论和审议公司法的过程中，对公司法的某些条款有不同意见是正常现象。公司法的内容是在实施的过程中不断补充、修改、完善而逐步成熟的。世界上从 1673 年法国最早进行公司立法到现在已有 300 多年的历史，其间包括德国、英国、美国、日本、意大利和一些发达国家在内的公司立法，都经历了若干次大大小小的修改，至今仍在不断调整和补充。而我国的公司历史较短，实践经验不够丰富，整个经济体制处于改革过程中，在这种情况下，试图令公司法十全十美是不可能的。在客观上，又亟须颁布公司法，以统一和规范公司的设立和组织及其有关事项，并作为企业集团建立与发展的基础。因此，公司法必须对涉及公司设立和组织及相关的一些最基本问题做出明确规定，而且做出这些规定的时机和条件现在均已成熟。重要的是，在制定和实施公司法的过程中，还必须对公司经营活动中的其他各种法律做出配套的相应规定，使公司法成为整个社会法律的有机组成部分，其中明显的有合同法、债法、税法、分配法、票据法、证券交易法、会计法、破产法及其他一些法律。公司法的实施，为上述各项法律的实施提供了有利条件，也对这些法律提出了新的要求，其中有些法律需要废旧立新或修改完善，有些则是新立法律，以保证公司及企业集团的正常经营活动。

[原载《经济理论与经济管理》，1993（1）]

建立适应社会主义市场经济新体制的政府职能和企业经营机制

制定和贯彻《全民所有制工业企业转换经营机制条例》(以下简称《条例》)，是建立和完善社会主义市场经济体制的重要组成部分。因为制定《条例》的根本出发点就是要改变在计划经济旧体制下企业作为政府机构附属物的服从地位，确立企业在社会主义市场经济新体制下作为独立经营主体的自主地位，使企业经营机制摆脱计划经济旧体制的束缚，建立起反映社会主义市场经济规律要求的企业经营机制，所以，《条例》的制定和颁布，与社会主义市场经济体制的目标是一致的。

由此可见，在贯彻《条例》的全部过程中，都必须坚定地按照党的十四大精神，以建立和完善社会主义市场经济体制，作为贯彻《条例》的根本指导思想。转换企业经营机制，与建立社会主义市场经济体制，是相互促进的依存关系。

我们应当充分认识到，在1992年10月党的十四大正式提出并明确我国经济改革的目标就是建立社会主义市场经济体制之后，我国的改革开放进入了一个新阶段。这是党的十四大对中国历史发展的重大贡献。十四大明确提出社会主义市场经济体制是我国经济体制改革的目标，这是新中国成立以来 40 多年历史经验的总结，特别是改革开放 14 年实践发展和认识发展的必然结果，是今后我国经济发展和经济改革的客观要求。《条例》的基本精神，与社会主义市场经济的基本含义是一致的，这就是：

——一切社会经济活动都处在市场关系中，市场是资源配置和要素流动的基本方式；

——企业作为经济活动的基本单位，在社会主义市场经济条件下拥有独立的经营自主权；

——政府对企业不再直接干预，而是采取间接宏观调控的手段；

——要求建立开放、统一、有序的市场规则，以法律手段规范企业行为和政府行为以及企业与政府之间的关系。

由于《条例》是在十四大之前制定的，因此，在贯彻《条例》的过程中，必然会按照十四大正式提出的社会主义市场经济体制的要求，不断丰富和发展，使《条例》发挥更大的作用。在这里，有两层意思。

一是《条例》已经明确规定的内容和具体条款，要坚定地不折不扣地贯彻落实。

例如，《条例》明确规定企业拥有的 14 项经营自主权，符合十四大精神和社会主义市场经济体制的要求，必须尽快地全部地落实与实施。

二是《条例》尚未明确规定的内容，但在党的十四大文件中已经决定的改革措施，符合社会主义市场经济体制要求的转换经营机制的改革内容，也应当作为贯彻《条例》的实际行动，使得《条例》的贯彻与社会主义市场经济体制的建立和完善更加紧密地结合起来。

例如，党的十四大提出国有企业要理顺产权关系，承担国有资产的保值增值责任。关于国有资产的产权责任明晰化问题，在《条例》中未能明确规定。但是，按照十四大精神和社会主义市场经济体制的要求，国有企业在转换经营机制过程中必须承担国有资产保值增值的责任。同时，在贯彻《条例》的过程中，大量事实表明，国有资产产权责任明晰化，是一个不可回避和逾越的问题。转换企业经营机制本身就包含着改变过去那种对国有企业的国有资产产权责任不清的状况，建立起对国有资产负责的经营机制。因此，在贯彻实施《条例》的过程中，理所当然地应当按照市场要求来管好国有资产，通过多种有效途径来实现国有资产产权责任明晰化。比如对国有企业进行股份制改造，有利于明晰国有企业的产权关系。随着社会主义市场经济的发展，我国产权市场的发展，必将更加有利于国有企业产权责任的明确，使《条例》的贯彻实施更富有成效。

当前的首要问题是必须坚定地不折不扣地落实《条例》已经赋予企业的各项经营自主权，彻底摆脱计划经济旧体制的束缚，使国有企业迅速转为市场导向，真正能够面向市场；使国有企业卸掉过重的经济负担，为国有企业平等地参与市场竞争创造必要条件；通过理顺产权关系，实现政府行政权管理职能与资产所有权管理职能的分离，使国有企业在市场竞争中追求资产增值和经济效益最大化。这既是贯彻《条例》的具体表现，也是建立社会主义市场经济体制的重要内容。

贯彻《条例》与建立社会主义市场经济体制两者关系的结合点是企业。因为从贯彻《条例》来说，就是落实赋予企业的经营自主权，使企业经营机制从计划经济旧体制轨道转换为社会主义市场经济新体制轨道；从建立社会主义市场经济新体制来说，企业是社会主义市场经济的主体，企业不仅必须拥有《条例》已经规定的经营自主权，还将拥有《条例》尚未规定但按社会主义市场经济体制要求所应当具有的其他经营自主权。企业经营机制就是社会主义市场经济竞争机制的具体表现。由此可见，企业在社会主义市场经济中的主体地位及其经营自主权是贯彻《条例》的立足点。但在前一段时期贯彻《条例》的过程中，出现了“谁是企业”的问题，尤其表现为“怎样对待公司”的问题。从转换企业经营机制和建立社会主义市场经济体制来说，这确实是一个必须统一认识和切实解决的问题。公司问题，在我国是一个现实问题，也是一个理论问题。我对公司进行了多年的调查与研究，先后出版了三本有关公司理论与实务的基本教材，即《工业公司概论》《公司经营学》

《现代公司实用手册》。

当前，在贯彻《条例》与建立社会主义市场经济体制的过程中，正确、科学地对待公司，具有重要的现实意义和深远的战略意义。

我国现阶段的公司问题主要表现在两个方面：一是不能有效地利用公司这种现代企业组织形式来开拓国内市场和国际市场，发挥公司在社会主义现代化经济建设中的骨干地位作用；二是有些政府行政机构以公司名义去行使计划经济旧体制下的那些行政权力职能，把公司变成政企不分的混合组织。

关于前一个问题，即公司的作用问题，应当看到，国内外市场经济发展的历史和现实已经充分证实，公司是商品经济发展的产物。公司的出现，推动了商品经济的进一步发展。公司发达的国家，都是市场经济发达的国家。公司是市场经济的基本主体。公司是市场经济条件下最先进最重要的大型企业组织形式，公司是实现工商结合、工贸结合、农工商结合、技工贸结合、生产与科研结合、生产与金融结合的最有效的现代企业组织形式。在改革开放的14年巨大成就中，我国成千上万的各类公司做出了巨大贡献。从我国社会主义市场经济发展的需要和社会化大生产以及科技进步的客观要求来看，我国公司不是多了而是少了，尤其是能够在国内市场和国际市场竞争中发挥骨干作用的公司太少了。

长期以来由于计划经济旧体制和传统观念的束缚，我国企业组织形式处于落后状态，规模经济效益差。在社会主义市场经济体制下，现存大量的“小而全”“大而全”的工厂式企业越来越难以适应社会主义市场经济发展的要求。公司式企业的优越性就在于，把工厂的高度专业化生产与市场的需求多样化有机地结合起来，实现社会化大生产与多种经营相结合的现代大企业的规模经济效益。在贯彻《条例》的过程中，随着改革开放步伐的加快和社会主义市场经济的加速发展，我国公司必将得到更大发展并发挥更大作用。

关于后一个问题，即公司的含义问题。必须明确，公司是企业。公司不是一级政府机构，也不是政企合一的混合组织。这是就公司的组织内涵和特征而言的。但在我国目前公司法尚未出台的情况下，具体到某一个公司是不是真正的企业，不能只是看它是否挂着公司牌子，还必须考察它是不是具备企业的内涵和特征。这些内涵和特征包括：直接在市场经济中从事经营活动；以营利性目的作为经营活动的直接动机；是独立核算并自负盈亏的经济实体；承担纳税义务；自主经营、自我发展、自我约束。当前的问题在于，现实中的一些公司，不是真正的公司，不是真正的企业，特别是有些政府机构在不放弃行政权力的情况下，又以公司名义或者集团名义来截留真正企业的经营自主权，使《条例》的实施遇到了困难。

解决这个难题的根本出路在于加快立法进程，尽早出台公司法。公司是一个经济概念，更是一个法律概念。公司必须依法成立，其中包括必须由法律认可的专门机构来审定公司登记、注册、变更以及有关事项。必须改变由政府行政机构直接组建公司的做法，以避免公司的混乱状态。在公司法尚未出台之前，在当前贯彻《条例》的过程中，一方面，既要发挥真正公司的作用，使得经济实体性公司拥有经营自主权；另一方面，又要采取必要措施，解决那些政企不分的公司改造问题，以保证《条例》的顺利实施。

《条例》的制定和贯彻，其根本目的是要抛弃计划经济旧体制，建立社会主义市场经济新体制。虽然《条例》本身的内容是直接规定转换企业经营机制的事项，但从体制改革的角度看，涉及企业与政府之间的关系。实践表明，企业经营机制的转换和政府职能的转变，是建立社会主义市场经济体制和贯彻《条例》同一个过程的两个方面，两者缺一不可。没有政府职能的转变，就难以转换企业的经营机制。而《条例》只规定了企业的行为，并没有具体规定政府的行为。这是《条例》贯彻过程中的又一个难题。

解决这个难题的有效办法，就是进一步提出贯彻《条例》的具体实施规则，从建立社会主义市场经济体制的目标出发，对企业与政府分别提出要求，改变过去那种企业过分强调外部因素和政府过分强调企业内部因素的彼此脱节的一些说法和做法，使得企业经营机制的转换和政府职能的转变两者有效地结合起来，彼此补充，相互促进，以利于《条例》的贯彻和社会主义市场经济体制的建立。

对企业来说，按照社会主义市场经济体制目标的要求，贯彻《条例》，转换经营机制，既是机遇，又是挑战。因为《条例》的贯彻，必将有利于实现政企分开，使企业真正拥有经营自主权，为企业进入市场创造有利条件。但是，由于市场竞争是激烈的，这又对企业提出了更高的要求。在市场经济条件下，企业必须把内部能力（包括人力、物力、财力、技术及其他资源）与外部环境（包括自然物质环境、社会文化环境、政治法律环境及经济环境）有机地结合起来，最大限度地利用有利因素并使消极因素的影响减少到最低限度，不断增强企业的活力。企业活力，表现为企业在市场竞争中生存与发展的能力。企业的经营行为是否富有成效，是由市场来检验的。市场的核心是顾客，是用户，是消费者。企业与市场的关系，具体表现为企业与顾客、用户、消费者的关系。企业面向市场，就是要确立并实现“顾客至上”“用户第一”“消费者第一”的经营理念和经营方针，用企业家精神创造一流的企业技术和企业管理，为国内外市场提供质量、价格、信誉均为优等的产品和服务。这是企业转换经营机制的根本方向和在市场竞争中立于不败之地的基本源泉。

对政府来说，按照社会主义市场经济体制目标的要求，贯彻《条例》，就是要转变政府职能，精简政府机构，不再直接干预企业的经营活动，而是为企业创造良好的外部环境，落实企业的经营自主权，真正发挥企业在社会主义市场经济中的主体地位作用。

政府在贯彻《条例》的各项实施政策和有关的具体规定中，应当规范我国境内各类企业的经营行为，改变过去那种按所有制、按部门、按行业、按经营方式分别制定政策的做法。例如，1993 年 7 月 1 日起实行新的财务会计制度，彻底改变了过去那种分所有制、分部门、分行业、分企业经营方式不同而分别制定制度和进行管理的做法，实现财务会计管理的规范化、科学化。政府对企业不应当再套用行政级别，而是可以按企业经营规模和经济效益进行分类指导，加强对企业的约束和监督。

政府的各项政策和各种规定，应当适应市场经济规律的要求，有利于培育市场体系，建立与国际市场接轨的我国统一的市场体系，包括建立发达的商品市场、资金市场、信息市场、人才市场、产权市场、房地产市场以及全方位的生产要素市场和充分发展诸如期货市场这种高级市场形态的市场体系。应当尽快建立公平、公正、公开的“三公”市场竞争秩序，使各类企业在市场竞争中处于平等地位，改变市场扭曲、地方保护、部门垄断、关卡林立、各自为政的市场分割状况。

政府应当大力推进社会化进程，解决企业办社会问题，减轻企业的社会负担；逐步建立社会保障制度，统一管理待业、养老、工伤、医疗等保险制度，实行不区分所有制界限及用工类别的社会养老保险制度。

贯彻《条例》和建立社会主义市场经济体制的根本出路在于加速我国的立法进程。社会主义市场经济作为一种损益经济，实际上是一种法治经济；它不同于计划经济，计划经济作为一种审批经济，实际上是一种人治经济。《条例》的贯彻，符合社会主义市场经济发展的方向和社会主义市场经济体制的要求，有利于社会主义市场经济条件下的法制建设。而《条例》的真正实施和全部落实，又要求加快各项法律制度的立法进程，使法制建设跟上转换企业经营机制和转变政府职能的时代步伐，客观地反映社会主义市场经济发展和社会主义市场经济体制的要求。因此，构造我国社会主义市场经济的法律体系，尽快赋予《条例》内容的法律效力，是转换企业经营机制和转变政府职能乃至建立整个社会主义市场经济体制的根本保证。《条例》的贯彻，必然要求并伴随着与社会主义市场经济相适应的法律体系的完善。但目前我国法律的滞后状况，已经给《条例》的贯彻和社会主义市场经济体制的建立造成极大困难，甚至混乱状态。例如，目前我国公司已有 30 多万家，而且还在继续发展，但至今公司法尚未出台，致使公司的成立和变更无法可依，不是由市场来决定公司的命运，而是借某种行政力量甚至某个长官的意志来断定公司的生死存亡。只有通过公司立法，才能保证公司这种企业与其他企业组织形式在社会主义市场经济中的主体地位和平等地位，从根本上解决目前某些公司政企不分的混乱状况，从而有效地贯彻《条例》，以利于转换企业经营机制和转变政府职能。在这方面，我们可以借鉴国外市场经济发达国家的成熟法律和国际公认的规则，使我国企业经营机制的转换尽快地适应我国重返关贸总协定形势的要求。

［原载国务院经贸办企业司等编著:《走向市场——转换企业经营机制方法谈》，北京，中国统计出版社，1993］

现代企业制度与公司制度

现代企业制度是以公司制度为主体的市场经济体制的最基本的成分。这个定义包含两个层次：第一个层次，现代企业制度是市场经济体制的一个最基本成分；再一个层次，现代企业制度以公司制度为主体，现代企业制度就是现代公司制度，或者说现代公司制度就是现代企业制度最典型的组织形式。因此，《中共中央关于建立社会主义市场经济体制若干问题的决定》中提出要按公司制度改造现有国有企业制度，这是建立现代企业制度的基本途径。在这里我想着重讲现代公司制度与传统国有企业制度的区别。

现有国有企业本质上是一种所有者财产与企业财产不分，所有者直接经营企业财产的“自然人”企业；公司是所有者财产与企业法人财产相分离、所有权与经营权相分离的法人企业。这种区别具体表现在：公司制度产权主体明确，产权责任清楚，这就改变了现有国有企业制度下政府部门以所有者身份从企业外部对企业行使所有权职能，形成企业产权责任不明确、国有企业实际上无人负责的局面；公司制度是使企业有独立的法人财产，因为公司是企业，公司是法人，公司享有完整的法人产权，这就改变了现有国有企业没有独立的法人财产的状况；公司制度下企业具有独立的法人资格，具有独立的民事行为能力和责任能力，这就改变了现有国有企业无权独立地以其全部财产承担民事责任，只是名义上的法人的状况；公司制度能够真正实现政企分开，公司法人的权利、责任、义务都在有关法律和公司章程上明确规定，使得政企分开有了保证，这就改变了现有国有企业制度下政府实际上以企业主身份管理企业，政府职能与企业职能难以真正分开的做法；公司制度下企业承担有限责任，国家对企业债务既不是承担无限责任，也不是没有任何责任，这就改变了现有国有企业发生亏损，一般是国家通过挂账、财政补贴办法进行扶持和保护，而国家实际上对企业承担无限责任的做法；公司制度下实行企业决策机构、执行机构、监督机构之间相互独立、权责分明、相互制衡的机制，这就从根本上改变了国有企业领导管理体制的责权利不明确的状况，使国有企业经营机制的转换有了根本保证；公司制度下企业经营人员专业化，没有行政级别，形成企业专业经理人员队伍，这就改变了现有国有企业厂长、经理由政府部门直接任命，有行政级别，把企业经理人员列入政府行政干部队伍系列的做法。

以上区别表明，公司制度是适应社会化大生产的要求和科技进步的要求，是我国社会主义市场经济中最重要、最先进的现代企业组织形式，有利于消除旧的计划经济体制下形成的单一工厂型、单纯生产型、国家承担无限责任的弊端。

应当指出，这里讲的公司是既是企业又是法人的真正公司，是规范的公司。因此，建立现代企业制度既要用公司制度来改造传统的单厂的国有企业制度，又要按照公司机制来改变现有的一些政企不分的挂牌公司。按公司制度改造现有国有企业，不只是把名称由工厂改为公司，而是要明晰国有企业的产权关系，转换国有企业的经营机制，建立适应社会主义市场经济体制要求的现代企业制度。

现代企业制度有三个基本组成部分。

第一，现代企业组织制度，也就是公司组织制度。按公司制度改造现有国有企业就是要充分发挥公司组织制度的优越性。公司作为现代企业的组织形式与现有的单厂式国有企业相比具有明显的优越性。这些优越性表现在：极大地提高了专业化协作水平，形成了新的社会生产力；有利于实现工商结合、工贸结合、农工商结合；实现生产与科研的结合；能够做到产业资本与金融资本的结合；能够实现社会资源的综合利用；能够带来规模经济效益。

国有企业制度改造成现代企业制度，即通过不同方式将原企业改造成公司。必须明确，这是作为现代企业的真正公司，不是那种政企不分的挂牌公司。当然，公司的形式也有多种，包括有限责任公司、股份有限公司、国家独资有限责任公司等。

第二，现代企业产权制度，也就是公司法人产权制度。出资者是股东，拥有所有权。过去，企业资产属于全民，但全民只是一种虚设，实际上是所有者代表“缺位”。而公司对产权划分十分明确。公司产权制度分两个层次。一是股权，指出资者的权利，认资不认人，股东权利与出资额联系在一起。股东的权利主要有选举权和收益权。二是董事会，拥有公司资产的实际控制权，也就是法人产权。由董事会聘任的总经理，依据董事会授权所享有的则是经营权。经营权与所有权分离，构成公司制度内部的机制。

再有，公司法人产权制度对公司资产采用价值化管理，改变了旧体制下的实物化管理、固定化管理、行政化管理，保证了国有资产的增值。

第三，现代企业管理制度，也就是公司管理制度。传统的国有企业管理不是真正的现代企业管理，只是单独从事生产活动。而现代企业管理制度最主要的是具有公司经营管理的特征，它是生产与流通的结合，是公司内部能力与外部环境的结合，是经营战略与具体管理方法的结合。它非常重视公司的战略计划，在市场经济下，企业计划不仅不能削弱，反而更要加强。同时，企业还要做好各方面的管理工作，包括生产管理、销售管理、人力资源管理、研究与开发管理及财务管理等。现代企业管理制度就是现代公司经营管理制度，而不是单纯的工厂生产管理。

[原载鲍相生等主编：《最新中华人民共和国公司法实务大全》，北京，法律出版社，1994]

关于现代企业制度的问题

1993年6月国务院经贸委成立了一个现代企业制度调研组，这个调研组的任务就是起草十四届三中全会《决定》中关于现代企业制度这一部分的内容。这个调研组要我根据多年来对国内外现代企业制度的研究，给他们做一个关于现代企业制度的专题报告。

这个调研组在全国各地经过半年的调查，征求各方面的意见后产生的报告内容，最后真实地写入了十四届三中全会的文件。现代企业制度在我国已经进行了多年的研究，正式写入我们党的文件还是第一次。自十四届三中全会决定公布之后，现代企业制度就成为我们国家改革的一个主要内容。在这个时候讲有关这方面的内容，我很高兴。晋城市委、市政府、市政协企业联合会还聘请我做顾问，今天我这个讲课也就是履行我顾问职责的一个具体行动。今天我要讲的内容，总的题目就是关于现代企业制度的问题。

一、现代企业制度的提出

为什么要提出现代企业制度？根据我的了解，现代企业制度的提出主要有三方面的原因。

1. 是建立社会主义市场经济体制的客观要求

首先，要明确社会主义市场经济体制是我们改革的目标。社会主义市场经济体制这个概念是在 1992 年 10 月党的十四大正式确定的，党的十四大提出我们国家体制改革的目标就是建立社会主义市场经济体制，这个目标的提出是来之不易的，可以说是在总结 1978 年以来改革十几年的反反复复的经验教训后提出来的，它的提出标志着我们改革进入了一个新阶段。但是，有了这个目标后，怎样来实现这个目标，怎样来建立社会主义市场经济体制？其中有一个重要的问题，就是我们传统的国有企业制度不适应社会主义市场经济体制的要求。建立社会主义市场经济体制，就要改变传统的国有企业制度，不改变传统的国有企业制度，就无法建立社会主义市场经济体制。因此，建立现代企业制度，改变传统国有企业制度，就成了建立社会主义市场经济体制的重要组成部分，这是一个基本的原因。

2. 是国有企业改革十五年的状况决定的

国有企业改革已经经历了十五年的时间，对国有企业的改革怎么看呢？在 1993 年国家体改委、国务院经贸委、人民日报理论部召开的一次会议上，我讲过几个基本的有关国有企业改革的状况。

（1）应该肯定十五年来我国国有企业改革取得了一定的成效。这些成效有大量的数字和实际来表明，而且，有些国有企业搞得还是比较好的，个别的国有企业经验还是比较丰富的。

（2）必须看到我国国有企业改革没有达到理想的要求，总的状况还是不适应生产力的发展，不适应经济发展的要求。为什么这样说呢？我认为有三个区别。一是少数与多数的区别。搞得好的国有企业是少数，多数的国有企业状况是不理想的。所以，我们看问题必须看到多数。二是个别与一般的区别。个别的国有企业可以说效益很好，但是一般来说，我们的国有企业目前的形势很严峻，相当多的国有企业到现在为止，工资发不出去，设备不能更新改造，产品没有市场。三是现象与本质的区别。从现象来看，我们现在的国有企业似乎还活着，还活得下去，但从本质上来说，它的问题没有解决。而且，时间是非常紧迫的，不能再拖下去，表面上看它还能过得下去，但它是一种病态的运转，这种病态的运转，如果不扭转的话，总有一天问题要爆发。我们不能等到爆发的那一天才来解决，那就太晚了。所以，我们必须从本质上认识国有企业的问题，及早采取措施。那么，基于对少数与多数、个别与一般、现象与本质的分析，我们可以看到，国有企业的问题是相当严重的，形势是严峻的。

（3）国有企业的问题究竟出在什么地方？主要表现在两个方面。一个方面，国有企业同乡镇企业、合资企业、独资企业、私人企业比较来说，相形见绌。所谓相形见绌，就是说，国有企业看起来也在发展，但它不如非国有企业发展得快，而且国有企业在全国经济中的地位比重还在下降，也就是说，把国有企业放在同非国有企业的比较当中来看，就相形见绌。这点，我想大家是有目共睹的，包括我们晋城市在内。另一个方面，国有企业本身的问题没有得到有效的解决。国有企业本身的问题是什么？主要就是低效率、低效益。在计划经济旧体制下，还能混得下去，但是在市场经济体制面前，在市场竞争的面前，我们的国有企业这样低效率、低效益就很难活下去。国有企业的问题更为严重的是，它的老问题没解决，又出现了许多新问题。其中一个问题是国有企业的债务负担沉重。在传统的计划经济旧体制下，国有企业基本上没有债权债务的观念，因为它一切是国家包揽，亏损由国家去报销，自从拨改贷之后，相当多的国有企业利息负担沉重，难以支付，本金更难以归还，到了资不抵债的境地，有些国有企业甚至成了个空壳企业。所谓空壳企业，就是它表面上有资产，实际上还不够还债，产品又没人要。

再一个问题是我们的设备老化，没有更新。我们许多国有企业的设备在20世纪50年代、60年代是立过大功的，甚至在20世纪80年代初期都做出过贡献，这是应该肯定的。但是，现在随着技术的进步，设备逐渐老化，设备老化本来是正常的，问题是我们的国有企业无力去更新。我在北京跟一些企业管理人员座谈，他们说，我们的国有企业相当一部分现在处于等死的状况，因为它那个设备在那拖着，无力去更新，要更新又得去贷款，贷款又还不起，所以处于不更新等死、更新找死的不良循环状态，设备更新、技术改造的任务很重。

还有一个问题，就是国有企业离退休人员的比重很大，相应的社会保障制度没有建立起来，所以现在国有企业的包袱沉重。在前一阶段进行的股份制试点中已经暴露出来，股份制试点当中，很多国有企业把这些非经营性的资产看作沉重的负担，它们请国外的专家来提供帮助，专家们都要把这些剔除掉，因为国外现代企业制度不包含这些。这些东西怎么办？出路只能是社会化，建立社会保障制度。总之，我们国有企业传统的那种国有企业制度，确实是无法维持下去了。

（4）我们通过十五年来的改革采取了一些措施，试图解决国有企业的问题，结果有些是有成效的，有些不仅没有成效，反而使一些问题越来越突出。

我们回顾一下对国有企业改革的措施毛病在什么地方。1978 年以来对国有企业改革的措施主要有两大类。一类叫政策性调整。所谓政策性调整，就是说国有企业一有困难，我们就实行优惠政策、倾斜政策。实行优惠政策、倾斜政策，在一定的历史时期起了一定的作用，但是，在市场经济面前却显得无能为力，因为市场经济讲究竞争、有序的市场秩序，有序的市场竞争秩序主要强调“公平、公正、公开”。“公平、公正、公开”就是说国有企业同非国有企业应该在公平、公正、公开的条件下进行市场竞争，如果国有企业一味要求国家保护，给予特殊的优惠政策才能过日子，不给优惠政策就过不下去，这显然与市场经济体制的目标是背道而驰的。我们可以看到，如果说优惠倾斜对国有企业不平等，乡镇企业也有很多意见，合资企业、三资企业也要优惠政策，独资企业、私人企业也说对它们不平等，对国家来说就很难办了。现在看来，优惠政策、特殊政策还是需要的，但是只在少数的特区，实际上现在特区的一些优惠政策也不特了，除了关税区和保税区外。比如深圳一些政策现在浦东也实行了，浦东政策远比深圳政策更优惠，如果优惠政策在多数地区实行，也就无所谓什么优惠了。

另一类叫行政性放权。在传统体制下，企业没有自主权。所以，当时要求扩权，下放权力。实际上政府也逐步地下放了一些权力，也扩大了企业的经营自主权，并起了一定的作用。但是，随着市场经济体制的建立，自主经营、自负盈亏已经成了企业的一个本质特征。就是说企业必须拥有自主经营的权力，政府不再拥有企业的经营自主权。在这种情况下放权、扩权的概念已经落后了，应该提还权给企业。所谓还权给企业，就是把企业应该具有的权力都交给企业。放权这个概念不太科学，就在于权可以放也可以收，主动权还在政府手中。还权给企业是说自主权在企业手中，要还权给企业，不是单纯的放权。扩权这个概念在早期还有一定作用，现在扩权也不够了，因为扩权这个概念可以多扩，还可以少扩。所以，这十几年来总是在放权、扩权这个圈子里转来转去，转到 1992 年为止，1992 年 7 月《全民所有制工业企业转换经营机制条例》当中明确了企业有十四项经营自主权，十四项自主权明确之后，问题并没有解决，企业说我没有拿到，政府说我都放了，在这个上面兜来兜去，陷入了困境，机制无法转变。所以单纯的行政性放权的做法意义不大。我们可以看到，前几年我们的厂长、经理还呼吁要松绑、要放权，这几年他们的声音不大了，因为他们感觉到喊来喊去作用不大，这就说明我们的国有企业改革必须另找出路。

十五年来这两类措施，一类叫作政策性调整，一类叫作行政性放权，我们先后采取过几百项措施，这些措施在一定时期都起过一定的作用，但是都无法解决国有企业的根本问题。所以就提出来一个新的出路，叫作制度性创新，制度性创新就是要建立现代企业制度。建立现代企业制度，就是在这种情况下提出来的，实际上它就是国有企业改革深化的表现，是我们整个体制改革发展的一个历史性阶段，是国有企业改革十五年的状况所决定的。

3. 是恢复我国关贸总协定缔约国地位的迫切需要

“复关”势在必行，我国必须加入关贸总协定，恢复在关贸总协定中的地位。关于这方面的意义我就不说了，我只是说在“复关”之后，我们中国的企业包括国有企业在内，必须跟国际的企业接轨。而当代的国际企业都实行现代企业制度，如果我们的国有企业还停留在传统的企业制度，就无法同国际的企业制度接轨，也就是说无法在国际市场竞争中取得我们应有的地位。所以，为了使我国的企业能够在国际市场上打开局面，为了在“复关”之后同国际的企业制度接轨，我们也必须建立现代企业制度，改变传统的国有企业制度。

由此可知，现代企业制度的提出不是偶然的，而是必然的，是我国社会生产力发展的客观要求，是我国社会主义现代化的客观要求，是我国经济体制改革的必然趋势，也是我国对外开放的迫切要求，具有非常大的现实意义和战略意义。

二、现代企业制度的含义

什么是现代企业制度？我在 1993 年 6 月份国务院经贸委现代企业制度调研组的时候曾下了个定义，这个定义经过半年多的实践，现在越来越被普遍地接受。现代企业制度是以公司制度为主体的、市场经济体制的最基本成分。这个定义有两个层次的含义。

1. 现代企业制度是市场经济体制的最基本成分

讲到市场经济体制的最基本成分的时候，首先要讲一下市场经济体制的成分包含哪些。要讲清市场经济体制包含哪些成分，又必须了解市场经济的基本关系，而要了解市场经济的基本关系，又必须了解市场的基本含义。

市场这两个字现在天天讲，那么到底市场的最基本含义是什么？我认为，市场的最基本含义就是指消费者、顾客、用户。消费者、用户、顾客就是市场的核心内容。我们说企业面向市场，就是说企业要面向消费者，面向用户，面向顾客，没有消费者就没有市场，离开了消费者就离开了市场，这是个非常简明的道理。当然，如果说从学术上、从理论上来探讨市场这个概念，可以讲很多很多，但对我们在座的各位来说，牢牢把握市场就是消费者，消费者就是市场这个观念就足够了。如果要讲系统一些，那就是市场供求双方形成的一种交易行为的综合表现，这就是市场。

市场经济是一个很大的题目。在这里市场经济的关系最主要是两方面，一是消费者，二是企业。市场经济同计划经济的本质区别就在于，市场经济条件下，企业是面向消费者，围绕消费者来转。计划经济条件下，是消费者围绕企业来转，企业坐等顾客上门，企业生产什么消费者就买什么，企业生产多少消费者就买多少，一直发展到了计划凭证供应，到处是票证。而在市场经济体制下，是消费者需要什么企业就生产什么，消费者需要多少企业就生产多少。这样的关系，才是正确的关系，是把计划经济体制下颠倒了的关系再颠倒过来。所以，在市场经济条件下，消费者是中心，消费者是核心，企业要围绕消费者来转，围绕着用户来转，围绕着顾客来转，也就是我们天天讲的，顾客是上帝。如果我们不转变体制，就难以做到消费者是第一位的，顾客是上帝。

市场经济体制实际上就是处理三大利益集团的关系。市场经济体制这三大利益集团，首先是消费者利益集团，其次是企业利益集团，最后是政府利益集团。市场经济体制的建立，就是要正确处理这三大利益集团的关系。

首先看看企业同消费者的集团利益。企业要在维护消费者利益的前提下获得企业的正当利益，而不能在损害消费者利益的情况下来获取企业的利益，这是现在我们要解决的问题。在计划经济旧体制下，不太强调企业的利益，因为它一切都由国家包揽了。在市场经济体制下，企业有了独立的利益之后，怎样来获得企业的利益？有两种办法：一种办法就是在维护消费者利益的情况下，来获得企业的合法利益；另一种办法就是在损害消费者利益的情况下，甚至通过非法的手段来获得企业的利益，如大家通常讲的假冒伪劣、坑蒙拐骗。我们市场经济正处于初级阶段，处于无序的状态，现在要从初级向着更高级的市场经济阶段来发展，就是要治这八个字，哪一天解决了这八个字，我们市场经济就有序了。当然，不是说那时企业就没有一点个别的违法行为，就是在国外也还有企业违法行为，但那时不是像我们现在这么一种状态。

再来看看政府集团的利益。在市场经济体制下，政府第一位的工作就是保护消费者的利益。有人说，市场经济体制就不要政府。这不行，市场经济体制还是要政府的，不能取消政府，而且政府的作用还是很重要的。但是，政府的角色跟计划经济体制下的政府角色是完全不同的。最大的不同就是在市场经济体制下，政府不对企业直接发号施令，不直接去管企业。政府的首要职能是保护消费者的利益，使其免受那些非法企业的损害。第二个职能是维护企业的正当合法利益，政府的行为要有利于企业的生存和发展。这个有利于企业生存，是在企业自主经营、自负盈亏的前提下。我们现在所做的工作仅仅是为市场经济创造条件，并没有真正进入市场经济做本身应该做的事，因为计划经济旧体制的残余和习惯势力到现在还是有影响的，消除要有一个过程。政府今后不直接去管企业，不是说政府就没事可做了，而是政府的责任更重大，甚至说对政府的领导艺术水平要求更高了。第三个职能是政府要协调企业和消费者之间的关系。企业跟消费者的矛盾是客观存在的，政府就是要协调这种关系，政府协调关系的思路应该是站在消费者的角度来处理这个关系。第四个职能是处理好企业与企业之间的竞争关系。企业之间的竞争是难免的，政府的职能就在于建立企业之间公平、公正、公开的市场竞争秩序。

这里我顺便提一下无主管企业这个概念。无主管企业这个概念，在我们这里是改革试点，按照市场经济体制要求来说，这个概念不再是一个什么新鲜的概念。在市场经济体制条件下，基本上企业都无主管。现在为什么成了突出问题呢？因为我们正处于从计划经济体制向市场经济体制转变的改革时期，市场经济体制不能一下子全部到位，在这样的情况下，多数企业仍然维持原状，少数企业搞无主管，确实会碰到很多困难。怎么办？我想，随着体制改革的不断深入，这个问题会逐步得到解决，将来也就不会成为一个特殊的问题。我这里指的是一般企业，个别的要有主管，这在美国也还有。一般来说，今后的企业都无主管，按照公司法登记注册的企业就是无主管企业，这是无疑的。至于原来的企业还有主管那是延续下来的问题，一下子取消会遇到种种困难，还有很多不习惯的地方，还有很多外部环境和体制配套的改革，这不是一件很容易的事。沈阳的无主管企业改革，试验来试验去麻烦很多。你说它无主管，可就是填个表，上面还有一栏主管部门签字盖章。主管部门说，你不是无主管吗？我不管了。企业反而办不成事，最后它还得去找个婆婆来管一下。结果是有婆婆恨婆婆，没婆婆想婆婆，这是新旧体制转变造成的矛盾。政府职能没有转变，机构没有精简，市场经济体制没有建立，企业找市场找不到，问题的难点在这儿。沈阳的无主管试点有的搞得好，有的也不行。试点能解决一些问题，但不能解决一切问题，因为试点的环境跟市场经济体制环境的要求不是一回事，市场经济体制的建立基本上要靠法制。现在讲到市场经济体制三大利益集团，说的比较多的是政企关系，随着市场经济体制的建立，企业和消费者的矛盾会越来越突出。那时候政府的主要精力应该转向处理企业和消费者的关系，不再是直接干预企业的具体事宜。

市场经济的成分最主要是两大部分：第一大部分是微观的企业制度；第二大部分是宏观的调控体系。这两大部分都是必不可少的。

宏观调控体系最主要的是指财政、税收、金融体制。我们现在说的投资体制、价格体制，目前来说是重要的，将来不会成为最重要的。宏观调控体系是引导企业朝哪个方向来发展，怎么来发展的。必须明确一点，宏观调控体系与计划经济体制下的那种体系是根本不同的，市场经济体制下的宏观调控，应该有利于促进企业的发展，引导企业健康发展，而不是一讲到调控，就又要直接去干预企业。在有些人的心目中，宏观调控和直接干预企业是等同的概念。我们讲宏观调控，恰恰是间接管理，不是直接管理。怎样来间接管理呢？就是通过财政、税收、金融这些宏观调控手段来间接管理，引导企业健康发展，这就理顺了政府的职能。比如维护企业之间的竞争，现在制定的《中华人民共和国反不正当竞争法》，就是限制各种不正当的竞争。我们讲政府对企业的宏观调控是指这个含义，就是说宏观的调控体系应该有利于现代企业制度的建立，而不是相反的，更不是要恢复旧的计划经济体制那一套行政干预，这恰恰是现在中国亟须解决的问题。

微观企业制度又是最基础的部分，也就是说现代企业制度是市场经济体制最基本的成分，这是由企业的地位和作用决定的。企业是社会生产力的载体，是创造社会财富的最基本单位，企业搞不好，地区的经济发展、生产力发展就会受影响，政府的财政收入就会减少。比如我们晋城市把企业搞好了，晋城的财政收入就会增加，晋城经济就会发展。晋城市政府、晋城市各个方面的调控手段要有利于企业的发展，而不是阻碍企业的发展、束缚企业的发展。当然，这个企业又必须是现代企业制度下的企业，不是传统的那种企业，因为传统的企业也搞不好。为什么？因为它不是现代企业制度下的企业，它实行的是传统的计划经济体制下的国有企业制度。我们现在讲的是要建立现代企业制度，这种企业制度适合现代生产力的发展，这是最基本的关系，也就决定了现代企业制度市场经济体制的最基本成分。

2. 现代企业制度以公司制度为主体

公司制度是最典型、最重要的现代企业制度，建立现代企业制度，就是要建立公司制度。对公司制度，我们必须从它的内涵来理解，而不是单从公司这个名称来理解。我们改革要讲求实效，不能搞形式，国外很少形式主义，没有实效的事从来不做。说到实效，说得明确一些，就是要有利于生产力的发展，有利于人民生活水平的提高。说得具体些，就是能给企业带来利润，能使人民增加收入，只要有利益就做，没利益就不做。中国有个很不好的毛病，就是形式主义盛行，表面上轰轰烈烈，实际上大家心里都有底，到最后还是自己吃亏，反正你骗不了外国人，人家是要挣你的钱，中国人怎么不想法去挣外国人的钱？要讲求实效，不要自己骗自己，浪费时间，浪费精力，劳民伤财。为什么我要讲这些，就又回到公司制这个问题上来了。公司我们不是没搞，改革开放搞了十几年，我在大学还专门开了公司这门课，我这门课是从社会化大生产、从现代经济的角度来研究的。我发现我们国家的公司有问题，就是我刚才说的，不重视公司制度的实效，而比较偏重于公司这个名称。现在中央有个精神，防止在建立现代企业制度时一哄而起，将传统的企业都改成公司。根据我的观察，最近情况好像稍微好了一些，没有一哄而起的现象。建立现代企业制度，是要有利于生产力的发展，有利于经济发展，有利于人民生活水平的提高。不是光改个名称，而是内容的变化。当然，内容要有一定的形式，形式也是重要的，要代表一定的内容。建立现代企业制度就是要按公司制度来改造传统的国有企业制度，党的十四届三中全会也有这句话，这是改革中具有很大意义的突破性变化。

再一条，现代企业制度也不等于所有的企业都要搞公司，还可以有一些非公司的企业，所以我就提出了以公司制度为主体。过去有一个概念叫公司化，社会上也流行过，当然，那个公司化也不是说把所有现在中国的企业、工厂都改成公司，但公司这个“化”很容易走形式。后来，中央规定不用公司化这个概念，改成公司制，用公司制来改造传统国有企业，避免一化以后就一哄而散，都化开了。实际上公司化的含义，科学地理解，是指按公司制的要求改造国有企业的过程，是逐步公司化。现在比较一致的提法是通过公司制来改造传统国有企业，也并非把所有的国有企业都改名为公司，这点要明确。同时必须强调以公司制为主体不等于都是原封不动，那就无法建立现代企业制度。

建立现代企业制度还包括对现有的公司进行企业化的改造。现在挂牌出来的公司，全国大概有100万家。这100万家公司，现在中央已经明确，除了按规范意见登记注册的公司可以延续以外（如果条件不够还要补充条件），其他的公司都应该按照公司法的内容来进行审核。建立现代企业制度也包含对这些挂名公司进行企业化的改造，这是一个很复杂的过程。因为我们现存公司很多，往往政企不分，打着公司的旗号，实际上行使政府的职能，既削弱了政府的工作本身，又不利于企业的健康发展。这类公司的问题现在要加以解决。

三、企业制度的分类

为什么要讲企业制度的分类呢？根据现代企业制度的含义，我们提出了有公司的企业，也有非公司的企业，企业到底应该怎样进行分类？企业的分类，可以按不同的角度来进行。

1. 按企业资产所有者形式的不同对企业进行分类

这是世界通用的分类方法，按照这种方法可把企业分为以下几类。

独资企业。所谓独资企业，是指一个人出资，并由他本人经营的企业。我国，现在的个体企业和私营企业都属于这一范畴，这是出现最早的企业形式，是古典的企业形态。

合伙企业。所谓合伙企业，就是两个或两个人以上合伙投资，并由这些合伙人共同经营的企业。合伙企业是在独资企业的基础上发展起来的，独资企业由一个人出资，资本总是有限的，要扩大规模，就要受到资本的限制，解决这个问题，必须和别人合伙办一个更大一些的企业，由此就出现了合伙企业。合伙企业制度在法律上同独资企业制度是不同的，从它的建立到内外关系都不同。它也是一种古典的企业制度。

公司。这种性质的企业与独资企业、合资企业最重要的不同点在于，公司是法人企业制度，独资企业、合资企业都属于自然人企业制度。所谓法人，就是一个组织体在法律上的人格化，法人首先有一个条件，即它是个组织，一个组织是由许多人组成的。这个组织在法律上人格化，把它当成一个人来看待，这就叫法人。公司是个组织，这个组织是个法人，所以它是法人企业。自然人是人在法律上的称呼，是指有生命的、符合法律条件的个人。这些条件有哪些呢？主要有：国籍、居住地点、有一定的财产、十八岁以上、精神正常、有公民权，基本上是这几个条件，这样的人才能办企业。我前面讲有一个人出资，这个人必须是自然人，不是随便一个人。合伙人也是自然人，合伙企业属于自然人企业。公司制法人企业出现在

1673 年，即世界上第一部公司法颁布的年代，也就是公司制度正式建立的年代。公司制度到现在已经有 300 多年的历史，它出现后，极大地推动了社会生产力的发展。当然，公司制度本身也有个演变的过程，到今天，它已成为现代企业制度的代表，在国外，现代企业制度就是指公司制度。国外建立现代企业制度，大家可以看到也并非都是公司，还有独资企业、合伙企业、非公司的企业，我们建立现代企业制度也并非要取消非公司制企业，也取消不了。

2. 按企业组成方式的不同对企业制度进行分类

按照这种方法可将企业分成两大类：一是单厂企业，就是指一个工厂组成一个企业；二是多厂企业，就是多个工厂组成一个企业，这些企业共同组成一个公司。这里要注意，不是说公司必须要有多个工厂，这种分类对我国的现实意义特别大。我国的企业在计划经济旧体制下几乎都是单厂企业，在中国人的观念里，企业就是工厂，工厂就是企业，这是传统的计划经济体制下的旧观念，是分散的小农式的生产方式对现代大工业束缚的表现。在国外，讲到企业，特别是现代企业，首先想到的是公司，并非指哪个工厂，这是观念上的不同，也是企业制度的不同。我们的企业过去叫作工厂制企业、单厂制企业，在计划经济体制下，即使有企业这个概念，也仅仅是把它看成一个生产单位。国外有的学者说中国并没有真正的企业，是有一定道理的，因为那个企业实际上就是个工厂，就是个生产单位，并非现代意义上的市场经济条件下的自主经营、自负盈亏的企业。要做到自主经营、自负盈亏，单个工厂的力量是单薄的、不够的，只有公司这种现代企业才能够同现代化大生产相适应，才能同现代市场经济体制相适应。从这个意义上来说，我们用公司制改造传统的国有企业制度，如果从组织形态来看，就是按公司制来改造工厂制，也有人说现在就是从工厂制向公司制的转变。

这种转变不仅仅涉及国有企业，也包括乡镇企业和其他的各种企业在内。去年我到大连，大连甘井子区这几年乡镇企业发展很快，它最早的形态都是单个工厂、作坊式的小工厂，当它发展到一定的程度，必须组成一个公司才能打入国际市场，才能形成现代的经济力量、经济实力。它们几十家、上百家乡镇企业想搞一个公司，请我去的目的是让我帮它们搞一个组建公司的方案，这件事说明搞公司制不仅是国有企业的任务，乡镇企业也面临这个问题。这并不是说现在咱们一下子把乡镇企业都哄上去，不行！要按生产力发展规律的要求，在能带来经济利益的条件下自愿组合。这里只是讲改革的思路，必须走这条路，不能再是旧体制下分散的单厂制。工厂跟企业是两个概念，一个工厂可以是一个企业，但并非一个工厂必须是一个企业。这个问题比较突出，国外大工厂并不争它的法人地位，只是公司里面一个生产单位。企业制度的分类对我们国家也具有重要的现实意义。这里我再举一个例子，1992 年我到上海郊区的嘉定县，嘉定县有四个灯泡厂，这四个工厂重复生产，问题很多，后来它们就联合起来组成一个公司，这个公司叫上海嘉宝照明电器公司。组成公司之后它就分工，这个工厂生产这种灯泡，那个工厂生产灯头，那个工厂生产那种灯泡，仅一年多的时间产量就翻了几十倍，现在它每年生产灯泡 2 亿多只，我们全国一年消费 20 多亿只灯泡，它占了 1/10，它生产的灯头占全国的 1/3。为什么呢？因为它集中资金，引进了英国一条最先进的灯泡生产线，改造了生产过程，使质量大有提高，不仅超过了上海老牌的亚美灯泡厂，还超过了国家定点的沈阳灯泡厂。如果它不走公司制这条路，就达不到这个生产力水平，生产仍然是分散的、重复的。各工厂不争法人地位，建立公司之后，四个工厂的法人地位就取消了，公司是法人，公司内部的单位不是法人。现在我们中国有一级法人、二级法人的概念，这是不科学的。

四、公司制度的分类

公司制度可以从不同的角度来分类，我想着重从三个角度来分类。

1. 按公司经营业务内容的不同进行分类

怎样来建立公司呢？我认为要注意两点。第一点，注意经营业务的灵活性。所谓灵活性就是说每一项经营业务都可以成为一个公司的经营内容。比如说工业公司、商业公司、贸易公司等，都可以成为不同的公司。再比如服务性行业的公司更多，像最近北京出现的搬家公司，可免掉很多麻烦，过去你请人来搬家，那边炉灶还没有架起来，这边炉灶又灭了，请人吃饭也不方便，另外也耽误了很多时间。现在专业化了，你的东西也不损坏，损坏了还照样赔偿。搬家公司在市场规律的作用下应运而生。又比如现在我们企业的债权债务关系、三角债老是解决不了，国外有一种公司叫作财务代理公司，一个公司、一个企业可以把应收账款卖给财务代理公司，然后由财务代理公司去向那个欠钱的企业收回这笔款项。第二点，注意多种经营。在办公司的时候要多种经营，增强自己的实力。一个企业在市场经济当中实力很重要，所以要多种经营。

2. 按公司所属单位分布的地区范围不同进行分类

这里要注意，是按公司内部所属单位分布的地区范围不同来分类，可以分为地区性公司，比如晋城市一个公司，这个公司有几个单位都在晋城范围内，就叫地区性公司；跨地区公司，比如晋城市的公司到郑州设立一个分公司，这就是跨地区公司；全国性公司；跨国公司。特别需要强调的一点是，有实力的公司一定要瞄准跨国公司的方向来建立自己的公司。

中国现在有个词叫企业集团，企业集团这个概念跟公司既有联系又有区别。1992 年在北京香山饭店开了一次关于企业集团的组织与管理的国际研讨会，有美国、日本的学者，还有中国的学者。我在这个会上着重讲了一下公司与集团的关系。因为中国这个问题没有解决，前一段办公司一阵热，后来搞企业集团一阵热，似乎公司没办好，咱们换个花样来搞搞企业集团，也有人是为了在公司基础上搞个企业集团升半格，从局级升到副部级。中国官本位观念很强，搞什么东西总是从行政级别上来看待。企业没有级别，将来市场经济当中，公司也没有级别，以后公司不再分什么级别，不再分什么县团级公司、省军级公司，公司在法律面前都是平等的。大家看看公司法，我反复强调公司法，公司法就是现代企业制度最重要的一个法律，直接跟现代企业制度有关，你们要搞现代企业制度，就应把公司法好好地搞透、搞清楚，这样才能有保证、有法律保障，否则，建立公司以后弄不好还得搞清理整顿。

公司与企业集团是既有联系又有区别的两个概念，所谓联系就是公司制是基础，企业集团是在公司的基础上发展起来的，没有公司就没有企业集团。可以这么说，要办好企业集团首先要办好公司，特别是核心公司，这个核心公司在国外叫母公司，中国给它个名称叫集团公司，或者控股公司。另外，现在我们马上要搞国家独资公司，这种公司将来可能成为一种集团公司。从历史来看，也是先有公司后有企业集团。企业集团这个概念，在日本用得比较多，在美国、欧洲就是跨国公司，中国企业集团分内向型企业集团、外向型企业集团，这种分法是很不科学的，不利于企业集团发展。我认为企业集团必须是外向型的，你不是外向型你能称得上是一个企业集团吗？只能是自己关起门来自吹自擂，经不起市场的检验，企业集团、跨国公司不是自封的，是要经过市场，特别是国际市场的较量的，不同国际市场接轨，不跟国际市场较量，自己成立个企业集团，充其量就是自己说说而已，在市场上是经不起考验的。所以，我们办企业集团一定要瞄准跨国公司来办，这种企业集团办好了就是真正地实行现代企业制度，国外现代企业制度的最典型代表就是跨国公司制度，达不到这种水平，一个企业还是低水平的。区别在于，公司是一个企业，企业集团是多个企业联合组成的；公司是一个法人，企业集团是多个法人联合组成的；公司内部的单位不是法人，企业集团内部的单位是法人。具体来说，企业集团最典型的结构形式，就是母公司和子公司的结构形式，要注意，母公司就是核心，子公司也是公司，独立自主、自负盈亏，是一个法人。这个要注意，跟总公司、分公司不同，分公司不是独立的法人，公司法已经明确了。

顺便讲一下，公司不是随便设的，也要一定的手续，没有分公司的公司不能自称为总公司。这也是中国现在混乱的地方，将来要统一，不能自己随便挂个牌子就叫总公司，你必须有分公司才能成为总公司。有分公司的不一定都要叫总公司，中国人老是追求形式，甚至现在有的地方集团公司还不过瘾，叫集团总公司，它不讲求内容，只追求形式。这种叫法是不科学的，这叫制造混乱。我们立法都不规范，这种现象也是难免的。但是，我们现在有了公司法，建立现代企业制度，要力求规范化、法制化，不这么搞最后就要走弯路，还要自己来整顿自己。晋城市如果能涌现出一两个真正有实力的企业集团、跨国公司，能够在全国有影响，能够在国际上有影响，晋城市整个经济就可以带动起来了。这不能用强迫命令，只能通过建立现代企业制度逐步来实现，必须讲求实效，不图形式，不空谈。

3. 按公司承担债务责任形式的不同进行分类

这种分类是世界通用的规范的分类方法，过去我们不太重视，大家习惯于按所有制来分类，分为全民、集体、个体；按行业来分类，分为机械工业部、电子部、煤炭部、纺织部等；按行政区来分类。将来公司都是按市场经济的需要来分类，打破上述分类方法。按公司对外承担债务责任形式的不同来分类，具体分为以下几种。

第一种叫无限责任公司。所谓无限责任公司，就是股东对公司承担无限责任，公司对债权人承担无限责任，而且承担连带责任。所谓连带责任就是这个股东还不起债，另外的股东代它还。

第二种叫有限责任公司。有限责任公司就是指股东对公司承担有限责任，公司对债权人承担有限责任。这个有限的含义就是股东以他的出资额为限对公司承担债务责任，公司以它的资产总额为限对债权人承担责任。有限、无限是一种法律的责任，看上去没什么，但是，一旦一个企业经营亏损、破产，是有限责任还是无限责任，这时候就管用了。比方说有个有限责任公司资产 300 万元，欠债 600 万元，经营不善倒闭了，这时它用 300 万元来偿还责任，还有 300 万元债务，债权人要自认倒霉一部分，谁叫你跟它打交道呀！它已经挂了有限责任公司牌子，法律上就明确它是承担有限责任，而且经营状况也不好，当然收不回钱，你把钱借给它，说明你也有责任。所以这个债权债务关系通过破产就清理完了，不会像我们这样连环债，将来这个问题就是要这样解决，那个时候破产法就起作用了。

第三种叫两合公司。所谓两合公司，就是这个公司当中的一部分股东承担有限责任，另外一部分股东承担无限责任。这种两合公司实际上是无限责任股东起决定作用，他的风险大，责任也大。对外来说，当然还是承担无限责任，对内来说是两合公司。

第四种叫股份有限公司。股份有限公司最主要的是公司资本分成等额的股份。股份是公司权益的计量单位，有这么几点含义：股份是资本的成分，作为股份有限公司的股东，你必须按股来认购，这个跟有限责任公司不同；每股金额相等，中国现在是每股 1 元钱，个别深圳公司有的每股 10 元钱，一般都是每股 1 元；股份是股东权利和义务的全部表现，股东主要有两个权利，一是投票权即投票选举董事的权，二是分红权，你有多少投票权就有多少分红的权，主要看你拥有多少股份，还有承担义务，义务就是承担债务责任；股份是股票的价值基础，股票是股份的证券表现形式，这一句话就把股份与股票的关系讲清楚了。股份是股票的价值基础，先有股份，股份怎么来表示？通过一种证券，这就叫股票，所以说股票是股份的证券表现形式。一旦有了股票之后，股票的价值基础是股份，但是，它可以脱离股份这个价值。比如每股 1 元钱，你的股份是每股 1 元，股票它可以卖 3 元、卖 5 元，这就有了股票价格这个概念。就像我们的产品一样，产品成本是 5 元，你可以卖 10 元、卖 20 元。这得看市场的供求关系，股票的价格得看资本市场、资金的供求关系。股份有限公司最主要的就是股份这两个字，区别于有限责任公司。

第五种叫股份两合公司。股份两合公司就是指两合公司当中的有限责任股东按股份来承担责任，区别就在这里。

公司从 1673 年出现到现在已有 320 年的历史，一共经历了这五种类型。目前世界上最基本的有两种，第一种是有限责任公司，第二种是股份有限公司，两种公司当中现代大型企业都是股份有限公司。大家必须注意，公司是整个国民经济的骨干，在公司当中股份有限公司是最起骨干作用的，它数量不多。为什么？因为有限责任公司的股东有限，比如我们国家现在公司法规定，最多不得超过 50 人。而股份有限公司呢？它的股东可以成千上万，像美国通用汽车公司的股东有 260 多万个，像我们深圳、上海很多股份有限公司都有好几十万个股东，这样它的资本额很大。一个企业的资本额是很重要的，可以给它带来规模。所以，股份有限公司就成了现代大型企业的典型企业形态。我们一讲到大企业，就是指的股份有限公司，而非中国人的大企业概念。中国的大企业通常是指大工厂，其实工厂规模不一定越来越大，特别是新型技术行业的工厂，规模可能很小，但是成千上万的工厂都在一个股份公司当中，这个股份公司就是一个大企业，股份公司内部的工厂不是法人，不是企业，只是个生产单位。所以，中国要建立现代企业还必须克服小农式的生产观念。否则，你就没法搞现代企业制度。股份制企业这个概念在中国是广义的，包含这么几种类型。

第一种是股份合作制企业。股份合作制企业现在也列入股份制企业的范畴，股份合作制主要是在乡镇企业、农村或城乡集体企业当中，股份合作制企业应该说这些年来对国家生产力发展起了很大的作用，对乡镇企业来说未来的生命力还是很强的。当然对这种股份合作制在理论上目前还有不同的看法，有人认为它不是真正的股份制企业，而是一种合作制企业。合作制企业我们 20 世纪 50 年代就有了，跟现代意识上的股份还是两回事。我认为理论上可以讨论，现实中不要把它排除在股份制企业之外，因为只要有利于社会生产力的发展，我们都应该支持，都应该促进。而且，我相信股份合作制本身也会不断完善、不断发展，所以，不要限于一般的争论、讨论，如小平同志所讲，“搞市场经济不要争论，要实干”。实干的标准是什么？就是小平同志提出来的三个有利于，我想这个是最好的办法，其他没有什么办法。中国在争论上花的时间太多，我们回过头来看，20世纪50年代、60年代，那个时候报纸整版整版地争论，有什么用呀？结果耽误了时间，现在时间是很紧迫的。股份合作制我们还应该促进，应该扶持，应该指导，使其健康地发展。

第二种是企业内部职工持股的股份制企业。企业内部职工持股的股份制企业本来的目的是要把职工利益跟企业发展紧紧联系在一起。现在在做法上走偏了，所以出了很多问题。最近国家出台一系列的政策准备清理整顿这类企业。像前一段一“包”就灵，一“股”就灵，现在一“现”就灵，也不见得，看你怎么搞，你搞形式走歪了，到时间回过头还得来清理整顿。我是说，内部职工持股可以搞，但是怎么搞，现在确实要好好总结。

第三种就是企业法人之间的相互参股、持股。我们最近也搞了，就是这个企业拿出一部分，那个企业拿出一部分，共同开发一个项目。这起到了一定的作用，也牵涉到很多问题，主要是产权关系。

第四种是有限责任公司。

第五种是股份有限公司。

这五种股份制企业都在试点，其中最基本、最规范的是后面两种，这两种又同国际的公司分类，就是按承担债务责任形式不同来分类，跟建立现代企业制度总的发展方向是一致的。建立现代企业制度，实际上是对股份制企业试点的进一步发展，进一步法制化、规范化。

中国现在有个概念叫作国家独资有限责任公司，简称国家独资公司。搞国家独资有限责任公司的目的是要改变传统的国有企业制度。最主要有两点意义。第一点，就是建立明确的产权关系，要使国家由过去对传统国有企业承担无限责任转变为承担有限责任。传统的国有企业制度的一大缺点就是国家承担无限责任，国有企业亏损了，国家总是给予财政补贴，想法子让它们维持下去。转成国家独资有限责任公司之后，牌子就挂着有限责任，这是第一个意义。第二点，就是改变传统的国有企业的领导制度，建立符合现代公司制度的领导制度。主要是建立董事会，国家试点意见中明确提出了国有企业改变为国家独资公司之后要建立董事会，由董事会来聘任经理。这样就改变了过去政府行政部门直接任命厂长经理的做法，这是一个重大的改变。

国家独资公司这一次已经写入了《公司法》，国外的公司法没有国家独资公司这一说，但是国外也有少数国家独资公司，是按照特例对待的。大家把《公司法》要好好看看，要打算搞现代企业制度，《公司法》是依据，说一千道一万，哪个部门包括政府部门不按《公司法》办事将来都行不通。《公司法》里面很重要的一点是公司的登记注册制度要完善，要取消过去行政审批公司的做法。1986 年我的两个研究生到江西南昌去调查，原来有个领导批条子成立了五个公司，结果这个领导调走了，新上任的领导不承认他这五个公司，又批个条子成立了五个公司。大家听了认为是笑话，可事实就是如此。国家独资公司到底怎么看？现在有不同看法，但它已经写入《公司法》，我们还是要依法做。对公司来说将来主要的大量的是有限责任公司和股份有限公司，也就是说，是多元投资主体，那种单一化的投资主体的现象会越来越少。这是关于公司制度的分类。

五、公司制度的优越性

公司制度的优越性就是现代企业制度的优越性，也可以说现代企业制度的作用。这个优越性可以从两个方面来考察。

1. 从公司资产所有者不同的角度来考察

公司作为法人企业的最大的优越性在于可以向社会集资。我们传统的国有企业有个缺陷，过去都是等待国家的拨款，拨改贷之后，那就是贷款，现在贷款又严格起来了，将来政策性贷款就很少了。建立现代企业制度后，企业的资金可以通过集资筹集。

这里讲的集资两个字的含义是：第一，集资是一种投资行为；第二，集资是自愿的，不是强迫的、命令的；第三，要讲究投资报酬率。所以，集资不同于摊派，不同于募捐，不同于资助，等等，不要混淆也不能混淆。集资是企业资金筹集的一种方式。当然，企业资金筹集也可以借款，不一定集资，贷款也是筹集资金，筹集资金这个概念范围很大，对现代企业来说筹集资金最重要的是应该利用集资这种方式，公司作为法人企业，它的优越性恰恰就在这一点，可以以公司的名义向社会集资。正因如此，现在很多企业争着要搞上市公司，通过上市公司可以把别人的钱、把社会的钱拿过来，变成公司的资本，由公司永远来使用，不必归还。独资企业、合伙企业不能向社会集资，它只能向别人借钱，借钱要归还，且很难借到更多的钱，因为你规模很小，人家不能把那么多钱借给你，还有个信誉问题。

另一个优越性，就是公司作为法人企业，它实行所有权和经营权的分离，所有权归股东，经营权归经理。经理属于专门的经营专家、职业家、企业家这个范畴。中国的经理等同于官员，政府叫干部，企业也叫干部，将来干部这个词要取消，经理不叫干部，也不是干部，经理是个职业，他要靠他的专业知识、专门技能来取得报酬，他的报酬完全取决于这个企业的规模大小、经营状况、个人的才能、承担的风险大小等。

公司制度带来两场革命，一场叫股份革命，一场叫经理革命。股份革命扩大了企业的规模，把社会上的资金通过股份的形式集中到一个企业来。马克思说，因为有了股份公司，所以世界上的铁路才建成了。19世纪第一条铁路，任何一个资本家都建不成，他再大的资本也不够建一条铁路，那怎么办？后来搞了个铁路公司，把别人的钱拿过来建铁路，所以马克思说股份公司带来了世界上第一条铁路，股份公司是生产力的一场革命。经理革命造就了一个经理阶层，使管理真正成为一门科学。过去，独资企业、合伙企业是所有权、经营权合一，独资企业的老板既是所有者，也是管理者，他的脑子里更重视他的资产有多少，不太重视管理，当然管理他也要搞好，因为不搞好他的资产就会减少，但是，跟后来公司里的经理不一样。经理跟股东是分开的，公司的管理效率极高，而管理效率高必须要有专门管理人才。世界上有一个规律，就是生产分工越细，效率就越高。管理上也是这样，形成了一个经理制，专门分工来搞管理，那么效率就高。我认为，中国经理效率要高，必须跟官员分开，这样他才能效率高，要不经理整天按照那个官、那个职位来看待他这个工作，那是当不好这个经理的。所以，我们的厂长，将来级别都要取消，当然这需要有个过程。前一段有的厂长提出看文件要什么待遇，我认为信息要逐步市场化、公开化、商品化，以后就没有更多的内部文件了，厂长经理也不必担心这一条，好像还有什么内部精神，以后都会市场化。当然现在还有，有时还吃点偏饭，以后就没有这个，就靠你的本事，靠你的才能，靠你在市场上的位置，没有别的。

我想，从公司作为法人企业跟独资企业、合伙企业比较来说，主要是这两大优越性。

2. 从公司作为多厂企业同单厂企业的比较来考察

第一个优越性就是极大地提高了专业化协作水平。前面讲到的上海嘉宝照明电器公司就是个例子，如果那四个灯泡厂不联合起来，现在仍然是重复生产。我们的工厂，大家知道都是重复生产，过去叫什么“全能厂”，从铸造、锻造、机加工、装配，一直到修理、工具、模具，万事不求人，一个小小的工厂，包罗万象，专业化水平很低。而且，质量必然也很低。比如中国铸件 50% 都是废品，为什么？就是浇铸出来质量不高。这样既浪费能源，又浪费原料，还浪费精力等。总之，公司能带来“1+1>2”的社会生产力的效益，如果“1+1<2”就不要成立公司，现在有些企业搞公司就是硬捏，本来两个工厂不愿意，硬捏在一起，结果还抵消了力量，与其这样先不要搞，让它们两个各自去发展，它们自己慢慢就会走这条路。正如前面说的大连甘井子区乡镇企业的合并，就是生产力发展要求这个乡镇企业组成公司。我认为，作为市里领导可以号召，可以讲解，但是不要硬去捏合，我们过去叫什么？叫作“梳辫子”“装口袋”“拉郎配”，这只能起相反的作用。

第二个优越性就是能够实现工商结合、工贸结合、农工商结合。中国的国有企业长期以来是只搞生产，不搞流通；只搞工业，不搞农业；只搞内部贸易，不搞国际贸易。这种分割当然不能怪工厂本身，整个体制就是分割的，而在生产中，工业生产又是单打一。我举个火柴厂的例子，现在火柴厂日子都不好过。过去实行计划分配，火柴都是下指标的，国家计委按每年出生多少人，一个人需要几包火柴来分配下任务，卖得掉卖不掉那是另外一回事，指标就这么下了。这几年一是打火机多了，有了替代火柴的产品。二是乡镇企业火柴厂也上来了，国有企业火柴厂的日子现在都不好过。1993 年我到营口火柴厂，该厂好几千人发不出工资，产品单一，吊死在一棵树上。即使一个企业的产品再好，产品单一也很危险，因为市场随时在变化。所以，现代企业制度必须走工商结合、工贸结合、农工商结合这条路。这条路怎么走？必须走公司制这条道路，公司既可以搞工厂，也可以搞农场，还可以搞商店。我着重讲一下以农副产品为原料的工业，应该走农工商结合的道路，这种农工商结合的道路的优越性很多，既节约成本，城市里又可以吃到新鲜东西。我在 1986 年到汕头大学讲课时有件事对我触动很大。汕头特区当时有两个饲料厂，一个饲料厂是我们内地有名的工厂办的，按照内地的计划经济思路去办。另外一个饲料厂是汕头跟新加坡合资的，这个厂一边盖厂房，一边就去找销售渠道，所以它的饲料一生产出来就卖出去了。而我们内地这个厂单搞生产，等生产出来以后，它的产品尽管质量比另一个厂好，成本也比那个厂低，但是卖不出去，卖出去也卖不到好价钱，这就是吃亏的地方。所以我们实行现代企业制度，必须走工商结合、工贸结合这一条路。

第三个优越性就是能够实现产业资本与金融资本的结合。我们过去的国有企业的资产就是当作资本来孤立对待的，不参与融资活动。当然这不能单纯怪企业，涉及金融体制的改革。但是，现代企业制度要求企业参与融资活动。

第四个优越性就是有利于资源的综合利用。现在人类面临三大问题。第一，人口控制。人如果照这样生下去，最后人类要给自己找很大的麻烦。第二，资源短缺，特别是自然资源。当然我们山西煤炭多、铁多，可煤炭再多总有一天会用完，它不是可以再生出来的，有些资源到了尽头的时候，还必须寻找替代品，想办法来综合利用。过去我们的国有企业是靠国家来安排，现在要自己去找原料、找资源，所以必须要走资源综合利用之路，这就要求企业有雄厚的人力、物力、财力，公司能带来实力，所以它有利于综合利用资源。第三，环境污染。环境问题越来越严峻，特别是山西作为全国能源重化工基地，环境污染是很严重的。人类这三大问题当中，两个问题直接跟企业有关，那么，现代企业制度就是要在解决这两个问题当中发挥它的优越性。从目前来看，公司作为多厂企业，比单厂企业能解决得好一些。

第五个优越性是能带来规模经济效益。规模经济效益是很重要的，我们现在办企业规模效益是很差的，和国外简直无法比。比如我们现在的煤炭，不能长期这样搞下去，必须有规模效益，一是保护资源，二是提高资源利用率。

我们建立现代企业制度的直接目的就是要发挥这五个优越性，如果发挥不了这五个优越性，我想这就走了形式。

六、现代企业制度的建立

现代企业制度的建立主要有三方面的内容。

1. 建立现代企业产权制度

现代企业产权制度怎么建立？对国有企业来说，最主要的就是要明确国有资产的代表，就是股东这个概念，股东就是公司资产的所有者。那么谁是股东？问题在这里，我想，对个人出资的好办，是很明确的，谁出资谁就是股东。对于国有企业来说，因为它是国有资产，那么谁来出资呢？在这里不仅要政企分开，而且要政资分开，这又是一个分开，政企要能够分开必须要能政资分开，政资分开就是政府的行政职能跟国有资产的管理职能要分开，国有资产的管理职能将来要由国有资产专门管理部门来履行，国有资产的中介机构是谁，这是现在正在试点要解决的一个问题。从目前情况来看，集团公司可以作为一种国有资产的中介机构，国有资产由国家委托这个集团公司来经营，这样集团公司就成了国有资产经营的中介机构，还有控股公司和我们现在正要改建的国家独资公司。在哈尔滨的会上，也曾经设想有些国家独资公司可以成为控股公司，也就是独资公司专门来经营国有资产，而不直接经营产品，不直接经营服务。我前面讲的那些公司不外乎是提供物质产品，提供服务。中介机构则不然，将来的国有企业的股东，就是由它们派出，区别于由政府行政机构直接派股东的做法，也是建立现代企业制度正要解决的问题，这就是政资分开。关于国有资产的直接投资，它有权把资产用在这个企业，或者用在那个国有企业，可以是独资的企业，也可以是合资的企业，都由它来安排，它投资在哪个企业就由它来派股东。

然后解决董事的问题。董事跟股东的关系，是一种委托信任关系，就是说股东出于信任，委托这个董事来管理或者实际控制这个资产，不仅国有资产的股东，个人资产的股东、法人资产的股东同样都是这种关系。由股东会或者股东大会选举产生董事，董事实行董事会集体决策制，不实行董事的个人决策制，董事会拥有产权，股东拥有所有权。所以这里引出产权跟所有权这两个概念的关系，其共同点是都是财产权利的表现，所有权是一种财产权利，产权也是一种财产权利，这是共同的表现，都是财产权利，但产权是从所有权当中分离出来的。所有权是指公司资产归属意义上的权利，就是公司资产属于股东所有。产权就是指公司资产的实际控制权、支配权，所以是支配意义上的权利。两者既有区别又有联系，不是说有区别分离出来了就各干各的。所有权可以说是原始的产权，从所有权分离出来的一种派生的所有权命名为“产权”。要注意，有了产权之后，董事会就很重要，因为股东会不能老开，它开完会就闭会了，股东出资以后要关心拥有的资产的好坏，怎么办呢？他出于信任委托董事会来实际支配、控制这个公司资产，这就是产权的实质的含义。但是，它们两者之间又是相互约束的关系，最主要的表现就是股东大会要制定章程来约束董事会的行为，董事会尽管权限很大，可以支配财产，但是它也不能随意地来用公司资产，还有公司章程约束它。公司章程对现代企业制度很重要。过去国有企业没有章程这一说，上级行政首长一句话，就可以改变整个企业的方向。我在北京开会时，有的企业说："局长叫你企业活，你就活，叫你死，你就死。"这句话不是没有道理的。我们现在就是要改变这种状态，真正从市场出发，按照公司资产实际状况来运用资产，董事会有这个权，但它又不能有无限的权利，还要受到公司资产所有者即股东的约束。产权不明晰的问题不仅国有企业存在，乡镇企业、集体企业同样存在。产权问题要界定，要明确谁的产权，然后进行资产评估。这个问题在国外的企业中是不存在的，现代企业产权明晰是国外建立企业的一个前提条件，在国外如果产权不明晰，是不能建立企业的。我们现在是倒过来了，想通过建立现代企业制度，通过股份制企业的试点来明晰产权关系，这个工作必须做，等于弥补一下前提，我们现在只是为建立现代企业制度创造一个前提条件。

讲到这里我再补充一下现代企业这个概念。现代企业最实质的内容有两个：第一是现代技术；第二是现代管理。我把它们叫作现代企业的两个支柱。产权问题解决之后，看你是不是现代企业，就是看你是否拥有现代技术，是否拥有现代管理，这是最重要的。我们搞现代企业制度，企业要下硬功夫，不是单纯等着政府来给我列入试点，如不列入试点就等于没事了。我看也可以朝着现代企业制度这个方向来发展，尽管你产权还不清晰，但可以在现代企业技术上下点功夫，也可以在现代管理上下点功夫，这本身可以说是更过硬的。即使是明晰产权了，技术水平很低，管理搞不好也不行。我认为，企业在市场经济的面前就是看它的产品是否有市场，是否有消费者。产品竞争的背后是什么？我认为是技术竞争。现在很多企业拿不出很好的产品，质量不高，产品不能换代，老是老产品、老面孔。技术竞争的背后又是人才的竞争。人才竞争的背后是什么呢？包含两方面，一个是教育，一个是管理。人才，我认为最重要的人才是企业家，现在中国有很多政治家、军事家、理论家，就缺少企业家，所以我们的企业办不好。要搞现代企业制度，我认为必须涌现出一大批企业家，企业家能够驾驭现代技术、现代管理，这是硬功夫。所以我想，产权制度虽然现在是中国的一个焦点，很热闹，但是，在这个问题解决的过程中，也不能忽略了这两个方面。

2. 建立现代企业组织制度

我这里想着重讲一下组织机构。组织机构这个概念大家要确立起来，过去企业这个概念很淡薄。组织机构也就是我们讲的领导制度，国外不叫领导制度，法律上也不叫领导制度，公司法叫组织机构。我在八年前写的《工业公司概念》里面就写的组织机构，我就不用领导制度这个词。因为中国一提领导制度就很容易把它拔高，另外，一提领导制度就很敏感，实际上是个组织机构问题。现代企业的组织机构，就是公司组织机构。公司组织机构中最重要的有三个机构：第一，决策机构；第二，执行机构；第三，监督机构。我认为，现代企业制度必须建立和完善这三个机构，实际上就是领导体制，就是领导制度。

第一个机构是决策机构。决策机构最主要有两层。一是所有者的最高决策机构即股东会、股东大会，在有限责任公司叫股东会，股份有限公司叫股东大会，股东会、股东大会就是现代企业的最高决策机构。二是常设决策机构即董事会。这个决策机构有什么特点呢？跟国有企业的决策机构比较，其最大的特点就是现代企业制度当中的决策机构是在企业内部，不是在企业外部。传统的国有企业的决策机构是在政府，政府决定了企业的命运，现代企业制度是企业自己决策自己，这就是企业自主经营的最重要的表现。如果讲了半天自主经营，它不能自己决策自己，就谈不上自主经营，就是空话一句，自己决策首先要有决策机构。第二个特点是集体决策。股东会是集体决策，董事会也是集体决策，董事会不实行个人决策。第三个特点是董事实行任期制。股东拥有所有权，他就有决策权，不拥有所有权，也就没有决策权，所以不拥有所有权的人不能是企业的决策人。董事实行任期制，不实行终身制，按《公司法》

规定，董事会每届任期不得超过三年，任期届满连选可连任，保持它的连续性和进步性，使企业稳定、健康地发展。第四个特点是董事的条件必须是具有企业家精神。董事不是官员，也没有行政级别，董事必须具有经营的才能，要有一定的威望，能够打开局面。企业家精神的核心是创新精神，所谓创新精神就是能为企业开拓新局面。开拓新局面包括什么呢？包括开发新产品，开发新技术，开辟新市场，利用新人才。我想这个“四新”应是董事的职能，要善于观察产品的更新换代，善于观察技术变化趋势，善于观察市场变化趋势，善于利用人才，这是担任董事的资格和条件。

第二个机构是执行机构。执行机构是指经理或者是总经理，现在中国好用总经理，经理还不够，还要总一下，国外一般没有这个，经理就是经理，这个经理或者总经理就是执行机构。执行机构有什么特点呢？最重要的特点有四个。

第一个特点，执行机构要跟决策机构分开，这非常重要。为什么要分开？以保证决策的正确性、公正性。另外，分开还有利于执行，执行机构的职能就是执行决策机构的决策，所以是执行机构。

讲到这我顺便讲一下，我们现在的厂长负责制这个提法含义不清，所以毛病很多。中国的厂长大多都是好人，都是有能力的，也想把企业干好，但是这一套机制不行，这个制度不行，这个制度就是厂长负责制。当然应该说对于传统的国有企业而言厂长负责制是个改进。我们这些年厂长负责制的做法五花八门，有的厂长找几个人来商量商量，实际上就是决策一件事，而有的厂长他不找，还有的厂长今天找这个，明天找那个，随意性很大。厂长负责制是决策机构还是执行机构？企业法本身就没有明确，因此企业法要改进。现在有了公司法，实际上就是对企业法的一个改进，也不是说企业法就不搞厂，还要搞，但有了公司法，挂上公司名称的必须按公司法来经营。中国现在是厂长（经理）负责制，实际上将来厂长、经理是两个概念，公司内部也有厂长，这个厂长和我们现在国有企业的厂长完全不是一回事，这个厂长就是专门组织生产的，我们单厂制厂长是法人代表。据我观察，中国的厂长是世界上最难当的厂长，上面要配合政府，底下还得应付职工，夹在中间很辛苦，能力再大也会受到局限。所以体制很重要，正如邓小平同志 1978 年所说的，一个好的体制，任何人在这里都可以发挥才能，不好的体制，好的人也不能发挥他的才能。我看这话很有道理，所以要改革体制。

现在我们都讲转换经营机制，转了半天经营机制都转不过来。为什么？主要是组织机制没有转换，所以，经营机制的背后由组织机制决定着。从这个意义上来说，我认为组织机制决定了经营机制，组织机制不顺，经营机制是转不过来的。那么组织机制由什么来决定呢？我认为是组织机构，组织机构是极其重要的，有什么机构它就有什么机制，它就办什么事，所以政府职能转变在一定意义上是机构决定的。因为你要设这个机构，它就要办这个事，你说叫它不要办，它不可能整天坐到那里没事干，因此机构是非常重要的。中国过去机构设立的随意性很大，没有法制化，特别是企业机构，所以，我们国有企业搞不好。那么，再回到执行机构上来，执行机构要跟别的机构分开，我们现在的厂长负责制含义不清就分不开，所以很可能它的决策效果不好，执行也受到影响。

第二个特点，执行机构就是经理实行个人负责制，这一条也很重要。决策机构是集体决策，执行要个人负责。这里我强调的是经营、指挥要一元化领导，这又回到领导两个字上来，企业内部的领导要一元化领导，不能多头领导。现在我们国有企业存在什么弊端呢？就是又有中心，又有核心，现在又冒出了重心，这三个心到底是哪个心说了算，国有企业没有解决，结果就相互推诿、相互扯皮。将来建立现代企业制度后，经理就必须实行个人负责制，经理对副经理是领导和被领导关系，这是一元化的指挥系统，经理是管理者、系统者的代表，他要追求管理效率，要对董事会负责。

第三个特点，经理是由董事会聘任的。这里重要的是“聘任”两个字，聘任制区别于选举制，选举制不能用于厂长，而用于政权机构、人民代表，厂长从来不是选举的，经理也不是选举产生的，更不是任命制。传统的国有企业是行政机构直接任命经理、厂长，按照现代企业制度就要改变这个做法，当然，这涉及人事制度的改革，相当复杂，但公司法已经颁布了，经理是由董事会聘任的。聘任制的好处是什么呢？聘任制的最大好处就是要把握经理的条件，而且要竞争。我 1993 年 9 月在中共中央党校主办的《党校论坛》上发了篇文章，提出中国要建立经理人才市场，我们现在有劳务市场、技术市场、产品市场，就是没有经理人才市场。你有才能，你符合经理的条件，你就可以到经理人才市场应聘，公司、企业需要经理就去市场招聘，这样公司就可聘到真正的经理，有才能的经理也能得到充分利用。将来董事会聘任经理要公布条件，包括公布经理的待遇。这样才有利于人才发挥作用，有利于搞好企业。

第四个特点，经理不实行任期制。经理干得好你可以连续干下去，干不好，对不起请你走人，公司不能因为经理干不好而把公司（企业）耽误了，董事会再聘任别人。实践已证明这样做是有好处的，所以经理不实行任期制，也不受年龄的绝对限制。我们现在中国是采取一刀切，不一刀切也没办法，因为相互攀比，为什么我下他不下，他不下要我下，等等。将来就好说了，董事会聘他不聘你，你有才能你可以到另外一个公司应聘，这就解释通了。我们现在的厂长，四年一换，弊端很大，大家都看得出来，短期行为很严重，你再高的觉悟，置身于这个制度当中总会受到限制。

第三个机构是监督机构。建立监事会，主要强调依靠国家法律来监督，依靠公司章程来监督，监督决策机构，监督执行机构。

组织机构是互相补充、互相制约的，也就是说求得企业的自我发展、自我约束。

3. 建立现代企业管理制度

现代企业管理制度是现代企业制度的第三个最重要的内容。现代企业管理制度，要转向市场经济，要改变计划经济下企业的那种管理制度。管理制度，最重要的包括五个方面：生产管理、营销管理、人力资源开发管理、科研与开发管理和财务管理。企业所有的管理工作归纳起来，这五大管理工作是最重要的，我们现在的国有企业中像科研及开发管理几乎没有，人力资源管理十分薄弱，传统的国有企业管理是以生产为中心，实际上现代企业管理中科技的开发越来越重要。

七、现代企业制度的配套改革

现代企业制度的配套改革，就是我们在建立现代企业制度时必须进行的配套改革。当前的配套改革最主要是这几个方面。

1. 法制建设

要立法，当然全国有全国的法律，各个地区也应该有法规。比方说晋城市，我认为我们要通过一些法规形式来规范企业的行为，所以要进行法制建设。

2. 市场体系的完善

资金市场、技术市场、人才市场等各种各样的市场要完善。否则，我前面讲了，无主管企业就搞不了，因为它找不到市场，回过头来它还得去找主管部门，所以，市场体系的完善十分重要。

3. 配套改革

财政、税收、金融这些经济手段的调控的改革要配套，这些调控手段需要，但是要改革。

4. 社会保障制度的建立

我们现在人浮于事，效率不高，要提高效率裁人，裁下来的这些人怎么办？人人都要给出路，总得有碗饭吃，也不能饿着肚子，另外还有社会稳定问题，都没事干也不行。所以，建立社会保障制度越来越重要，社会保障制度的建立，可以避免一些社会犯罪现象，如果说市场经济秩序搞不好，社会保障体系不健全，现代企业制度也搞不了。

5. 政府职能的转变

政府职能的转变包括怎么来加强宏观调控体系和间接管理，这里面包括政府机构的调整和精简。现在看来是势在必行。政府机构有很多有才能的人，但因为这种机构、这种职能不对，他们的才能发挥也受到影响。所以，将来建立现代企业制度要充分发挥各方面的才能。

［原载《关于现代企业制度专题报告》，政协晋城市二届四次会议材料，1994］

市场经济条件下的企业行为及其与行业组织的关系

我国经济体制改革的目标是建立社会主义市场经济体制。尽管实现这个目标的过程是艰巨、复杂的，甚至是曲折、反复的，现阶段仍处于由计划经济旧体制向市场经济新体制转轨变型的过渡时期，而且这个过渡时期很可能是一个相当长的时期，但是，我们在研究行业组织和行业管理问题时，必须着眼于实现市场经济新体制的目标，立足于市场经济新体制的规律性要求，抛弃计划经济旧体制的习惯性方式，以保证思路正确，避免出现偏差。具体来说，以企业行为为出发点和归宿点来研究行业组织和行业管理，是建立市场经济新体制的要求，是市场经济基本含义的表现。

市场经济的基本含义是：

——社会经济活动处于市场关系之中，市场是资源配置和要素流动的基本方式，建立起具有竞争性的市场体系，由市场决定价格；

——企业是市场主体，拥有独立自主的经营权，自主地做出经济决策，独立地承担决策的经济责任，以法律判断企业行为；

——政府对企业行为不再直接行政干预，而是建立起有效的经济调控机制，对市场运行予以引导和监控，弥补市场经济本身的缺陷和弱点；

——建立开放、统一、有序的市场运行规则和公平、公正、公开的市场竞争秩序，制定完备的经济法规，保证经济运行的法制化，以法律规范企业与政府以及企业与外部组织的各种关系；

——遵循国际经济交往中通行的规则和惯例。

市场经济条件下的企业行为，集中体现出企业在激烈的市场竞争中求生存、求发展的行为。因此，企业按照法律规定，独立自主地从事市场经济活动，追求企业经营目标的实现和企业绩效的最大化，包括企业的盈利率、增长率、技术进步及其经济效果，是企业行为的基本动机。

在市场经济活动中，企业行为的有效性，表现为市场经济的有效性和可行性，即企业通过市场竞争来实现企业自身的价值愿望并带来社会资源的有效配置；企业行为的局限性表现为市场经济的局限性和盲目性，即企业过度竞争所造成的不合理性并引起某种行业性垄断的危害性。企业行为的有效性和局限性并存，是市场竞争过程中不可避免的现象，对于行业组织来说，基本任务是充分发挥企业行为的有效性，尽力抑制企业行为的局限性。

社会主义市场经济体制的构造，既要以企业行为为出发点和归宿点，又要研究政府行为及其与企业行为的关系，还要重视研究行业组织行为及其与企业行为和政府行为的关系。唯有明确企业、政府、行业组织三者之间的行为关系，才能实现社会主义市场经济体制的目标要求。因此，在市场经济条件下，行业组织不仅是必要的，而且是不可缺少的。我国经济体制改革的实践过程表明，计划经济旧体制下没有行业组织的地位和作用，而随着企业行为的独立自主性和市场竞争性的增强，政府职能的转变和政府机构的精简，市场经济体制的建立与完善，行业组织便应运而生并将愈益显示出其重要地位和作用。所以，问题不在于要不要行业组织，关键在于需要什么样的行业组织，在于怎样更好地发挥行业组织的作用。

市场经济条件下的行业组织（本文以行业协会为代表），是由企业自愿参加并组成的非营利性民间协调组织。行业协会既不同于营利性经济实体的企业，也区别于行政性管理机构的政府。行业协会同企业与政府沟通并在企业与政府之间起着桥梁和纽带的作用。行业协会既要起到企业所不具有的作用，又要起到政府所无法起到的作用，行业协会应受到企业和政府的双重赞赏，这就是行业协会的正确定位和生存空间。否则，如果把行业协会办成企业，或把行业协会变成政府，行业协会必将失去其存在价值，受到企业和政府的两面夹击，费力不讨好。

在由计划经济向市场经济的过渡时期，特别应当警惕习惯性地把行业协会变成政府的延伸机构和派出机构或变相的行政管理部门，一方面是政府革除了计划经济体制下直接干预企业行为的某些旧职能；另一方面又变相地通过行业协会对企业行为进行直接干预，使行业协会成为直接干预企业行为的行政性机构。我们必须防止和克服那种既不利于行业协会又有损于企业利益的状况出现，使行业协会从成立伊始就沿着社会主义市场经济体制的轨道健康发展，起到推动社会生产力发展的积极作用。

行业协会是市场经济发展的产物，在市场经济发展过程中，企业的市场竞争行为表明每个行业同时存在许多企业，而且一般行业是大中小企业并存。同一行业的数量众多的企业之间既存在市场竞争关系又包含着彼此合作关系。这些合作关系的内容广泛，涉及生产、销售、技术、人力、资金及各种经营要素，涉及专业化分工协作、零部件加工装配、原材料供应与服务，以及产品系列化、通用化、标准化过程中的诸多业务。其中有些合作关系通过企业之间的直接联系能够实现，但有些合作关系是企业自身不能或无力直接实现的，因此行业协会的形成便成为众多企业的客观要求，是市场经济发展的必然结果。这种客观要求和必然结果告诉人们，行业协会应当做好那些企业不能或无力去做的事情，而企业能够做到的事情应当由企业自己去做，行业协会不要直接干预或越俎代庖。只有这样行业协会对企业才是真正必要的，不是额外负担。

行业协会在行业管理中的职能，就是反映企业意愿，为本行业的众多企业提供信息和人才方面的服务，协调行业内部企业之间的竞争与合作关系，通过协商、咨询、交流、培训和其他有效方式来指导企业行为的健康发展。能够满足企业要求是行业协会得以存在的先决条件。行业协会应当立足于企业，向政府反映企业要求，使企业权益体现在政府的产业政策和经济发展规划之中，并使企业行为遵守国家法律和政策的规定，既保证企业经营活动的独立自主性，又利于企业行为接受政府宏观经济调控的正确引导，维护企业和行业的合法权益。

行业协会的组成，应当打破地区、部门界限和所有制界限，不受行政机构的条条块块束缚，其目的在于使行业协会真正起到对企业行为的指导作用，消除计划经济旧体制下企业分属不同地区、部门、所有制的弊端，反映全国社会主义统一大市场的客观经济规律要求，有利于企业在国内外市场竞争中获得更大的发展。同行业的各种类型的企业，均可成为行业协会会员，享有同等权利并承担共同义务，交纳会费，参加行业协会各种活动。企业接受行业协会的协调和指导所带来的后果，包括获利和损失，都由企业自己负责，行业协会不为企业行为承担经济责任。当然如果企业不接受行业协会的某种协调和指导，但行业协会却单纯用行政手段去强制企业接受而造成后果，应当在法律范围内追究行业协会的责任。随着社会主义市场经济体制的建立与完善，必然会不断地出现新的行业协会，同时某些不适应要求的行业协会也可能会解体，这是新陈代谢的正常现象。

由于各种行业的特点不同，不同行业协会的内部成员企业规模大小及其数量多少和比例程度是有差别的。有的行业协会内部中小企业较多，有的行业协会内部大型企业较多，还有一些行业协会内部企业规模相差悬殊，这些客观状况表明各个行业协会必须从本行业的实际出发对企业行为进行协调和指导。从企业的市场竞争行为来考察，不同行业内部的企业之间的竞争关系是有区别的，即不同行业的企业所处的市场条件是不同的，或是不同行业有着不同的市场结构。实质上，这是企业行为的微观经济环境的基本内容。所谓市场结构，是指某一行业内的企业之间在数量、规模、份额方面的关系及其竞争方式。这是行业组织理论的重要概念。研究行业协会是行业组织理论的组成部分，但两者不是等同的。行业组织理论，也称产业组织理论，或称工业组织理论，因为英文中的“industry”一词，译成中文可视不同场合为“工业”“产业”“行业”，主要是运用现代微观经济理论来研究企业、行业、市场之间的相互关系，以及市场结构、企业行为、企业绩效之间的相互关系。在行业组织理论中，依据某一行业内提供某种产品的企业数量多少、规模大小、市场占有份额不同，一般分为完全垄断、寡头垄断、垄断性竞争、完全竞争四种市场模式。不同行业的不同市场模式中的企业行为，对产品的差异程度、价格控制水平、进出行业能力、非价格竞争立法（如广告、派员销售等）的采用及其他各种市场竞争方式的运用，都会表现出不同的特点。应当明确，行业协会的内部成员企业无论是企业的规模大小不同，还是企业行为的市场模式不同，都不会改变企业与行业协会之间关系的基本性质，也不会改变行业协会内部的成员企业之间的竞争与合作关系。虽然一个或少数几个大型企业可以在行业协会中充当领袖企业，在行业协会中占据主导地位并发挥骨干作用，但绝不能由一个或少数几个企业操纵行业协会，使行业协会沦为某个或少数几个企业控制的企业分支机构或变相营利性企业集团式垄断组织。行业协会具有独立的法人资格。行业协会应当制定必要的章程或公约，以维护行业协会内部成员企业之间的平等地位和公平竞争。对违反行业协会章程或公约的企业，可以采取必要的惩罚措施，以利于企业行为的合法化和行业的协调发展。行业协会本身不是一成不变的，其内部成员企业可增可减。行业协会之间也会出现合并或分立现象。政府在企业与行业协会之间以及行业协会与行业协会之间可通过法律手段起到指导和监督作用。

[原载中国工业经济协会编：《论工业行业管理新体制——’95行业管理论坛论文选编》，北京，中国社会出版社，1995]

现代企业法人制度：国有企业公司化改造的方向

“现代企业制度是以公司制度为主体的市场经济体制的基本成分”[①]，国有企业的公司化改造，就是按公司制度改造国有企业制度的过程。这是国有企业改革的重要方向和建立现代企业制度的基本途径。

公司是法人，这是公司制度的最基本特征。公司依法设立，具有独立的法人地位，具有与自然人相同的民事行为能力，可以自己的名义起诉和应诉，是公司组织体在法律上人格化的表现；公司享有由股东出资形成的全部法人财产权，以公司法人的全部财产依法自主经营和自负盈亏并对公司债务承担责任；公司法人依法纳税，是完整纳税（包括公司所得税）的独立经济实体；公司法人依法建立规范的财务、会计制度；公司发生合并、分立及注册资本的增减或其他兼并行为，依法办理公司法人资格的变更登记；公司破产、解散和清算，依法终

① 邓荣霖．现代企业制度概论［M］．北京：中国人民大学出版社，1995：26.

止公司法人资格。由此可见，公司的“生死存亡”及其一切行为，均依法表现为公司的法人特征。公司制度是一种法人制度即现代企业法人制度。

公司必须是法人，这是由公司的企业性质决定的。在社会主义市场经济条件下，公司作为企业，参与市场经济活动，成为市场交易过程的行为主体，其前提条件和物质基础就在于公司必须是独立核算和自负盈亏的法人实体，必须以自己独立支配的法人财产承担经济责任，必须能够像自然人一样成为民事活动的主体和民事法律关系的直接承担者。因此，在社会主义市场经济活动中，公司必须具有法律主体资格即法人地位。按《公司法》规定，从公司依法设立之日起，在法律上便确认了公司的法人地位，公司即以法人资格从事独立自主的经营活动。

公司必须是法人，这是就公司的法律特征和经济性质而言的。但在我国现阶段，对《公司法》颁布之前组建的公司或未按《公司法》规定而成立的公司，即对现有的一些公司来说，是否具有法人地位，还必须逐个考察该公司是否具备法人条件。公司的法人条件，包括依法设立、拥有必要的法人财产、设置专门的组织机构、为法定代表人的行为承担全部责任以及法律规定的其他法人条件，本应在公司成立之时就必须全部具备，否则不得成立。鉴于我国现有一些公司在组建过程中的不规范行为，必须按《公司法》的规定，尽快实现现有公司法人化的要求，这是实现国有企业公司化的重要基础。

公司既是企业，又是法人，所以，公司是企业法人。这是公司的基本定义。公司作为企业法人，区别于社会上的其他法人如学校、医院、政府机构、行业协会、宗教团体及其他各种社会团体组织，这些法人是非企业法人。公司是营利性法人，社会上的其他法人是非营利法人。公司直接从事为市场提供产品和服务的经营活动，并以营利为直接目的，通过营利来维持公司作为法人的生存与发展的物质基础和前提条件，不同于社会上的非营利法人。

公司既是法人，又是企业，所以，公司是法人企业。公司制度，就是法人企业制度。公司是现代企业的典型组织形态，公司制度是现代企业法人制度的具体表现。

从世界企业制度的演变历史过程来考察，公司制度作为法人企业制度，区别于自然人企业制度即独资企业制度和合伙企业制度。与自然人企业制度比较，公司法人制度即现代企业法人制度具有明显的优越性。公司是集资组成的法人企业并在公司设立之后能依法向社会集资，而自然人企业不能向社会集资，所以，公司规模一般大于独资企业和合伙企业并由此带来巨大的规模效益；公司实行所有者与经营者分离即所有权与经营权分离，而自然人企业是所有者与经营者合一即所有权与经营权合一，所以，公司更能适应社会化大生产的要求并促进社会生产力的加速发展；公司设置专门的组织机构即拥有法人治理结构，而自然人企业没有专门的组织机构，所以，公司具有更长的企业寿命和规范的经营管理制度，并由此具有经营战略观念和长期经营绩效策略。

从中国国有企业制度的改革历史过程来考察，公司制度作为法人企业制度，区别于原来的国有企业制度，虽然1988年《企业法》称国有工厂企业为“法人”，但并不具有真正意义上的法人特征，只是形式上的名义法人，实际上是一种特殊的“自然人”企业。1993年11月党的十四届三中全会决定指出，国有企业改革的方向是建立现代企业制度；紧接着，1993年12月29日颁布并于1994年7月1日开始实施的《公司法》，为建立现代企业制度提供了法律依据和基本保证。按公司制度改造国有企业制度，就是使国有企业制度转变为公司制度即现代企业法人制度。国有企业公司化改造的实质是实现企业法人化的要求。

通过国有企业的公司化改造，建立现代企业制度，实现现代企业法人制度的要求，有利于表现出公司法人制度相对自然人企业制度的明显优越性。与此同时，从中国国有企业的实际状况来分析，通过国有企业的公司化改造，还可以采用合法有效的集资方式，解决国有企业长期存在的资本金不足或资金短缺问题；还可以引入公司法人的自主经营机制，解决国有企业经营机制长期未能转换的问题。

国有企业公司化改造的基本形式，是建立多元投资主体的公司，包括有限责任公司和股份有限公司。从单一投资主体的国有企业改组为多元投资主体的现代公司，有利于投资主体之间的竞争和相互监督，有利于实现政企分开和政资分开，其目的是明确投资主体责任，提高投资经济效益。这对于国有资产的真正保值增值更具有重要的现实意义和长远的战略意义。对某些特殊产品或特殊行业的国有企业，可以采用单一投资主体的特殊形式，即建立国家独资有限责任公司。但无论是多元投资主体的公司还是单一投资主体的公司，从国有企业的公司化改造来看，都是从原来的国有企业制度向公司制度即现代企业法人制度的转变。

在国有企业公司化改造的过程中，可从本企业及本行业的实际情况出发，有效地选择多元投资主体的具体途径和方式，包括在增量资产股份化中实行公司制，在采用企业兼并方式中实行公司制，在发展企业集团中实行公司制，在盘活存量资产中实行公司制，在互换股权中实行公司制，以及其他切实有效的途径。国有企业公司化改造中的投资主体，既包括国有资产的投资主体，也包括其他资产的投资主体如社会法人机构、外商投资主体、个人投资主体等。对国有资产投资主体的明确，涉及国有资产管理体制的改革，应按国有资产法律的有关规定来进行。

对国有企业公司化改造的实施，应当重视区分垄断性行业、社会公益性行业、竞争性行业的不同企业状况，以利于更好地采用多元投资主体或单一投资主体的公司形式以及选择投资主体的具体途径和方式。

[原载邓荣霖：《现代企业法人制度》，北京，中国人民大学出版社，1995]

经济增长和企业行为

关于经济增长的方式，社会上流行多种划分方法，例如速度型增长、结构型增长和效益型增长；粗放型增长与集约型增长；均衡增长和非均衡增长，等等。事实上，经济增长方式可以分为两类：依靠要素投入的增加而实现的经济增长，称为外延型增长；依靠要素生产率的提高而实现的经济增长，称为内涵型增长。

在实际的经济增长中，这两类增长方式是无法截然分开的。对一个社会的经济活动来说，在任何时期，这两种增长方式都是同时并存、共同作用的，只不过在不同的时期侧重点不同而已。某一时期以外延型增长方式为主，另一时期以内涵型增长方式为主。因此，经济增长不存在绝对的、简单的由一种增长方式向另一种增长方式的转换。准确的、科学的提法，是由以一种增长方式为主向以另一种增长方式为主转换。

就我国经济发展的现状来看，随着经济发展水平的提高，内涵型增长日益成为占主导地位的增长方式。这是因为：第一，我国经济的总资本量已有相当规模，但其中占主导部分的国有资本效率普遍低下，因而内涵型增长尚有很大余地；第二，随着经济总体规模的扩大，其内部的结构性矛盾、技术与管理落后的问题日益突出，新要素投入的边际收益不断下降，导致外延型增长相对不经济。基于上述两方面原因，当前经济增长中的主要矛盾是，对存量资本进行调整，实现现有要素投入的产出增长，也就是从内涵上增长，这是经济增长的主要方式。

中国自 1978 年实行改革开放以来，经历了几起几落的经济发展周期，伴随着数次通货膨胀的循环波浪。几次物价上涨主要集中在生活必需品和能源、交通、原材料等基础产业上，这是结构性通货膨胀的典型表现。国家每次都对通货膨胀及时采取了治理措施，包括收缩投资规模、控制货币投放量、以行政措施平抑生活必需品价格及其他一些"紧缩"政策。这些措施在当时取得了一定的社会效果，但它们带有很大的局限性，不能从根本上解决经济发展中的深层问题。同时，面对一些地方政府抢项目、铺摊子、大搞开发区的热潮，国家采取了严格控制新开工项目、限建楼堂馆所、促进国有企业扭亏为盈、加强农业投入等措施，力图从调整产业结构、盘活存量资产、提高经济效益入手，引导资金投入农业、能源、交通等基础产业，以强化经济增长的内涵方式，削弱经济增长的外延方式，控制盲目需求，增加有效供给，进而保证经济的长期稳健发展。然而，这些结构性调整政策的实施却是极其困难的，难就难在计划经济旧体制的束缚和国有企业制度的机制性障碍。在国有企业大面积亏损而又未能转变经营机制的现实状况下，要实现从外延型为主向内涵型为主的转换，挖掘生产潜力，提高经济效益，谈何容易！由此可见，实现经济增长以内涵型方式为主，乃是我国现阶段和今后一段时期经济发展过程中的艰巨任务。

实现经济增长以内涵型方式为主的关键，在于充分发挥企业行为在内涵型增长方式选择中的作用。因为无论哪一种增长方式，最终都是通过企业行为来实现的。经济增长方式是社会生产力发展规律的表现，也是企业成长规律在经济发展中的综合表现。所以，经济增长方式的选择，是企业行为的内在要求。社会主义市场经济条件下的企业行为，集中地体现出企业在激烈的市场竞争中求生存、求发展的行为。企业是社会生产力发展和经济增长的载体，企业行为的基本动机是按照法律规定，独立自主地从事市场经济活动，追求企业经营目标的实现和企业绩效的最大化，包括企业的盈利率、增长率、技术进步及经济效益。而政府在经济增长方式选择中的作用和对经济增长方式的设计，也需要相应的企业行为，必要时还应以相应的企业政策来推动企业行为。换句话说，政府对企业的政策，取决于需要什么样的企业行为。那么，为实现以内涵型方式为主的经济增长，需要什么样的企业行为呢？按照从计划经济旧体制向社会主义市场经济体制转变和建立现代企业制度的要求，从我国经济发展的实际情况出发，当前需要着重强调的企业行为是：

第一，以提高经济效益为目标的规模扩张行为；

第二，以进入或退出某行业为特征的调整行为；

第三，以革新技术和改进管理为主要内容的经营行为。

上述三种企业行为，在社会主义市场经济条件下，是企业自主经营、自负盈亏、自我发展、自我约束的自然行为，但在我国企业特别是国有企业未能实现“四自”和尚未转变经营机制的情况下，必须要有相关的政策来推动这些行为，并为这些行为扫清障碍。

大企业和小企业在实现以内涵型方式为主的经济增长过程中的行为是有区别的，所以政府对大企业和小企业应采取侧重点不同的企业政策。

大企业是实现规模经济效益、促进产业组织合理化的主力军。但在我国目前情况下，单纯依赖国家增加投入来扩张大企业规模，只是杯水车薪，解决不了多大问题。较为有效的方式是改变计划经济旧体制下国家是单一投资主体的做法，由单一投资主体转换为多元投资主体。多元投资主体既包括国有资产的投资主体，也包括各种社会法人机构、外商投资主体、个人投资主体。多元投资主体的好处是，有利于明确投资主体的责任，有利于投资主体之间的竞争和相互监督，有利于实现政企分开和政资分开，从而提高投资经济效益。大企业可依据国家有关法律规定，从实际情况出发，有效地选择实现多元投资主体的具体途径和方式，包括在增量股份化中实行公司制，在采用企业兼并方式中实行公司制，在发展企业集团中实行公司制，在盘活存量资产中实行公司制，在互换股权中实行公司制，以及其他切实有效的方式。

当然，大企业要实现规模经济效益，在目前环境下会遇到种种困难。例如，促进企业之间的兼并，可以使现有存量资本相对集中，是实现内涵型经济增长的有效方式。但是，我国目前的企业兼并状况极其错综复杂，企业兼并行为会遇到来自多方面的阻力，包括一些地方政府的阻力，被兼并企业不愿接受兼并，兼并企业不愿进行兼并，以及诸如债务包袱沉重、冗员过多无法安置等具体问题。为此，应当采取实际措施予以解决，并按《公司法》和有关法律的规定，规范企业的兼并行为，以利于内涵型经济增长方式的顺利进行。依据社会主义市场经济规律的要求和《公司法》的规定，企业兼并行为的基本目的是获得更好的经济效益，包括：规模效益；财务效益；提高被兼并企业管理水平所获得的效益；扩大市场占有率所获得的效益；利用被兼并企业的已有网络，扩大兼并企业的形象所获得的经营战略性效益；分散经营风险所获得的多角化经营效益；购买价格较低的现有设备，降低设备投资成本，提高设备投资报酬率所获得的效益。

对经济效益好的大公司尤其是上市公司，国家应支持和鼓励其增资扩股。这是实现经济增长以内涵型为主的一条典型的、有效的途径。因为这些公司的增资扩股，是在提高科技水平和利润率基础上扩大企业规模的行为，是实现效益与规模有机结合的行为，是通过生产与科技有效结合实现经济增长以内涵型增长方式为主的行为。1992 年我曾在《中国软科学》杂志撰文指出："股份公司拥有巨额资本，进而能够拥有雄厚的科技力量，吸收高水平的科技人才从事高投入的科研活动，从而使生产与科技处于相互依存、相互促进的良性循环状态之中。"[①] 科学技术是大企业销售额增长的直接源泉。中国钢铁、汽车工业中有的大企业产量并不比国际同类大公司少，销售额却只有人家的一个零头。我国最大的 3 家钢铁大企业即宝钢、首钢、鞍钢的销售总额合计只有意大利伊利公司的 15.7%，不及世界最大的 500 家企业中冶金类最后一名德国德古萨公司；上海汽车工业总公司销售额仅及美国通用汽车公司的 2%，仅占世界最大的 500 家企业中最小的企业日本 AISIN SEIKI 公司的 35.7%。出现上述差距的重要原因就在于我国企业产品基本上是大路货，若增加大公司的高科技含量，使产品上档次，销售额也就必然上升。

几年来，我国上市公司取得了明显效果，但从总体来看，仍然不能适应我国经济发展和改革开放的需要。目前我国上市公司虽然已有 200 多家，但真正属国内外著名大企业的却非常

① 邓荣霖. 发挥股份公司在科技进步中的作用 [J]. 中国软科学，1992 (4).

少，在行业中起排头兵作用的大公司更是微乎其微，特别是支柱产业上市的大公司太少，严重地限制了支柱产业的发展。因此，在实现经济增长以内涵型方式为主的过程中，一方面应把股份公司上市的重点放在大型企业和特大型企业上面；另一方面应支持和鼓励已有大型上市公司的增资扩股。这对于我国优化资源配置、调整产业结构、促进基础设施和支柱产业的发展，具有极其重要的现实意义和深远的战略意义。

为使上市公司的增资扩股行为规范化，必须强调《公司法》的指导作用，严格按照《公司法》和相关法律的规定，坚持上市公司的信息披露制度，加强监管工作。同时，要发展和完善我国证券市场，尽快建立起依法运作、高效有序的资本市场和资金市场，使企业经济效益和整个社会效益都有大幅度增长，使生产要素和各种资源流向社会最需要、企业效益最好的地区、部门和产业中去。在资本市场和资金市场中，必须坚持公平、公开、公正的原则，反对欺诈、操纵、作弊、弄虚作假行为；必须维护全国经济的稳定与健康发展，规范国家股、A股（个人股）、B股（外资股）、C股（法人股）、H股（香港上市的人民币特种股票）的交易行为，促进国内资本市场与国际资本市场的对接和并轨。

为实现以内涵型方式为主的经济增长，不仅应当重视大企业行为，而且还必须非常重视小企业行为。由于过去计划经济旧体制的长期束缚，在高度集权式行政管理的支配下，人们存在着对小企业的某种偏见，“小土群”的说法在中国一度颇为流行，甚至成为制定某种方针的依据，造成小企业忽起忽落、忽高忽低的盲目发展，要么不讲效益地使小企业扩张，要么不加区分地使小企业成为行政管理中“关、停、并、转”的对象。但事实上，从社会生产力发展规律的角度来考察，小企业是一个国家经济增长不可忽视的极其重要的组成部分。为此，我们应当科学地对待小企业，并提出符合实际的小企业政策。在我国建立社会主义市场经济体制的过程中，要客观地、全面地看到小企业的优点和缺点，采取切实有效的措施，使小企业的发展有利于实现内涵型方式为主的经济增长。

小企业的兴旺对国民经济和整个社会的繁荣与稳定至关重要。小企业与大企业是同时存在、相互补充、相互促进、共同发展的。小企业往往是大企业的产品市场，小企业欣欣向荣，大企业产品就有销路；小企业捆死了，大企业必将受害。小企业不仅吸收了大量的社会就业人员，而且具有缓和社会失业冲突的功能，一旦大企业不景气，出现被裁减人员和社会失业者，小企业可以帮助消化，从而使社会保持稳定。从实现经济增长以内涵型方式为主的角度来看，小企业的存在是实现产业组织合理和市场竞争有序的重要基础。因而，要实现内涵型增长的结构效益，就离不开小企业的发展，而小企业自身素质的提高，更是内涵型增长中企业效益的重要方面。

小企业行为的最重要特点是与企业家的关系越来越密切，

这也是小企业的突出优点。小企业能够发展为大企业，由小到大、由弱到强，但并非所有小企业都会成为大企业，关键取决于是否有企业家。小企业与企业家是互相推动的关系，小企业需要企业家，企业家需要小企业，两者的共同点在于创新精神。小企业具有极强的新陈代谢功能，日新月异，每时每刻都可能形成新经济因素的生长点，而且机动灵活，应变能力强，是企业家比在大企业更能充分发挥才能的有利环境和有效场所，满足了企业家希望看到自己创造性设想实现全过程的愿望。现代小企业，是建立在社会化大生产基础上、具有新含义的小企业，不是单纯规模意义上的“小而全”的企业，特别是不断适应高新技术进步要求、专业化程度高的开拓型小企业，能够最充分发挥现代人的潜能，不断创造新的生产力。这正是小企业的活力所在。

政府针对小企业的企业政策，是提供帮助和服务，其重点应放在扶持小企业的技术进步，促进小企业提高经营管理水平上。为此，建议国家设置专门的小型企业管理机构。但这不是计划经济旧体制下的那种所谓行政主管机构，而是社会主义市场经济体制下的政府新型机构。这个机构的职责是为小企业提供帮助和服务，并制定相关的政策，包括：提供职业训练，协助小企业提高人员素质的劳动政策；建立面向小企业的专门金融机构和信用制度，提供低息贷款和贷款担保的金融政策；减轻小企业的税收负担及与特定产业政策目标相联系的优惠税收政策；对为小企业提供企业诊断、业务指导的地方公共团体组织、小企业团体组织和社会中介组织支付补助金，以及促进小企业技术改造的特别折旧制度的有关财政政策；限制大企业滥用市场支配力，建立小企业互助团体，保证小企业有平等接受政府订单的机会，制定小企业与大企业在市场交易中的条件公平化政策；为小企业提供信息咨询服务，协助制订不同产业现代化计划和对发展远景提供预测的信息指导政策。

由此可见，我国现阶段实现以内涵型方式为主的经济增长，必须重视分析大企业行为和小企业行为，并制定相应的大企业政策和小企业政策。无论是大企业行为及其相应政策，还是小企业行为及其相应政策，对国有企业来说，都要求转换企业经营机制，转变政府职能，深化企业改革和体制改革。从企业行为和企业改革来看，实现以内涵型方式为主的经济增长，基本出路在于建立现代企业制度，按公司制度改造传统的国有企业制度；从政府行为和体制改革来看，实现以内涵型方式为主的经济增长，基本目标在于，增强企业在国内外市场中的竞争力并为企业转换经营机制创造良好的制度环境，加速建立并完善社会主义市场经济体制。

[原载《中国软科学》，1996（4）]

现代企业管理制度纲要

第一章　现代企业组织形式及其管理制度

一、企业组织形式的划分及其对管理的影响

我们研究企业管理，首先必须明确企业管理的对象是什么。企业组织形式的不同，对于一个企业的管理制度有着重要影响。所以，研究企业管理的前提是分析企业的不同类型。

企业组织形式的划分可以有不同的角度，我认为主要从三个角度来划分。

（1）从国内外共同的企业历史来看，按照企业资产所有者形式的不同，可以把企业分为：独资企业、合伙企业、公司。这三种企业的管理有着不同的要求。

（2）按照企业的组成方式不同，可以把企业分为：①单厂企业，即一个工厂就是一个企业；②多厂企业，即多个工厂联合组成一个企业。多厂企业一般以公司为代表。显然，单厂企业的管理其实是工厂管理，其特征表现为单纯的生产管

理。在计划经济体制下，我国的企业管理就是工厂管理。1988年《中华人民共和国全民所有制工业企业法》（以下简称《企业法》）公布以后，在北京召开的一个座谈会上，我明确指出1988年《企业法》实际上是部工厂法，因为它是以工厂为对象来制定的，不是一部真正意义上的企业法。我认为1994年7月施行的《公司法》在一定意义上是部真正的现代企业法，因为公司是现代企业的典型代表。我们今天究竟是研究工厂管理还是研究公司管理，这个问题必须明确。当然，它们之间有一些共同点，但是也有很多的不同点。市场经济条件下的企业形态，它最有效的、最典型的表现应该是公司形态。当然，这里所指的公司不是那种行使政府管理职能的政企不分的公司，应该是符合《公司法》要求的真正的公司。

我认为，市场经济条件下真正的企业管理是以公司管理为代表的，但是这种公司管理绝不是政府机构那一套职能。如果不明确这些基本前提，我们研究的企业管理就有可能回到过去工厂管理的老路上去。

（3）按照企业的规模形态不同，可以把企业分为三类：① 小企业，包括单个工厂企业、独资企业或合伙企业；② 大企业，一般以公司、特别是大公司为代表；③ 企业集团（在欧美多称为跨国公司）。这三类企业规模不同，显然它们的管理要求也是不同的。

我们研究企业管理究竟以什么为对象，必须有一个清楚的共识或前提，这样才能很好地开展研究。各种类型的企业，它们的管理既有共同点，也有不同点。我们的研究必须抓住它们的共同点，以某类企业为基本对象，兼顾其他类型的企业。应当明确，企业组织形式划分的三个角度，它们之间是有交叉的。企业组织形式及其划分角度对于企业管理有着极其重要的影响。

二、现代企业的含义

我们研究的企业管理应该是现代企业条件下的管理，即现代管理。所谓现代企业，我认为必须具有两个支柱：一是现代技术；二是现代管理。只有拥有现代技术和现代管理的企业才能称得上是现代企业，这两个支柱缺一不可，而且相互联系。我们应该研究制定在现代技术条件下的企业管理制度，而且管理制度又要有利于企业掌握现代技术，必须把握好这个重要前提。我国过去有很多企业引进了现代技术，可是没有引进现代管理。先进的技术并不意味着先进的管理。当然，先进的管理应当是建立在现代技术基础上的管理。我们在研究制定现代管理制度的同时，应当考虑到现代技术，因为它们是相互联系的、现代企业不可缺少的两个支柱。而且，我们应当认识到，企业组织形式和现代企业是两个不同的概念，任何一种企业组织形式的企业都可能成为现代企业。也就是说，不管是小企业还是大公司，抑或是跨国公司，都可以成为现代企业，关键是要看它是否拥有这两个支柱。虽然企业组织形式可以是不同的，这两个支柱却是共同的。

当前世界上现代企业最主要的表现，我认为一个是小企业，另一个是跨国公司。跨国公司在一个国家的社会经济活动中起着举足轻重的作用，研究企业管理必然要研究跨国公司的管理，而跨国公司的管理实质上与公司的管理相同，是在一般公司管理基础上的进一步发展。同时，小企业的管理也非常重要，西方发达国家对市场经济条件下的小企业管理就特别重视。在美国、加拿大的教科书中，小企业管理单列一章，不跟公司管理混为一谈。我们在重点研究讨论一般大公司管理的同时，要对小企业给予强调或重视，这一点应当注意。

三、现代企业管理制度是现代企业制度的重要组成部分

现阶段我们研究企业管理是在建立现代企业制度这个改革的总体方向上来进行的，管理制度是现代企业制度的一个重要组成部分，我认为立足于这一点来看，就要处理好现代企业制度的几大内容之间的关系。1994 年 6 月我提出现代企业制度包括三个组成部分：第一，以公司产权制度为代表的现代企业产权制度；第二，以公司组织制度为代表的现代企业组织制度；第三，以公司管理制度为代表的现代企业管理制度。在党的十四届三中全会通过的《中共中央关于建立社会主义市场经济体制若干问题的决定》（以下简称《决定》）中有关现代企业

制度的十六字精神当中，这三部分反映为十二个字，即“产权清晰”（产权制度要解决的问题）；“权责明确”（组织制度要解决的问题）；“管理科学”（管理制度要解决的问题）。另外，还有“政企分开”四个字，我认为是这三部分的基础。没有政企分开，企业产权就无法清晰，企业内部权责利就不能明确，企业科学管理就更无从谈起了。而且，政企分开也表现在这三个方面，在产权制度方面表现为政资分开；在组织制度方面表现为企业要有自己独特的组织机构和组织系统，不能套用政府的机构设置方法；在管理制度方面则表现为适应企业特性的科学管理。

现代企业制度的三大组成部分，我认为是缺一不可、相互影响的统一整体。所谓缺一不可，是说对于全国的企业而言，在任何时候这三部分都是不可或缺的。至于具体到某个企业、某个时期，哪方面作为重点，这可以因条件而变化。所以，我们要全面理解这三个部分，不能片面，不能刮风。1994年6月份，我在讲话中把管理制度包括在现代企业制度里面，当时有些人还提出不同看法，那时的气氛是产权几乎压制一切。现阶段又有一种偏向，似乎是产权搞不下去了，就只抓管理。我认为，产权问题还是主要的，但不能把管理排除在外。所以，如何处理好产权制度、组织制度和管理制度三者的相互关系，需要有一个总体的思路。必须处理好三者之间的关系，否则容易导致另外一种偏向，似乎今后现代企业制度中只抓管理制度了。其实，如果这样做，管理制度肯定也是搞不好的。所谓相互影响，是说管理制度搞不好，即使产权清晰了，权责明确了，也不能真正建立起现代企业制度；反之，单纯只抓管理，如果财产关系不清楚，组织机构不理顺，权责利不明确，那么，管理也不可能搞好。所谓统一整体，是说这三大部分最终都归结到现代企业制度这个问题上来，它们都是现代企业制度的有机成分。

总之，我认为《决定》中有关现代企业制度的十六个字是正确的，必须坚持下去，必须写进《"九五"企业管理纲要》中。再者，我还要强调，我们研究的现代企业管理制度应当以公司的管理制度为代表，以真正的、一般的公司为对象、为目标。既要以政企分开为前提，又要有利于推动政企分开。同时，也要考虑到一般公司管理基础上的跨国公司管理及小企业管理的特点。

第二章　现代企业管理制度的特征

一、现代经营观念的确立

管理改革，在一定意义上是观念变革。要搞好现代企业管理，首先必须确立现代经营观念。这里涉及以下几个问题。

1. 经营的含义

英语里有个单词“business”，过去有人把它译为“企业”、“商业”或“工商”等，我认为译为“经营”比较恰当。经营是一种从商活动，但这个“商”是广义的商，不是商业流通那个狭义的商。有一本在国际上影响很大的英文杂志 *Business Weekly*，我国译为《商业周刊》，它所包含的内容不仅仅只是商业流通领域，还包括工业、金融业等领域。从这里也可以看出，“business”与商业流通中的“商业”是有区别的。

那么，经营的确切含义究竟是什么呢？我认为，经营就是企业依据内部条件和外部环境而从事的商品经济活动，或者说市场经济活动。企业就是市场的主体，它直接从事市场活动，企业经营的一切行为都是市场经济行为。现在，很多人把经营等同于销售，其实，销售在英语里专门有“sale”这个单词对应，经营与销售绝不是等同的。经营是生产和流通的统一和结合，既不是单纯的生产，也不是单纯的流通，而是既有生产又有流通。生产经营活动这个概念是不确切的，因为生产包含在经营之中。现在还没有哪个概念能够全面准确地概括中国企业的所有市场经济行为，我试图用“经营”这个概念来概括。

2. 经营观念的内容

要搞好一个企业的管理工作，首先必须树立起经营观念。

企业经营观念包括空效观念和时效观念两部分内容。

（1）空效观念。即从空间的扩展中获取经济效益的观念。因为一个企业的经营活动总是在一定的空间范围内进行的，空间包括市场、生产的地区等等，所以，企业扩展了空间，就能从中获得经济效益。空效观念具体表现为以下内容：① 开放观念，就是整个企业要对外开放，既要对国内市场开放，也要对国外市场开放；② 开拓观念，企业要不断开拓自己的活动空间，要不断创新；③ 多角经营观念，多角经营的具体内容有纵向多角经营、横向多角经营、多向性多角经营和复合性多角经营；④ 形势法则观念，就是一个企业要依据形势发展的客观规律来分析研究自己的经营活动；⑤ 联合观念，企业要善于通过与别的企业的多种形式、多种内容的联合来扩大自己的力量。

（2）时效观念。即从时间的节约中获取经济效益的观念。企业的一切行为都是节约时间的行为，时效观念的重要性在于，其实质是速度与效益的有机结合，企业经营活动既要求速度，更要求效益。时效观念具体表现为以下内容：① 资金周转观念，企业的一切管理工作都要有利于企业资金周转，其中包括利息观念；② 投入产出观念，怎样尽可能少地投入，尽可能多地产出，实际上是一种时间的节约；③ 信息传递观念，企业的信息管理非常重要，信息传递应当迅速、准确、广泛；④ 智力投资观念，投资了智力就等于节约了时间，高智力水平才能求得企业的更快、更大发展。

（3）空效观念和时效观念的共同点在于：① 效率观念，一个企业之所以要扩展空间、节约时间，目的就是求得高效率，所以企业管理必须以效率为生命；② 竞争观念，企业如果没有竞争观念，就不可能有空效观念和时效观念；③ 人才观念，对于人来说，重要的不在于数量，而在于质量，所以企业管理必须要有人才观念。

二、面向消费者

消费者是企业管理工作的出发点和归宿点，是检验企业管理工作优劣的唯一准绳。我认为市场就是消费者，面向市场就是面向消费者，寻找市场就是寻找消费者。现在很多地方所谓建立市场就是找块地皮搭几个棚子，其实那是有场无市，搞形式主义。消费者在哪里，市场就在哪里，企业管理工作就从哪里出发。企业必须找到消费者，否则，时效观念和空效观念就会成为没有意义的概念。在计划经济体制下企业管理工作是面向政府的，在市场经济法制下必须转为面向消费者。可以说，目前我国大多数企业都不尊重消费者，所以，我认为评价企业管理工作的优劣首先应当看是否尊重消费者权益，是否对消费者负责。

三、生产过程和流通过程的结合

在旧的计划经济体制下，生产与流通被人为地分割开，企业管理实际上是单纯的生产管理，研究对象主要是工业企业的生产过程。在市场经济体制下，这样来研究企业管理显然是不行的，因为企业经营是生产与流通的结合，企业必须工商结合，研究管理单纯针对某一领域的企业来进行已经落后了，例如 1992 年的《全民所有制工业企业转换经营机制条例》现在看来就不符合现实要求。企业按其经营业务的内容划分为工业企业、商业企业等，尽管这种分类本身并没有错，但是它越来越不符合现实的需要，企业跨领域多角经营是适应市场竞争的必然。而且，具体到某个企业究竟是生产重要还是销售重要，不能一概而论，应当具体问题具体分析，中心思想是要有利于企业发展，研究企业管理工作时要注意这点。

四、内部条件与外部环境的结合

我认为，企业管理工作的目的就是要把企业有限的内部条件予以充分地利用和发挥，也就是资源配置在企业内部的最优化。将企业内部条件理解为过去通常讲的“人力、财力、物力”，似乎笼统了一些，不够确切，可以用“经营要素”这个概念来描述。经营要素包括生产要素、流通手段、企业商誉和信息要素四部分。其中，生产要素包括自然物质条件（即原料、材料、土地等）、劳动力、资本（即厂房、机器设备、必要的资金等实物形态和货币形态）、技术（即知识在生产过程中的运用，如生产工艺操作方法等）；流通手段包括销售渠道、推销方式；企业商誉包括商标、服务质量、企业形象（包括企业信用等）；信息要素就是统称的信息。

以上四大类共十个具体要素，它们的相互关系及各自所占的比重可以因为企业管理状况的不同而不同。企业管理就是对这些要素的组合，企业的管理水平就表现为对它们的运用，这些要素本身也是企业实力的表现。所以，管理工作是既要增强企业活力，又要增强企业实力。增加了经营要素的数量和质量，就是增强了企业实力；在经营要素不变的条件下把企业搞活一点，就是增强了企业活力。企业的实力和活力两者既有区别，又有联系。过去一提管理工作就谈搞活企业，我认为仅有这点是不够的，现代企业还必须具有实力，要不断扩大规模，企业管理不仅要有利于在原来规模上搞活企业，还要有利于增强企业实力。

计划经济条件下的企业管理是单纯的内部管理，企业只是眼睛向内不断挖潜，一旦外部条件发生变化，就无法适应。在市场经济条件下，企业管理必须内外结合，既要眼睛向内，充分组合好内部要素，又要眼睛向外，不断适应外部环境的发展变化。外部环境在市场经济条件下对企业的管理是非常重要的，不能认为外部环境只是政府的事，与企业无关，当然，政府有责任为企业创造良好的外部环境，但是，企业的管理工作必须善于分析外部环境，主动地适应其发展变化。对于一个企业来说，它的外部环境包括以下几个方面。

（1）历史环境。就是要回顾分析企业经营变化的历史过程。一个企业只有回顾历史，然后着眼现实，才能看到未来。不了解企业历史，不分析企业现实，是搞不好管理工作的。

（2）自然物质环境。是指企业经营过程中面临的可资利用的各种资源，这些资源包括自然界中天然形成的自然条件，以及经过一定加工处理的各种原材料。企业应当注意在原有资源短缺的情况下，努力寻找可替代资源。

（3）政治法律环境。是指影响企业经营活动的政治、经济制度，以及一系列有关的法律、法规和政策。我提倡企业应当认真分析国家法律、法规和政策的变化，企业应当把对它有利的政策充分用足，避开对它不利的政策，政府不能认为企业这是“上有政策，下有对策”，如果认为有必要的话，政府可以修改、补充政策，而不能埋怨企业，苛求企业，政府的职责就是制定和不断完善一项好的政策。企业作为营利性组织，有理由也应当有权利从自身利益出发来分析、研究、利用国家的有关法律、法规和政策。

（4）社会文化环境。是指通过社会上各类人的生活观点和态度、习惯和行为表现出来的，影响企业经营的价值观和社会信仰。例如，人们的消费观念和社会的就业观念总是不断变化的，这就会对企业管理工作造成重大影响。

（5）经济环境。是指企业经营过程中所面临的各种经济条件、经济联系及各种经济因素。虽然经营只是企业的行为，但是企业经营活动是社会经济的重要组成部分，所以经济环境对企业管理的影响更直接、更重要。经济环境有两类：① 宏观经济环境，即国际经济状况和国家的国民经济状况及其形势；② 微观经济状况，即企业所在的行业状况及其所处的市场类型。

企业外部环境对企业管理工作的影响既有有利的一面，也有不利的一面。企业管理应当充分利用其外部环境中的有利因素，尽量把不利因素对其造成的损失减小到最低限度，虽然它不可能排除外部的不利因素。我认为“抓住机遇，迎接挑战”这句话能够生动地表达市场经济条件下外部环境对企业管理工作的要求，机遇就是摆在企业面前的有利因素，必须抓住；挑战就是对企业的不利因素，必须去迎接，尽可能减少其负面效应，逃避和退缩是没有用的。

另外，企业在经营过程中要承担社会责任，因为企业的存在依靠社会资源，企业的发展来自社会对其产品及服务的不断需求。企业经营一方面要追求利润，这是企业内部条件与外部环境结合的目的；另一方面也要承担相应的社会责任，这一观点在第二次世界大战以后才为各国企业界普遍接受。

企业责任最主要的是满足社会上六种人的利益要求。第一，投资者。资本是最重要的企业内部要素，企业扩大资本一靠内部积累，二靠吸引社会资金（这条途径更为重要）。投资者（即股东）不投资，就没有企业的存在和发展，投资者的目的就是获得投资利润回报，给投资者以较高的投资回报率，是企业满足投资者的最大责任，是检验企业管理工作优劣的首要标准。第二，顾客。企业对顾客最重要的责任是保护顾客的利益，保证提供的产品和服务不给顾客带来利益和人身安全的损害，尤其要对顾客忠诚老实，如果做不到这一点，那就是企业管理工作的最大失败。第三，债权人。企业开展经营活动，必然会与社会其他组织和个人发生债权债务关系。企业对债权人的责任是必须按时还债，这不仅是道义上的，也是法律上的责任。第四，职工。企业管理要立足于维护职工利益，为职工提供满意的工作条件和劳动报酬。第五，政府。企业对政府的责任就是要遵守有关的法律、法规和政策。第六，社会公众。企业对社会公众承担的责任包括下列内容：提供就业机会；参与社会慈善活动；保持环境清洁，消除污染；以公平合理的价格销售产品和服务。

五、经营战略与管理方法的结合

关于企业经营，首先要有经营战略，企业管理必须树立长远的战略观念，不能总是罗列一些具体现象就事论事，不能有短期行为。其次还要重视管理方法的改进，也就是具体管理工作的改进。我认为，企业管理是企业经营的一个组成部分，应当称其为经营管理。因为“管理”这个词涉及的领域很广泛，任何有人群、有组织的地方就有管理。例如，政府称为行政管理，学校称为教学管理，医院称为医务管理。这样，就把各种组织的管理区分开来了。所以，企业经营包括两个方面。一方面是要有经营战略。当然，战略本身也是一个大管理，这取决于如何理解这个概念，从总体来说，战略也属于管理的一个部分，称为战略管理。但是，单有整体战略，没有具体管理方法，战略就得不到落实，就会成为空洞的毫无意义的概念。所以，还得把战略具体化，也就是另一方面的管理方法。总之，企业管理必须把经营战略和管理方法相结合，两者缺一不可，不能偏废。

在经营战略中，企业要有长期目标，企业长期目标包括以下几方面。

（1）经济效益的长期目标。包括：① 销售额；② 利润；③ 投资回报率；④ 其他经济指标。

（2）社会效益的长期目标。包括：① 满足顾客，这是一个总体目标；② 企业商誉；③ 改善环境；④ 扩大企业规模，提供就业机会。

（3）综合效益的长期目标。包括：① 增长目标（或成长目标），就是企业作为一个组织要不断追求自身增长，由小到大，由弱到强；② 市场占有率；③ 科技发展；④ 质量，这里指整个企业的质量，包括产品和服务的质量，以及企业经营的质量。

根据以上这些目标，企业的经营战略可以分为以下几类。

（1）回避风险的战略。企业经营要尽可能回避风险，多角经营就是典型的回避风险战略。

（2）产出增长战略。就是企业要尽可能多地产出，然后扩大市场、渗透市场、占领市场。

（3）合理化战略。就是降低成本或者减少投资，但是，减少投资是在同样的产出下减少投资。

（4）竞争战略。就是企业管理工作要服从于、有利于企业在市场中的竞争。竞争战略包括市场领先战略、市场挑战战略和市场跟随战略。

以上所述就是现代企业管理制度的五大特征，从内容来看，就是企业管理工作的目标和思路。

第三章　现代企业管理制度的内容

现代企业管理制度的内容，是市场经济条件下企业管理工作不可缺少的内容，改进企业管理工作就要从建立现代企业管理制度开始。

一、销售管理制度

面向消费者是企业一切管理工作的出发点，因此销售管理对于企业管理工作尤其重要，销售管理也是我国企业的薄弱环节，尽管最近几年一直提倡加强。销售管理制度需要解决的几个问题是：

1. 市场营销职能

市场营销职能就是把产品和服务从生产者转移到消费者的过程中必须完成的全部工作任务。它包括：① 购买；② 销售；③ 运输；④ 储存；⑤ 产品分类，站在消费者的角度对产品进行分类，是为了方便顾客选择、购买产品；⑥ 筹款和付款；⑦ 风险承担；⑧ 市场信息收集。这八项工作为企业建立销售管理制度奠定了基础，也为设立销售管理业务部门创造了条件。另外，需要明确的是，不只是销售管理，企业所有业务管理机构的设置都应当遵循“因事设职，因职设人，人事相符，权责相当”的原则，这样才能避免目前我国很多企业的业务管理机构因人设事从而造成人浮于事或者事浮于人的状况，也避免管理人员有责无权或者有权无责的现象。

2. 市场营销组合

市场营销组合就是企业为实现市场营销职能而制定的市场营销策略，其内容包括：① 产品；② 价格，同样的产品可以制定不同的价格，这是一个定价策略；③ 销售渠道，同一种产品，同样的价格，可以通过不同的销售渠道进行销售；④ 销售方式，有广告、派员销售等。这四方面内容的组合就是要求企业销售管理制度是一种良性循环，也就是一种良性机制。机制是制度的具体表现，要依靠制度来保证，企业制度在运行中的良性循环就是企业良性的经营机制。企业管理工作改进的结果，应该是建立起一种良性的管理机制。

3. 选择对企业有效的目标市场

企业的销售管理制度最终要有利于它选择一个有效的目标市场。选择目标市场要注意两个问题：① 细分市场。就是要从巨大的市场中找到属于自己的部分。② 强调国内市场和国外市场的结合。企业要树立国际市场的观念，企业管理工作应立足于国际市场。但是，国际市场、国内市场、国外市场这三个概念是有区别的，国内市场与国外市场之和就是国际市场。中国市场是国际市场的一部分，而且是重要部分。我认为，企业占领了中国市场，在一定意义上也就是占领了国际市场。

二、生产管理制度

在市场经济体制下，必须改变过去计划经济体制下那种企业管理就是单纯生产管理，一切以生产为中心的状况。但是，这并不意味着生产管理不重要，生产管理制度依然是企业管理制度的一个重要组成部分。

1. 生产管理制度的指导思想

（1）生产管理是企业经营活动的组成部分，不是企业管理的一切。经营是生产与流通的结合，生产管理制度本身就应该确立与流通相结合的观念，不能为生产而生产，应当为销售而生产，总之，生产管理必须服从于销售。

（2）生产管理制度必须把产品作为商品来对待。只有把产品作为商品来生产，才是市场经济思想指导下的生产管理。

（3）生产管理应该力求生产过程的高效率和多品种相统一。现代企业对生产管理的更高要求是在同一条生产线上，既要保证高效率，又要实现多品种。而不是通过新增生产线来实现多品种生产，尽管那也是实现多品种生产的一种手段。生产的高效率与多品种必须统一在生产过程当中，日本的汽车生产企业就是如此。

2. 生产管理制度的内容

（1）制订产品计划。在市场经济条件下，企业的计划管理不仅不能削弱，反而应当加强。这里所指的“计划”不是过去旧体制下国家对企业的指令性计划，而是企业独立制订的反映企业利益的计划。企业的产品计划要与销售计划相协调，首先要确定产品生产的盈亏临界点，在盈亏临界点以上企业生产才能盈利，然后决定生产批量，接着进行产品开发，最后是产品说明书，要站在顾客的角度对产品进行说明。

（2）建厂计划。企业进行产品生产面临的首要任务就是工厂建设，企业的建厂计划包括两项重要内容：选择厂址和确定生产能力。企业扩大生产能力既可以通过新建工厂，也可以在原有工厂的基础上扩大。

（3）厂内布置。企业的生产管理要解决好厂内生产的合理布置，有利于生产过程的进行。

（4）库存控制。其任务就是谋求以最恰当的库存量（即最佳控制点）保证满足生产和销售需要，包括库存费用、订货制度、库存量等内容。库存控制一方面要保证供应，另一方面要尽可能少地占用流动资金。

（5）采购。主要是解决原料采购方式。

（6）设备维修。

（7）作业进度表。

（8）质量控制。质量控制应该属于生产管理制度的范畴，质量问题要解决在生产过程中，在生产过程之外考虑质量并不能从根本上解决问题。

（9）克服工人对机器操作单调的厌烦，丰富工人的工作内容，有利于增强其责任感，提高产品质量。

（10）保证工人的劳动安全。

三、人力资源管理制度

从总体上说，人力资源管理制度要有助于企业开发和利用人力资源。人力资源是个广义的概念，在企业范围内指企业所有的作业者和管理者。关于人力资源管理制度，主要解决以下几个问题。

（1）激励。一个企业的管理制度要有利于激励企业中的各种人完成他们的工作任务。激励包括物质鼓励和精神鼓励，激励就是给人以动机，然后由这种动机把他内在的积极性和主动性激发出来，而不是靠外部力量去强制和调动他的积极性和主动性。所以，企业管理制度一定要建立起激励机制。一个人的工作绩效取决于他的知识水平、能力（包括体力、精力等）和积极性三者，绩效作为一个函数，是这三个自变量的综合表现。过去总是认为只要调动了积极性，就能把企业管理搞上去，我认为这不是科学的态度。

（2）企业领导方式。管理在企业的指挥系统中表现为一种领导与被领导的关系，领导方式对于人力资源的激励、开发和利用非常重要。

（3）职工的挑选和培训。

（4）工资制度和福利待遇。

（5）企业的所有者、管理者与工人三者之间的关系，即劳资关系。

四、科技开发管理制度

企业应当拥有自己的研究开发管理体系，形成一套研究开发管理制度，从而有利于企业的研究开发工作。这里要解决的主要问题有以下几点。

1. 科技预测

科技预测需要企业的管理部门而不是科研部门对与本企

业有关的科技发展趋势做出预测。

2. 科学研究管理

科学研究管理包括开展课题研究、科研设备和科研人员的配备等的管理。

3. 新技术、新产品的开发管理

过去总是把新技术、新产品的开发管理列入生产管理的范围，容易造成缺乏长远观点。因为生产管理主要以作业进度、计划操作为主，立足于应付现实，而新技术、新产品的开发管理则是着眼于长远的未来，它们是两种不同的思路，所以，应当把新技术、新产品的开发管理单列出来。企业应当配备一定的资金，安排一定的人员专门进行科研开发，让他们拥有相应的权力，承担相应的责任，这样才能保证企业经营的良性循环。

4. 生产技术准备和日常生产技术的管理

生产技术准备和日常生产技术的管理就是围绕着生产管理，企业需要制定一些技术准备、设计、工艺准备、试制、鉴定等的规章制度。

5. 科学技术信息管理

科学技术信息管理包括科学技术的情报系统、技术档案、技术标准的资料等。

6. 技术经济论证

企业在其管理系统中应该有强大的技术经济论证系统，

为有关企业发展的科学技术方案提供经济论证和决策依据。

7. 科技人才管理

科技人才管理必须单独列出，不能作为一般的人事管理对待。

8. 技术转移和技术引进的管理

从管理工作方面来看，企业的利润由产品或服务的利润、技术的利润、资产经营的利润和外汇风险的利润四部分组成。技术的利润是通过技术商品化实现的，也就是说，通过转移技术或者开发新技术为企业创造利润。

五、财务管理制度

财务管理制度是企业管理制度中非常重要的组成部分，它的基础是财务会计制度。我认为，如果说前面四大管理制度还有某些中国特色的话，财务管理制度则完全是国际统一标准，这就要求我国企业建立起与国际接轨的财务会计制度，财务管理制度必须科学化。

1. 市场经济条件下企业财务管理的职能

（1）决定投资项目。投资项目需要资金，决策前必须进行财务会计评估。

（2）为确定的项目筹集所需资金。包括筹集的数量、筹集资金的来源、筹集资金的结构，另外要分析市场上投资者的偏好，确定对企业最为有利的融资方式等。

（3）控制资金的使用。包括会计核算过程（即会计控制）、现金流量的控制、财务报表的分析、统一控制、财务风险管理等内容。

这样就从根本上改变了计划体制下企业财务管理中算死账、算旧账的状况，市场经济体制下的企业财务管理应该算活账、算新账、算未来的账。

2. 根据财务管理职能，企业应该配备的财务管理人员

（1）经济员。总的来说，经济员属于财务管理范畴，主要职责是分析和预测企业外部环境的变化对企业经营的影响，为企业决策者提供决策依据。

（2）财务分析员。主要职责是分析企业以及企业内部各部门的财务状况，分析资产负债表和损益表。

（3）现金管理员。主要职责是管理企业的现金，保证企业现金有足够的流动性，加速现金周转。

（4）资本预算员。主要职责是评估企业的长期投资项目，包括项目的内部条件和外部环境，分析这个项目的风险和利润。

（5）证券员（或称银行证券员）。主要职责是力求企业与金融机构保持良好的关系，一方面要让金融机构了解企业的财务状况，取得金融机构的信任，从而获得贷款；另一方面也要了解金融机构的信贷状况，以使企业寻求贷款时能够做到有的放矢。

（6）兼并员。主要职责是寻求本企业进行兼并、收购等企业产权交易活动的机会。

（7）出纳员。主要职责是掌握企业现金的流出，直接向企业的财务经理报告和负责。

（8）会计长。负责整个企业的财务分析和会计控制，为制定财务计划提供条件，没有会计长的认可，企业的财务计划不能通过。

以上列举了八种财务管理人员及其职责，如果有了这八种财务管理人员，而且明确了财务管理的职能，那么，我国企业的财务管理就可以走上科学化的轨道，改变目前这种不规范的状况。

企业财务决策应该由企业领导来进行，要以企业的整体目标为依据，企业目标应当多元化和可量化，企业经营目标最终要落实到企业财务决策上。

第四章　现代企业管理者

一、管理者的特征及其重要地位

我认为，所有者、管理者、作业者和消费者是企业经营活动中最重要的四类人，前三类人是企业内部的，后一类人（消费者）是企业外部的，这四类人在企业经营活动中缺一不可。只有对这四类人都给予足够的重视，企业才能经营好。

简单地说，管理者就是通过别人来做好工作的人，或者说，是对别人的工作负责的人。管理者最重要的特征是：第一，他是决策者；第二，他要对下级的工作优劣负责任。所以说，管理者的代表是企业经理，以经理为首的管理者系统中的人都被称为管理者。与管理者相对应的一个概念是作业者，工人、会计员、推销员等都是作业者。管理者与作业者的区别主要是：第一，管理者的绩效是通过别人表现出来的，管理者不能只是自己任劳任怨，埋头苦干，还要通过别人来把工作做好，而作业者的绩效完全是通过自己的工作表现出来的；第二，管理者的绩效是一种团体绩效，而作业者的绩效是一种个体绩效。这两种绩效的衡量标准不同，对管理者和作业者的要求也不同，因为他们在企业经营活动中所处的地位不同。另外必须明确，管理者在企业内部是一元化的指挥系统，不能多头领导，要坚持一个下级只有一个上级。

管理者要在企业经营中发挥好作用，首先必须处理好与所有者的关系。管理者与所有者的利益在总体上是一致的，但是，由于两者的目标函数并不完全相容，所有者追求企业利润最大化，管理者追求其管理劳动的报酬最大化及自身人力资本的增值，这样，管理者就有可能利用掌握的权力，为了达到自己的目的而侵蚀所有者的权益。所以，管理者与所有者之间是存在矛盾的，这就需要站在所有者的角度建立起一套对管理者的激励和约束机制。所有者在把企业交给管理者管理的同时，管理者就获得了很大的权力，形成了对企业的内部人控制，内部人控制问题是不可避免的，关键是所有者如何实现对企业内部人控制的控制，这是一个世界性的难题。

其次，管理者应当处理好与作业者的关系。在这个方面，作业者是基础。管理者水平再高，机器设备再好，作业者不认真工作，企业经营也搞不好。

最后，管理者要始终把消费者的利益放在首位。

二、管理者的层次

管理者是个总体概念，它内部还分有层次，这些层次因企业规模的大小而不同。一般来说，管理者的层次可分为高层管理者、中层管理者和基层管理者三个层次。规模小的企业也可分为两个层次。无论一个企业的规模如何小，即使一个工厂，至少也有两个层次。当然，规模很大的企业也可以有四个层次。因此，管理者的层次取决于企业的规模、企业内部结构的复杂程度以及企业的管理幅度。应当明确，管理者是有层次的，对不同层次的管理者，应该有不同的具体要求，管理工作不能一般粗。

三、管理者的职能

职能就是工作的含义，管理者的职能概括起来有以下几项：第一，计划职能，即管理者做计划工作；第二，组织职能，即分工与协调；第三，指挥职能，即一元化领导，上级命令下级；第四，控制职能，即检查、监督工作。当然，国外还有管理者的五职能、六职能之说，但这四项职能是不可缺少的。这四项职能是管理者的共同职能，任何管理者都要遵守。不同层次的管理者，这四项职能各自所占的比重不同，例如，计划职能对高层管理者特别重要，而基层管理者主要是控制职能。而且，各项职能的具体内容也有所不同，例如，高层管理者的计划职能主要是企业经营战略计划，基层管理者的计划职能则是一般的作业进度安排计划。

四、管理者的技能

所谓管理者的技能，就是管理者应该具备的本领，包括以下内容。

1. 业务技能

管理者必须懂生产、技术、销售、财务等方面的业务知识，这是起码的要求。

2. 做人的工作的技能

管理者的工作主要是与人打交道，所以，管理者要善于与人相处，能够了解人、关心人、激励人、团结人，充分利用人的长处，去实现企业的管理目标。这就是做人的工作的技能的含义。

3. 概念形成方面的技能

管理者要善于通过不断变化的情况、新的形势，来综观全局，高瞻远瞩，用系统论的观点来看待企业的管理工作，要协调下属的利害关系，形成新的概念，指导管理工作的发展。也就是说，管理者不能就事论事，必须通过自己的管理实践不断形成新的概念，一句话，要不断改进管理工作。当然，这种改进要通过新的概念的形成。那么，要形成新的概念，管理者就需要掌握大量的知识和信息，知识和信息的获取和积累对管理者就显得越来越重要。不拥有知识、不掌握信息的管理者是搞不好管理工作的。

以上三种技能是对所有管理者的共同要求，但是对于不同层次的管理者，这三种技能的要求程度有所不同。对于基层管理者业务技能要求相对高一些；对于高层管理者则是概念形成方面的技能要求相当重要；至于做人的工作的技能，不管哪个层次的管理者都要求具备，只是具体内容有所不同而已。

五、企业家的职业化

人们越来越认识到，中国企业经营不好，管理工作搞不好，原因在于缺乏企业家。企业家的职业化已成为我国企业管理工作中亟待解决的重要问题。我认为企业家目前可以定位到董事或经理，但不是所有董事和经理都是企业家。企业家的核心是企业家必须具有创新意识和开拓精神，只有具有创新意识和开拓精神的董事和经理才具有企业家的特征，才能称为企业家，才能把企业经营好。一个企业不可能有太多的企业家，但也不能没有企业家。我认为，从量的概念来看，一个小企业要有一个企业家，当然有两个更好；一个大公司要有三至四个企业家，但是多了也不行，没有更不行。对于企业家的要求就是必须职业化，我们既不能把企业家庸俗化，也不能没有企业家。管理者和企业家是两个既相联系又相区别的范畴，企业管理工作对二者有不同的要求。

第五章　现代企业管理制度的环境保证

所谓环境保证，是指企业要能够建立起现代企业管理制度，除了企业本身要努力，企业的外部也要做出努力。现代企业管理制度的环境保证包括以下内容。

一、市场体系的形成和完善

如果没有一个良好的完善的市场体系，现代企业管理制度的建立将无从谈起。孤立地抓企业管理是不可行的，没有意义的，一定要有有利于企业面向市场的一系列市场体系作为基础和保证。

二、法律制度的建立与完善

现代企业管理制度的存在与运行，必须依赖于一系列相应的法律制度的保障，这就对法律制度的建立与完善提出了要求。

三、社会保障体系的建立与完善

人力资源管理是企业管理的重要内容之一，社会保障体系的建立与完善极大地有助于企业的人力资源管理，企业管理工作的顺利进行离不开社会保障体系的支持。

四、政府职能的转变和宏观调节体系的建立

1. 政府的作用

（1）直接服务的作用。政府要为企业提供直接服务，例如，政府积极建设公共设施，以有利于企业经营活动的进行。

（2）调节和控制的作用。政府应当设立一定的机构来调节和控制企业的经营行为，尤其是对那些处于特殊行业、经营特殊产品或服务的企业。例如，药品的质量、食品的质量以及公平合理的价格等就需要调节和控制。

（3）稳定和发展的作用。就是政府行为要有利于企业的稳定和发展，主要包括税率、货币供应、信贷政策、政府支出及政府支出的对象等内容。

（4）直接帮助。就是政府对一些特殊的企业或者特别困难的企业要给予帮助。例如，对一些从事农产品或以农副产品为原料的工业企业，对一些出口企业，对一些经营困难但对社会有益的企业，对一些小企业等，政府应当给予扶持，帮助它们解决困难，健康发展。

2. 政府作用要达到的目的

（1）有利于企业管理制度的有效性。

（2）保证企业之间竞争的公平性。

（3）有利于企业经营管理的稳定性。

3. 政府调节的原则

（1）原则上，政府不能直接经营企业。当然，政府可以经营一些特殊的企业，但应当有特殊的管理制度。现代企业管理制度的对象是那些自主经营、自负盈亏的企业。

（2）政府对企业的调节应该是间接的调节，而不是直接的管理。而且这种调节应当着重于防止企业对社会造成损害，有利于企业在获得利益的同时朝着对社会有利的方向发展。我认为，政府的调节政策应当是事前禁止的政策，而不是计划经济条件下惯常的事前允许的政策。政府应当规定企业不能做什么，除此之外，企业就可以根据具体情况决定是否去做，当然要以不妨碍社会为前提。

（3）政府的调节同样也要接受法律的检查和法院制裁。将来应当建立一个专门法院来调节政府和企业的矛盾，因为建立起现代企业管理制度以后，政府和企业之间的矛盾将不可避免地经常发生，所以必须有一个专门的独立机构来进行裁决。

总之，关于政府调节，我认为，政府应当建立起一套调节的机制，包括：第一，法律机制，政府对企业的调节通过立法来实施；第二，经济手段，政府通过经济手段调节企业行为；第三，设立一些专门机构，包括某种法庭、某种社会中介服务机构等。这样，就使得政府调节更为主动，可以避免政府直接陷入企业管理工作的冲突当中。

［原载《中国企业管理大百科全书·现代企业制度卷》，北京，光明日报出版社，1996］

现代企业制度与政府职能

一、现代企业制度是市场经济体制的基本成分

我国改革的目标是建立社会主义市场经济体制。根据多年来对发达国家和对我国改革开放以来所遇到的问题的研究，我认为，要特别重视市场经济体制的三个成分。

1. 消费者

消费者是市场经济体制的首要成分。无论是企业还是政府，都必须一切从消费者出发，对消费者负责。消费者作为社会生产力的需求者，代表了社会生产力发展的方向。满足消费者的需求，在一定意义上就是适应社会生产力发展的要求。离开了消费者这个社会生产力的前提，我们的企业、政府就失去了方向。

2. 企业

企业这一术语，在市场经济和计划经济条件下具有完全不同的含义。什么是真正的企业？我认为有两个标志。

（1）还权给企业。“扩权”“放权”的提法在改革初期有进

步意义，今天已落后了。扩权、放权概念的主体仍是政府。市场经济应站在企业角度看企业，而不是站在政府角度看企业。不解决这个问题，企业只能是政府的附属物。还权给企业，这个权是指企业必须具有的，否则就不能称其为企业。企业必须有的权包括：① 产品决定权。企业生产什么产品，在什么地点生产，什么时间生产，用什么方法生产等，这些基本上应由企业自己来决定。② 产品销售权。产品生产出来后，销售给谁（包括国内市场和国际市场），通过什么渠道和何种方式销售（也包括用什么价格来销售），应由企业决定。销售权的关键是价格权，没有价格权，企业的自负盈亏就是一句空话。③ 人事权。没有人事权，企业就不是真正的企业。④ 分配权。即企业税后利润的分配权。税后利润的分配大致可分为三块：一是公积金，用于扩大再生产，实际是企业的投资权；二是公益金，用于增加企业职工福利；三是股东分红。应破除企业上缴利润的概念。即使是国有资产，也应该按照国有资产在这个企业中的比例进行分红。但这个分红，必须分给国有资产投资主体，企业不能变相处理。作为市场经济体制下的企业，上述四项权力缺一不可。

（2）建立起约束机制和激励机制。首先，企业要有激励机制，这是企业的活力和生命力。企业要追求自己的扩大发展，从小到大，从弱到强。其次，企业要有约束机制。约束机制和激励机制是一个机制的两个方面，相辅相成，两者都应是企业的内在要求，而非政府要求企业怎样，政府激励企业去做。股东拥有所有权，企业法人拥有税后利润的分配权，这是一种既有激励又有约束的有效机制。用这两个标准来衡量，显然我们的企业差距很大。另外，真正的企业不见得就具有竞争力。所以说，建立现代企业制度面临着两个任务：一是使我们的企业回归到真正的企业；二是要使企业具有竞争力。我认为，企业具有竞争力的标志有如下几个。① 经营绩效佳。企业经营有业绩就能生存。② 用户满意。如果用户不满意，当出现新的竞争者时，企业就会垮台。③ 员工效率高。效率能带来效益，这是企业的生命线。④ 创新精神。一个企业要生存发展，必须具备创新精神，能够启用新人才，不断开发利用新技术、新工艺，生产新产品，占领新市场。

3. 政府

政府是市场经济体制不可缺少的成分。在市场经济中，消费者是第一位的成分，企业是基本成分，企业与消费者是供求关系，两者共同构成市场经济的基本关系。市场经济的基本规律就是供求关系规律。研究供求关系的规律是企业的基本任务。市场经济体制不是无政府的体制，但市场经济体制下的政府也不是计划经济体制下的政府。由计划经济到市场经济，同样是“政府”一词，但含义发生了变化，我们称之为政府职能的转变。我认为，改革开放已经十多年了，现在只提政府职能的转变远远不够，政府职能转变滞后的深层问题是政府机构改革。市场经济的三个成分都应予以重视，这三个成分就是三大利益集团。消费者包括生活资料的消费者和生产资料的消费者，消费者购买产品，接受服务，都是为了自身的利益。如果没有利益的驱动，消费者是不会去消费这个产品的。同时，政府也是个利益集团，在中国这样讲不容易理解，但在国外是公开承认的。我认为，不讲清楚这个问题，政企是难以分开的。政府代表企业的利益，那还怎么能够政企分开！消费者、企业、政府是三大利益集团。在这三大利益集团的关系中，从长远来说，企业与消费者的利益集团关系是最基本的利益关系。企业有了消费者就能生存发展，企业与消费者的利益关系构成了市场经济体制下永久性的利益关系。随着中国市场经济体制的建立和完善，企业与消费者的利益关系会越来越重要。另一层关系是企业与政府的关系。我们也须从两方面来看。首先，从市场经济的本来含义来看，应该说企业向政府交税以后，不再跟政府发生更多的直接利益关系，企业与政府的利益关系就表现在交税，市场经济体制的标志就在这里。这是从长远来看。其次，从眼前来看，特别是从中国现阶段来看，企业与政府还有错综复杂、千丝万缕的利益关系，这种利益关系在计划经济体制向市场经济体制转轨时期难以完全消除，构成了改革的一个难点。如何处理政府与企业的利益关系，我认为主要存在两个难点。一是扫除思维障碍，变革旧观念。在以往的观念中，政府代表了全国人民的利益，当然也代表了企业的利益，企业搞不好，政府当然要管。我认为，这个观念要变革。政府、企业是两个利益集团，各自有各自的利益。现在有些用语不当，如“搞活企业”，谁来搞活企业？政府来搞活？我们搞了 18 年都未搞活，就是因为是政府来办企业，不是企业办企业，企业自己缺乏内在要求。对于建立现代企业制度，目前许多企业并没有积极性，这很可能使现代企业制度走过场。因此，关键的问题是要建立起有效的企业内在机制，使企业具有内在利益的驱动。二是调整利益关系。政府与企业既然是利益关系，就需要调整。政府与企业的关系在一定意义上是权力的再分配、利益的再调整。如果不解决这个认识问题，就仍然是政府来办企业，而不是企业办企业。这是我们实现政企分开的理论基础和思想武器。

二、现代企业制度对政府职能的要求

职能即工作之意。由此来看，政府职能含义广泛。在此，仅从建立现代企业制度来谈对政府职能的要求，即在建立现代企业制度过程中政府要做哪些事。政府职能的现状是，该做的事没有做，或者是没有做好，而不该做的事又大量地、习惯性地做了。现在政府做的很多事情都是几十年计划经济体制下延续下来的。建立现代企业制度，政府到底应该做些什么？根据多年的研究，我认为，主要有如下方面。

（1）政府要维护消费者的利益，这是政府的首要职能。当前，我国市场存在的问题归纳起来八个字：假冒伪劣，坑蒙拐骗。其直接的受害者是消费者。这里，消费者是广义的，企业作为消费者也可能是受害者，政府本身也可能是受害者。在假冒伪劣、坑蒙拐骗的环境中，只要你采取消费行为，就有可能受害，要么是金钱受害，要么是财产受害，要么是人身安全受害。政府对消费者利益的维护远未达到应该达到的要求，这叫打击力度不够。据我调查，现在不仅是打击力度不够，还有某些地方政府搞地方保护主义进行“假打”。这种现象不消除，政府能做什么呢？能够把企业引导到哪个方向呢？这种有组织的做假，能够带来地方利益，你能说政府不是利益集团吗？云南玉溪烟厂的同志曾对我讲，市场上的红塔山香烟，有些地方是假的。去年，他们厂花了 4000 万元打假，结果是越打越多，主要是一些地方保护主义在作怪。今年他们准备花 1 亿元来打假。消费者受到损害无处控告，控告没有下落，此类案件越来越多，这主要是因为没有引起政府的足够重视和注意，是政府失职的一种表现。

（2）政府要维护企业的合法利益。企业是追求利润的集团。出于追求利润的动机，它也可能损害消费者的利益，这就属于违法。维护企业合法利益的一个重要内容就是正确处理好政府与企业的利益关系。这个矛盾的主要方面在政府。政府应该维护企业的合法利益，如果政府损害了企业的合法利益，企业就会通过非法的渠道来获得它应该获得的利益，如此下去，整个社会就会失去秩序。市场经济讲究规则，按规则获得的利益应该受到保护，而不按规则获得的利益应该受到打击。

（3）政府要协调消费者与企业之间的利益冲突。企业应维护消费者的利益。有些企业损害了消费者的利益，就需要政府出来解决这个问题。这里讲的政府，已不是传统意义上的主管部门，因为在市场经济下，它已经失去了协调企业与消费者利益的能力。应该有一种新的政府形态来维护、协调企业与消费者的利益关系。

（4）政府要协调企业与企业之间的利益冲突。企业在市场竞争中主要面对两类人物：一是消费者；二是竞争者。企业为获得自身的利益，可能会损害竞争者的利益。这时，政府的职能就在于协调企业与企业之间的利益冲突，主要是维护市场公平、公正、公开的竞争秩序，政府只做裁判而不介入企业的利益。当企业之间发生利益冲突时，政府必须站出来说话。比如，企业做广告时如果损害了其他企业的利益，政府就应严肃、有力地解决这个问题。

（5）要健全和完善社会公益事业和社会中介组织。社会公益事业是非营利性的，包括教育、文化、医疗、公共设施、道路、市政建设等，这些事情不应要求企业去做，应该主要由政府来做。社会中介组织，包括会计师事务所、律师事务所，还有各种民间行业协会的协调组织，属于社会中介机构，它既不是政府也不是企业。总体来讲，市场解决不了的问题，企业和行业协会不能做的事，应由政府来解决或承担。

（6）政府通过法律手段和宏观调控手段指导企业健康发展。企业毕竟是企业，不可能都站在国家的角度来看待国家利益，站在国家的角度来看待国家利益是政府的事。企业能追求它的利润、利益，但不能违法。政府应该引导企业健康发展，或者叫间接管理，国外叫管制，管制就是间接管理。政府既不直接对企业指手画脚，也不撒手不管。其根本界限在于政府是通过法律手段和宏观调控手段来引导企业的健康发展，而不是任其自流。

关于法律手段，应解决如下问题。①要确立市场经济的法制观念，加强法制建设，完善法律体系。从总体来讲，加强法制建设，一是要废除那种所谓政策性的习惯做法，建立公平、公正、公开的市场竞争秩序。以往解决企业问题靠给予优惠政策，采取政策调整，这种做法在某种情况下是可以的，但从全局来看，不符合市场经济体制的要求。二是要建立平等、等价、自愿、诚实、信用的市场行为规则。②立法机构和执法机构应分开。立法机构要反映整个社会、市场经济的利益，不应受政府具体行为的左右。执法机构要坚决贯彻执行法律，任何部门、任何官员都要贯彻法律。目前中国在此方面存在的问题，一是有些法律，如维护消费者的法律缺乏；

二是执法不力。如果政府执法不力，那么法律制定得再多也无用。

改善法制环境，大力加强法制建设。与企业直接有关的法律有以下几点。① 保护消费者利益的法律。其中关于食品和药品的法律应该格外严格，目前中国这方面的法律很不严格。我认为，县以上的政府应设立消费者保护机构，接受和处理消费者的投诉。现在仅靠民间机构是不够的，这属于政府的职能。现在政府机构该有的机构没有，不该有的却大量存在，致使各种名目的检查、评比太多。而消费者利益受到损害却投诉无门，政府有责任对损害消费者利益的事一查到底，狠狠打击。② 禁止垄断，维护平等竞争的法律。我们应通过法律防止大公司、大企业垄断市场，垄断价格，瓜分市场，强迫消费者接受搭配销售等，保护企业之间公平、合理的竞争。垄断会产生落后和腐败，但规模经济还是必需的。我们现在两方面都存在问题，规模经济没有形成，竞争也没有充分显示出来，行政垄断代替了规模效益，弊端很多。③ 环境保护的法律。④ 职业规范的法律。对于涉及消费者利益的职业必须进行直接的规范，对于特殊职业应有严格的从业要求，如律师、会计师、医生、护士、药剂师、厨师、食品加工人员等。⑤ 保护职工权益不受损害的法律。

关于宏观调控手段，政府应掌握运用好六项手段。① 财政手段。主要是建立健全税收体系，运用税率杠杆指导企业健康发展。② 货币手段。主要是运用利率、汇率及公开市场业务，协调货币政策与财政政策。为此，须加快金融体制改革，建立起银行的自我约束机制。其改革内容主要包括：一是加快银行商业化的步伐；二是实现利率市场化、公平贷款，打破所有制、地区、行业界限；三是实现专业银行股份化，扩大银行资本金来源；四是大力发展非银行的金融机构；五是实现银行行为的法律化，杜绝银行利用信贷资金炒股票，搞房地产。政府在这些方面做得还不够。在我国，银行商业化的最大障碍是现代企业制度未建立起来，国有企业对银行的依赖性大，国有企业改革不到位，企业大量占用银行的资金，利息、本金难以偿还，造成银行大量的坏账、呆账。因此，要使银行商业化，必须加快国有企业改革，尽快摆脱国有企业对银行的这种依赖性。同时，政府应转变职能，不能直接为企业搞贷款。银行最怕政府去现场办公，现场政府官员一句话，银行就得给企业贷款。应杜绝为企业向银行提出无息、减息甚至免还贷款要求的干预行为。另外，银行的机制要转变。③ 采购手段。国家的财政支出也是一种消费行为，在很大程度上影响企业行为。因此，从这个意义上说，政府应建立起有效的国家采购体系，这是政府调节企业行为的重要手段。它主要有两方面内容：一是政府办公用品的采购，包括自动化设施、纸张、文具等，应通过一种责任制来进行，而不是采取像现在靠发红头文件、控制集团购买力等效果不大的做法；二是军用物品的采购，政府应与企业签订合同订货，这样既有利于军工企业提高效率，明确责任，也有利于明确政府的责任。军费支出是国家财政支出的很大一部分，只有通过建立国家采购体系，实行订货制度，才能提高效率和效益。国家采购体系已被国外发达国家证明是一种有效的调控手段。④ 农业援助体系。世界上几乎所有市场经济发达的国家都对农业采取特殊的政策。我国尽管一直强调农业的基础地位及重要作用，但并未真正按其规律性来解决农业问题。农业具有两个重要特点：一是农业作为产业，其资本的有机构成低于工业，农产品价格变化的速度要比工业品快，农产品在与工业品的交换过程中总是处于一种不能获得平均利润的劣势地位；二是农产品是生活必需品，是工业原料的重要来源，农业是人类生存不可缺少的部门。由于农业具有这两个特点，因此应给予农业补贴、补助，建立一套有效的农业补贴体系，这是一种相当重要的宏观调控手段。⑤ 维护社会公平。市场功能着眼于效率、利润，市场只能解决追求效益最大化的问题，而无法解决社会公平的问题。在市场中，可能有人一夜之间发财，但也可能有人长期处于贫困之中，市场会带来贫富差别，甚至两极分化，政府有责任维护社会公平，这是政府的一个重要职能。这涉及效率与公平的问题。个人报酬体现效率，政府可通过个人所得税缩小差别。建立和完善社会保障体系是政府极其重要的职能。⑥ 维护社会治安。维护企业的正常运行，维护消费者的正当利益，必须要有良好的社会治安状况，它不是靠一时“严打”能解决的，而要形成一种持久有效的手段和法制环境。

三、现代企业制度的基本内容

现代企业制度有三个基本内容。第一，现代企业产权制度。现代企业产权制度就是要解决国有企业产权不清的问题，实现产权清晰。第二，现代企业组织制度。现代企业组织制度就是要解决国有企业内部权责不明的问题，实现权责明确。第三，现代企业管理制度。现代企业管理制度就是要解决国有企业管理落后的问题，实现管理科学。建立现代企业制度必须从这三个方面入手。

产权明晰、权责明确、管理科学这三方面内容之间的关系可用 16 个字概括：相互补充、相互联系、缺一不可、统一整体。

产权明晰、权责明确、管理科学三者与政企分开的关系：政企分开是三者的前提和基础；政企分开具体表现在这三个方面。

当前政企分开的难点，就是建立现代企业制度的难点。现代企业制度的三个方面都有各自的难点。其中最大的难点是产权不清晰，当前的焦点是国有资产的投资主体不明确。在计划经济体制下是国有企业老板缺位，现在是都争当老板。而争当老板的着眼点又在于抓住国有资产权力，却不承担对国有资产的责任。任何权力都必须受到约束。不能只有权力而没有责任。不受约束的权力会导致腐败。这种争当老板的现象，正表明产权不清，清晰了就不用争了。具体讲，主要矛盾是国家控股公司与大型企业集团争当国有资产的投资主体，争当老板。这一矛盾的解决，就要靠政企分开。问题是否真正得到了解决，最终要看是否有利于国有资产的更好利用，是否有利于企业的发展。国有资产投资主体尚不明确，构成产权不清的焦点、难点。政企不分表现为政资不分，因此，政企分开必须政资分开。明确国有资产投资主体，主要是处理好股东与企业法人的关系，建立规范的公司法人治理结构。政企分开的第二个难点是权责不明确。其焦点是企业人事制度的改革。按照现代企业制度的要求，由股东大会选举董事组成董事会，董事会聘任经理，实际上意味着取消任命制。我们传统的人事制度是任命制。如何用聘任制取代任命制，是人事制度改革必须解决的一个问题。企业没有行政级别，企业人事管理也不套用政府官员的行政级别，否则，弊端很多。第三个难点是管理不科学。管理科学的标准是什么？我们可以看到一种现象，许多国有企业过去被评为先进企业，现在却成为亏损大户，形成一种巨大的反差。如果说管理得好，为什么经不起市场经济的考验？我认为，管理制度最基本的内容，就是要面向市场，面向消费者，对市场、对消费者负责，而过去企业只对政府负责。

因此，管理科学面临制度性的转变，这本身就是政企分开的具体表现。企业内部管理的事政府不要涉及。政企分开，重点在分，难点在政。总之，我认为，这三个难点解决了，政企就真正分开了。

［原载中国行政管理学会编:《建立现代企业制度与政府管理现代化》，北京，知识出版社，1996］

资本营运与国有企业改革（上）

一、资本营运的基本含义

企业的资本营运就是把企业所有的有形资产和无形资产变为可以经营的价值资本。企业的资产有双重的身份，一重身份是它本身在经营过程当中作为一种要素存在，生产出新的产品；另一重身份是这些资产本身又可以作为经营的价值资本存在，可以通过优化配置活动，如收购、兼并、重组、参股、控股、交易、转让、租赁和其他的多种途径进行有效的经营，实现最大限度的资本增值，这就是资本营运的基本含义。

对我们中国国有企业来说，对资本营运的认识大致经历了三个阶段。第一个阶段，就是在 1978 年改革开放以前，中国的企业尤其是国有企业，是生产决定一切，生产支配一切，整个企业是以生产为中心，有了生产就有了一切，这是 1979 年以前中国企业的基本状况。第二个阶段，是 1978 年改革开放以后，20 世纪 80 年代期间可以说中国的企业提高了对营销的重要性的认识并付诸实践，即开始重视资本的价值实现和增值。第三个阶段，20 世纪 90 年代以来，中国的企业进一步认识到资本营运的重要性和财务的重要性。也就是说不仅要有生产，还要有营销，而且要有资本营运的观念。20 世纪 90 年代以来，中国的企业进行了资本营运。党的十五大以后，中国的资本营运又被推向了一个新的高潮。

因此资本营运与产品经营的最大不同是看资本是否实现了最大的价值。资本营运对企业的要求更高了。随着资本营运的重要性的提出，财务管理在一个企业的所有管理中所处的地位也越来越重要，越来越高。我们过去讲的财务管理只是指算账，过去是算老账、算死账；市场经济的财务管理应当说是算新账、算活账、算未来的账。财务管理的职能最重要的就是要资本营运，它要筹集哪些资金，运用哪些资金，这些资本如何更好地增值。所以资本营运也就是以资本增值为目的。资本的增值又是以资本的保值为基础的，因此资本保值增值的概念不是一个特殊要求，是资本的本能要求。

二、资本营运与一般产品经营的区别

资本营运强调的是运营资本，是资本增值。营运的重点是加速资本的周转，尽量缩短物流在各个环节的流动时间，最关注的是投资的效益和资金的循环、增值。所以资本营运与产品经营的第一个区别，是关注的营运对象不同。在以往的产品经营观念下，只要有项目就是好事；资本营运则不同。资本营运不承认捞到一个项目就有好处，关键是看这个项目有没有效益，资本循环当中能不能增值。资本营运要求制止无效的投入、无效的项目，要想办法把资金用于挣钱的产品和行业。在一般产品经营的观念下，它运营的对象是产品，供应的重点是物流，习惯于围绕产品来决定企业的命运，最担心的是没有东西可生产，它不担心生产的结果如何，因此它是片面追求产量，盲目扩大规模，这是一个本质的不同。如果我们不能把这个区别开来，就无法去从事资本营运。第二个区别，资本营运最关心的不是多要资金，而是用好资金。在资本营运的观念指导下，企业的生命力在于资金周转的速度，在于存量资产的流动与重组，这是它的生命。这就要求存量资产应该流到回报率更高的产品和行业上来，从而获得增值的契机，使资本增值。在过去传统的产品经营的观念下，它注意的是资产增量的投入，最着急的是贷不到款，买不到原料，而对资产的运用效益往往看作是第二位的。所以在产品经营的观念下，企业习惯于在既定的范围内自我配套、自我完善，不愿意接受资本流动，认为资本流动就破坏了原来的那个观念、那个模式，不愿意承认资产重组可以增值的事实，甚至认为只要东西在就是保值；而资本营运不是这个观念，东西在也可能就是贬值，因为没有带来新的价值。第三个区别，资本营运着眼于用比较少的资金来调动更多的资金和资本，是开放性的经营；而传统的商品经营总是盯着本厂，自我完善，自我配套，自我方便，搞大而全、小而全，不计算投入产出效益。第四个区别，资本营运是为了保证资本投入的安全，力求减少资本投入的风险，在可能的情况下，尽量分散产业的风险、产品的风险；传统的产品经营思路往往是依靠单一性的产品经营来保护自己的全部利益，而对有效的投资往往是怕别人沾边，自己把风险全部担起来，结果是以失败而告终。第五个区别，是在资本营运的原则下，企业不追求没有效益的先进技术，不是技术越先进越好，关键是看这项技术投入能不能带来高回报率，这是决定采用不采用这项技术的前提。我们现在讲的高新技术很重要，但并不是越高越好，越新越好，这完全取决于此项技术上投资的回报率如何。能够明年用的钱，绝不在今年花；能利用别人的钱，绝不花自己的钱；能利用别人的成果搞出来的产品，绝不自己再去搞。它事事时时都以效益为中心，所以资本营运把效益为中心推到了最前面。而产品经营的思路，往往片面地强调技术的先进性和超过别人，习惯于什么都自己干，习惯于搞填平补齐，忽略能否给自己带来利益。

三、资本营运与产业经营的关系

资本营运与产业经营之间的关系，是二者不能割裂开来，更不能对立起来，在强调资本营运的同时，不能忽略产业经营。我们在强调财务管理的同时，不能忽略生产管理和营销管理，更不能把它们对立起来，强调财务管理而放松生产管理、营销管理，特别是对于产业性企业来说。从资本营运中资本价值形态变换的过程看，经营有两大类企业——产业性企业和投资性企业；对于投资性企业来说，资本营运就是它的一切业务的中心；对大多数产业性企业来说，则要增强对资本营运的重要性的认识。但不能有片面性，不能说抓资本营运，产业经营就不重要了。它们的关系，应当是彼此补充、相互结合。就是说我们强调资本运营的重要性，不能排斥产业经营。这里讲的产业经营包括生产经营和营销经营，因为现有生产企业、流通企业等各种企业很多，所以要彼此补充、相互结合。其中，产业经营是基础，资本营运只有在产业经营的基础上才能搞好，如果丢掉产业经营，单纯的资本营运不仅对产业性公司来说成效不大，对证券公司、金融公司、投资公司等也不利，因为如果这类公司太多，没有自己的产业作后盾也会垮的。

四、国有企业如何实现有效的资本营运

就我们国家现在国有企业的状况来说，要使它能够有效地进行资本营运，需要解决几个制度性的问题。

（1）要明确国有资产的投资主体。当前我国对国有资产投资主体正在进行改革试点的有这么几种形式：第一种形式叫国家控股公司，1994 年 10 月在国务院召开的全国企业制度试点工作会议上，国务院领导宣布了三家国家控股公司——中国石化工业总公司、中国有色金属工业总公司、中国航空工业总

公司；第二种是以深圳为代表的投资公司；第三种就是国有资产经营公司，以上海为代表，将主管局改为国有资产经营公司；第四种是有条件的集团母公司改为国有资产投资主体。现在比较麻烦的就是国有资产投资主体的责、权、利相结合的机制建立问题。现在我们的情况是：有权力的没有责任，有责任的没有权力。资本营运的前提是资本的责任制。现在国有资产的根本问题就是没有责任制，没有明确责任。政府不负责任，企业也不负责任；政府负责任，企业也负责任。谁都负责任，谁都不负责任。在这种状态下搞资本营运，其效果必然要受到限制。

（2）要变现在国有企业单一投资主体为多元投资主体。资本运营要建立在多个股东、多元投资主体的前提下，因此多元投资主体是国有企业改革的方向。这个方向最重要的表现就是公司制，而公司制当中又以有限责任公司和股份有限公司为基本形式，国家独资公司这种形式只能是极少数特殊的行业、特殊的产品，不能普遍地搞，如果普遍地搞成国家独资，这个资本运营是不能成功的，终究要走过场。现在我们搞得太多，国务院试点的 100 家现代企业中，有 83 家搞成了国家独资公司。这是一种失败，这是一种走过场。国家独资公司不是一种成功的形式，它的基本形式应该是多元投资主体的公司，资本营运应该建立在多个股东、多元投资主体的基础上。

（3）要明确企业法人财产的责任和权力，要区分股东的所有权和公司法人的财产支配权。可以从两个角度来看资本运营。一个是站在股东的角度来看资本运营。从股东角度讲，股东拥有的是股权，是价值形态的资本所有权。而企业法人的财产支配权是和股东的所有权分离的。公司可以以法人的名义支配其全部财产，在支配财产的过程中就包含了资本营运的观念。资本营运的主体可以有两方面：一是股东；二是企业法人。这两者有联系，但角度不同。我们现在讲的资本营运是哪一个主体的营运，这个问题要搞清楚，因为各有各的权力，各有各的责任。股东拥有的是所有权，他能够营运的就是转移他的股权，他只能把股权拿到资本市场、证券市场上去转移，股东没有直接去支配企业法人财产使用的权利，这个必须明确，否则资本运营又搞乱了，那就等于说股东又要决定企业的一切命运，那不可能。企业法人财产的权力最主要的是对法人财产的支配权，包括它的使用权、占用权等，它是实物形态和价值形态的统一。企业法人有权支配实物形态的资本，把它用于生产过程；同时可以把它看作价值资本，把它卖掉，处理掉，然后再换成另外一种实物形态。这些股东不得干预，这个权力是企业的权力、法人的权力，而这个问题我们也没有解决。国有资产最明显的问题就是政府可以支配企业的一切，可以调拨企业的设备，从而违背了资本运营起码的前提。如果不解决这个问题，资本运营可能又是一片混乱，又是一种不规则、不规范、无序的状态。现在资本运营在中国很多是无序的状态。导致这种状况的就是还有一些基本的原则没有搞清楚，或者说基本的法律在中国还不健全。

（4）企业资产要实行价值化管理、流动化管理、市场化管理，革除传统国有企业的实物化管理、固定化管理、行政化管理的弊端。我们国有企业的资产长期以来是实物化、固定化、行政化管理，这种管理方法适合计划经济体制，但不适合市场经济体制。市场经济体制的资产实行的是价值化管理、流动化管理、市场化管理。只有价值化、流动化、市场化管理，才能出现资本的流动，实现资本的保值和增值。因此价值化、流动化、市场化管理是资本运营的前提条件，只有革除过去的实物化、固定化、行政化管理的弊端，才有可能实现资本优化配置的流动，收购、兼并、重组、参股、控股、交易、转让、租赁等各种流动的形态才可能出现。

（5）要建立完善的法人治理结构。法人治理结构是企业资本营运的组织保证。不能设想没有一个完善的法人治理结构，可以有效地从事资本运营。最重要的问题就是要明确企业以公司为代表的决策机构、执行机构和监督机构。公司的股东会、股东大会是最高决策机构，董事会是常设决策机构，这两个决策机构都有权对资本营运做出决策。应当明确经常性的决策由董事会来做，即由董事会决定谁来进行资本营运；执行机构的任务就是执行决策机构的决策，包括资本营运的决策和产业经营的决策，执行机构必须明确个人负责制，所以它强调的是经理负责制、总经理负责制；资本营运要受到监督，所以必须有监督机构。总之，在企业法人治理结构方面这三个机构必须完善，它们是相互统一、相互制衡的关系。我们不能把简单的传统的国有企业的厂长负责制拿来搞资本营运，因为厂长负责制的含义不清楚，它是决策机构还是执行机构？它既决策又执行，所以它无法搞资本营运。而一旦在法人治理结构不完善的情况下去搞资本营运，可能损失更大。资本营运本身是一件好事，但能不能做好，完全取决于在什么样的思路和制度下做，这种好事办坏了的例子多得是。因此，我们要保证把好事办好，就要有组织保证，法人治理结构是不可或缺的。

（6）要把资本营运的效益与产业经营的效益结合起来考核，二者不可偏废。我们过去是单纯考核企业的产品经营，只要完成产品任务，资本是不考核的。我们现在强调资本营运，有可能只考虑资本运营，而不管产业经营，这是不行的。必须把两者结合起来考核。这就要修改我们财务考核的指标。财务考核的指标应该体现资产经营，即资本营运与产业经营结合起来考核的市场经济原则。现在的财务指标考核，还不适应资本营运的要求。要适应就应该与国际接轨，按照国际惯例来考核我们的资本营运。在资本营运这个财务指标的考核上没有中国特色这一说，因为资本都是共同的，只要有企业就要有资本。

要搞好资本营运必须与国有企业改革结合在一起，尤其是要与国有企业产权制度改革结合在一起。两者是相互促进的。国有企业产权制度改革可为企业的资本营运提供制度保证，而资本营运可以推动国有企业的改革，尤其是产权制度的改革，也包括其他各项管理制度、组织制度的改革。但是不能等待，不能等产权明确后再搞资本营运，因为现在国企改革还有一个过程。当然留给国有企业的时间不会太多，可能也就是三至五年的时间，如果国有企业能够闯过这个难关，可能还能救活一批国有企业，否则，国有企业可能要面临极端危险的境地。实践已经证明，最近几年来，我们国家的企业，尤其是国有企业在资本运营方面也有取得一些成绩和成功的例子。比如深圳就有一些从事资本运营比较好的企业，康佳公司就是把资本营运与产业经营结合起来的一个典型。企业应该有几个方面的利润：一是产品利润，即企业从事生产活动，销售产品，产出大于投入的产品利润；二是技术利润，即由于开发利用新技术而获得的利润，如西门子公司 60% 的利润来自技术利润，它的技术利润大于它的产品利润；三是资本营运的利润，即通过兼并、收购、改组、重组等，同样的土地、厂房、设备带来新的价值，实现资本的增值；四是外汇的损益，即外汇汇率的变化给企业带来的收益或损失。一个企业的利润大致是这四部分的综合。而我们国有企业过去只有产品利润的观念，其他三部分利润的观念很淡薄，产品利润很大，但其他三方面没有利润，甚至有损失，还要弥补。当然我们现在一些国有企业还处于连产品利润都没有的状态，那就更困难了。因此在搞资本运营的时候，一个很重要的原则就是要同产业经营结合起来。康佳就是这样的典型，山东诸城车辆厂也是这样的典型。中国现在国有企业闲置资产太多了，太死了。资产应该始终处于流动当中，不是说盘活一次，以后就不要再盘活了，如果是这样那也会死的。因为资本的生命在于运动，资本只有通过运动才能实现保值增值。

[原载《经济与管理研究》，1998（3）]

资本营运与国有企业改革（下）

五、我们现在资本营运的思路

现在我们大致有两种思路：一种思路是通过资本营运解决国有企业不良债务问题，解决企业的亏损问题；第二种思路就是通过资本营运对国有企业进行战略性改组，优化国有资产的结构，提高企业的市场竞争力。前一种思路是出于现实的考虑或者说是站在政府的角度来说，更多的是解决眼前的问题；后一种思路是解决企业长远发展的目标问题，是站在企业的角度来看待资本营运的，是国有企业或者说是一般企业资本营运的根本任务。对于企业来说，资本营运的立足点首先要放在企业的利益上，企业是主体；同时要利用政府出台的可行的一些政策，争取政府的支持和扶持，不要使政府成为资本营运的阻力。要有开明的政府来促使企业达到目标，千万不要让企业背上新的包袱，不能一搞资本营运，反而形成新的包袱。现在对国有企业的资本营运，思路一定要明确：主体是企业，要由企业来决定是否进行资本营运，如何进行资本营运。当然要争取政府的指导，利用现在已有的政策。对政府来说，冲破条块分割，转变职能，开明一点，给予支持。比如，山东诸城跟北京汽车摩托车厂搞资产重组，因为是跨地区，牵涉两个地区的利益，如产品税收问题，怎么办？两地政府都应开明一点。我认为，现在政府对企业应该采取“不求所有，只求所在，只求所得”的态度。“不求所有”，就是这个企业不一定是归我这个城市条条管；“只求所在”，就是你在我这个城市，帮我解决一些就业问题就行了；“只求所得”，主要是指挣了钱给我交税，对我有好处。

另外，在企业内部，我认为应该明确股东与企业法人的关系，特别是企业集团、集团公司与子公司的关系，这非常重要，实际上许多资本营运是在一个集团范围内进行的。集团母公司和子公司的关系是这样的。作为母公司来说有两种情况：一种是纯粹的控股公司，也就是说这个公司只有资本营运的功能；第二种是混合的控股公司，就是说这个母公司既有对子公司控股的职能，又有业务上的关系。母公司多数是这种混合的控股公司。因此，这类母公司与子公司一要处理好资本的关系，即产权的关系；二要处理好业务的关系。这两者的关系是既有联系又有区别的。作为资本关系，子公司大概有以下三种情况：第一种是全资的子公司，即独资公司，它的全部资本都是母公司投资的；第二种是控股的子公司（控股子公司又有两种情况：一是绝对控股，母公司在子公司控制了 51% 的资本；

二是相对控股的子公司）；第三种是参股的子公司。所谓参股子公司，就是母公司在子公司中不处于控股的地位。这三种情况下，资本营运的状况是不同的，这牵涉到母公司对子公司的权力、责任和利益的大小的调整。一般来说，资本营运最后要形成母子公司的关系，然后就是业务关系，包括生产上的关系（子公司为母公司生产零部件）、销售上的关系（子公司是母公司的代理商、销售公司）、技术上的关系（子公司接受母公司的技术投入）、信息上的关系（母公司是个信息中心，为子公司提供各种信息）。所以资本营运跟其他的业务上的关系要结合起来，也就是我刚才讲的资产经营的效益要和产业经营的效益结合起来考虑，要实行集团化。

六、当前资本营运和国有企业改革中的几个难题

第一个难题就是资本从何而来。我们现在搞资本营运，资金从何而来？利用现有的资金，也就是说用少量的资金来盘活更大的存量，固然很好，但这个少量的资金怎么来？银行贷款没有这一项。所以我认为要改革金融体制，想更多的办法来解决这个问题。

第二个难题就是跨地区的资产重组、跨行业的结构调整如何结合起来进行。我想，在进行体制改革的同时，企业应更多地利用中介机构。在跨地区的资产重组中，要加强立法，加大执法的力度。比如甲地的企业要兼并乙地的企业，涉及两地

的利益关系，由谁来判决，执法机构要明确。应该走向法治化，改变现在这种人治的状态。人治只能是关停并转、行政划拨，它不是真正的资本营运。我们的资本营运应该按照市场机制、市场经济的规律来进行。

第三个难题就是人员的问题。现在有人说，资产重组中资产本身倒好办，而人员问题难解决。中国现在就业问题在一定意义上可能是比资本营运还要大的社会问题，政府之所以提倡多兼并少破产，考虑的是社会安定和社会公平问题。我认为，在市场经济条件下，对企业来说，效率就是生命，效率决定一切。如果资本营运中不能提高效率，这种营运十之八九是要失败的，也就是说资本营运以后的企业效率必须高于原来兼并方企业的效率或被兼并方企业的效率，等于都不行。倘若是等于，也就是说原来企业就这么大，效率这么高，还过得去；现在扩大了，还是原来这个效率，那获得的利润就可能在行业的平均利润率以下，就可能要削弱竞争力。所以资本营运必须给企业带来更高的效率。效率是企业的生命线，企业没有效率就完了。国有企业现在存在两大问题，一是散，二是懒。国有企业现在不能把人的勤劳的一面调动起来，反而使人的惰性的一面滋长起来了。人多就不能保持高效率，如果我们把这种人多的现象还带进资本营运中，那最后肯定是要失败的，因为没有资本营运的前提——效益。所以在资本营运中必须精简人员。上海有条规定，就是兼并之前必须下岗 20% 的人员，我认为这个规定好。当然下岗会造成社会就业问题，这应由社会来解决，不要混在一起。市场只承认效率，市场本身不能解决社会公平问题。社会公平问题要由政府来解决，政府应该做市场不能做的事情。政府不能取代市场，取代企业；市场也不是万能的，企业也不是万能的。企业只讲究效率，企业不能解决社会公平问题。如果由企业来承担社会公平的责任，就会使企业的职能错位。企业如果为了维护社会稳定而牺牲效率，肯定办不好。企业只能保持高效率。

第四个难题是不断创新的精神。企业有没有竞争力就在于它有没有不断创新的精神，这个创新包括产品创新、技术创新、组织创新、管理创新。实际上资本营运也是企业创新的一个组成部分。市场经济如同逆水行舟，不进则退，不创新就会落后，甚至一个企业要自己否定自己。因为技术是不等人的，你能守住就守，守不住的，要不断创新，资本营运必须有利于企业创新机制的形成。

［原载《经济与管理研究》，1998（4）］

建立和规范公司法人治理结构

党的十五届四中全会通过的《中共中央关于国有企业改革和发展若干重大问题的决定》明确要求“对国有大中型企业实行规范的公司制改革”，并特别强调“公司法人治理结构是公司制的核心”，要“形成各负其责、协调运转、有效制衡的公司法人治理结构”。这是很有针对性的。从 1994 年开始的现代企业制度试点和国有企业公司制改革工作，取得了一定成效，但从总体上看，一些国有企业改制的效果并不理想。究其原因，主要是一些改制后的公司未能建立起规范有效的公司法人治理结构。所以，在今后的国有企业公司制改革中，如何规范公司法人治理结构是一个必须解决的核心问题。

一、所有者与经营者分离，是建立公司法人治理结构的前提条件

公司制企业实行所有者与经营者的分离，即所有权与经营权的分离，是公司制区别于其他企业制度的基本特征。所有

者与经营者分离，是建立公司法人治理结构的前提条件。公司法人治理结构的基本要求有两个方面：第一，要有明确的所有者和明确的经营者，两者的分离表明两者追求的目标存在差异；第二，在所有者与经营者分离的基础上，建立起两者之间相互制衡的制度关系，形成公司组织的整体利益。这是公司制的精髓所在，是公司制推动经济发展和促进科技进步的组织保证。

由此可见，在国有企业的公司制改革过程中，建立公司法人治理结构面临两方面的任务：一是实现所有者与经营者的分离；二是建立所有者与经营者的相互制衡关系。关于前者，即所有者与经营者的分离，实际上早在国有企业改革之初，我们就已提出了“所有权与经营权分离”，包括扩权让利、下放经营自主权、使企业成为自主经营的市场主体等诸多改革措施。但直到1994年现代企业制度试点和国有企业的公司制改革全面启动之后，仍未能真正实现所有者与经营者的分离，结果只能把政府“外部人监控”这种国有企业的固有弊端移入改造后的公司组织之中。关于后者，即所有者与经营者的相互制衡关系，由于国有资产的所有者缺位，未能建立起对经营者的激励约束机制，所有者与经营者的责任、权限、利益关系不明确，因此，在一些改制后的公司中又存在所有者失控的经营者“内部人控制”现象。这种既有政府强有力的对公司“外部人监控”，又有公司经营者强烈追逐的“内部人控制”的奇特现象，使得改制后的公司难以真正转换经营机制，增强市场竞争力。因而，为了建立规范的公司法人治理结构，必须加快国有资产管理体制改革，明确国有资产的所有者即国有股东，避免国有股东的权力与责任不到位或被肢解；必须加快政府职能转变和政府机构改革，实现政企分开，使改制后的公司真正成为法人实体和市场主体。

二、从组织制度上解决公司股东、董事、经理三者之间的分工与协调关系，设置公司组织机构，是公司法人治理结构的基本内容

根据我国《公司法》的规定，有限责任公司的股东会和股份有限公司（包括上市公司）的股东大会，是公司最高决策机构即最高权力机构。在公司法人治理结构中，股东会或股东大会的地位和作用是极其重要的。股东“用手投票”或“用脚投票”的机制和股东之间的相互关系，是公司法人治理结构的起点和终点。但是，由于国有企业过多地改为国有独资有限责任公司，难以真正设置股东会或股东大会，不能发挥股东会或股东大会的作用，致使一些改制后的国有独资有限责任公司沦为国有独资企业的翻版。还有一些国有企业虽然改制为有限责任公司或股份有限公司乃至上市公司，但因国有股东缺位和片面强调国有股的绝对控股地位，再加上国有股不能流通，证券市场尚待规范，导致股东会或股东大会流于形式。因此，总结

以往经验，国有企业的公司制改革，主要应改为有限责任公司和股份有限公司，符合条件的可改为上市公司；公司股权多元化有利于形成规范的公司法人治理结构，除极少数必须由国家垄断经营的企业外，要积极发展多元投资主体的公司；公司股东权利与义务的对等和股东之间法律地位的平等，是发挥股东会或股东大会作用的基本保证。

公司董事会处于公司法人治理结构的枢纽地位，对公司生存与发展具有决定性作用。董事会由股东会或股东大会选出，代表全体股东的利益，负责公司重大经营决策并检查其执行情况，包括制定公司经营目标、重大方针及管理原则；聘任经理人员，并决定经理人员的报酬与奖惩；对公司经营活动予以监控，协调公司与股东、管理部门与股东的关系；提出公司盈利分配方案供股东大会审议，等等。董事会实行集体决策原则，这有利于协调众多股东之间的利益关系，有利于保证决策的科学性与正确性，避免个人决策造成失误。董事长是公司法定代表人，但董事长不是作为自然人的个人代表，而是董事会这个集体的代表。董事长是董事会的召集人或主持人，对董事会有重要影响和作用，但董事会不能沦为变相的董事长个人决策机构。而且，除董事长是指定的公司法定代表人之外，还可由董事会决定某个或某几个其他董事作为公司的代表董事，对外签约具有法律效力，但不能由每个董事自行代表公司，而且代表董事之间必须相互协调，防止各行其是。董事会的职权与责任是一种对称关系，若是发生重大决策失误，给公司造成很大损失，则必须承担相应的受托责任。例如，1993 年美国公司 IBM 许多在位十年的董事会成员就因对公司重大决策失误负有责任而引咎辞职，董事会被重组。

公司股东会或股东大会与董事会的关系，是委托信任关系，即股东出于信任，通过股东会或股东大会，选举董事组成董事会；股东会或股东大会委托董事会，由董事会行使公司重大经营决策权。董事会的决策是对股东会或股东大会决议的执行。任何董事都要对公司尽忠诚之义务，不得把个人意志强加于公司及其股东会或股东大会。当发生涉及董事个人利益的关联交易时，实行当事人董事回避和披露的原则。对董事的法律约束和竞争约束，是使董事以所有者（股东）利益为己任的基本保证。股东会或股东大会与董事会是集体与集体之间的组织关系，不是股东与董事之间的个人关系。如果股东对某个董事不信任，可通过股东会或股东大会来表达意愿，或通过法律程序提出申诉，但股东个人不得直接干预董事行为。股东会或股东大会与董事会是权限的分工与协调关系，不是领导与被领导关系。公司法人治理结构的实质，是一种权力相互制衡的制度。对股东会或股东大会和董事会来说，都不存在不受约束的权力。这是现代企业制度中的新型权力结构关系。但一些国有企业改制后建立的公司由于沿袭了传统的权力观念，要么董事或董事会企图摆脱股东会或股东大会的约束，要么股东直接干预董事行为而使董事会职权受到削弱或流于形式，导致公司重大决策的混乱。

在公司法人治理结构中，必须设置专门的公司执行机构，即执行董事会决策的专门机构，以保证董事会发挥作为公司常设决策机构的作用，避免董事会陷入公司具体事务性工作之中，以利于董事会的决策得到坚决执行，并解决执行过程中的大量经营管理问题。由于改制前的国有企业厂长负责制含义不清，即决策与执行不分，因此，不能把厂长负责制的做法搬到改制后的公司组织中来。实行公司董事会与经理机构分设的制度，是公司法人治理结构的重要内容，不能把董事会与经理机构合二为一。为保证董事会决策的信息来源和充分准备，董事会在必要时可下设某种专业委员会，但这些专业委员会只能对董事会决策起参谋与助手作用，而不能替代专门执行董事会决策的经理机构。

公司执行机构实行经理（或总经理）个人负责制，这是与作为公司决策机构的董事会实行集体负责制的重要区别。公司经理个人负责制，是指以经理为首的公司执行系统均实行个人负责制。公司经理与副经理、公司经理与部门经理之间是领导与被领导的关系。领导是指权力的不均匀分配，被领导者必须服从领导者的领导。这同董事会内部的董事长与董事的关系是不同的。董事长与董事之间不是领导与被领导的关系，在集体决策过程中是平等关系。在公司执行机构中，必须建立以经理为首的一元化领导系统、指挥系统、管理系统，实行严格的个人负责制，这是公司法人治理结构极其重要的内容，是增强公司内部凝聚力和外部竞争力的重要组织保证。强调这一点，有利于防止改制后的公司陷入无人负责与内耗之中。

公司董事会与经理人员的关系，是委托－代理关系，即董事会委托总经理行使管理公司日常经营活动的代理权。总经理接受董事会的聘任和委托，在公司内部有管理权，在公司外部有诉讼方面和诉讼之外的商业代理权。总经理实行无任期制，有利于其树立长期观念，避免短期行为，坚定地执行董事会的决策，否则，可按程序随时召开董事会解聘其职务。20 世纪 90 年代初开始，适应日新月异的科技进步和日趋激烈的市场竞争，国外一些大公司董事会对首席执行官是否称职更加关注。当公司经营业绩达不到目标要求时，董事会必须从首席执行官那里得到解释和补救办法，否则，董事会就会撤换首席执行官。这是使公司不断创新和保持旺盛活力的重要机制。

三、建立起对公司经理人员激励与约束相结合的机制，是必须解决的重要课题

在公司的实际经营活动中，作为代理人的总经理，在董事会委托授权范围内负责处理公司的日常经营事务并拥有相

应的权限，与董事会之间不存在领导与被领导关系，这就使总经理的权力很大。因此，怎样建立对公司经理人员激励与约束相结合的机制，是建立和规范公司法人治理结构的重要内容。

在公司法人治理结构中，委托人与代理人的追求目标是不同的。作为委托人的董事会，要求经理人员尽职尽责，执行好经营管理的职能，以使股东能够取得更多的投资回报和剩余收入。而作为代理人的经理人员，追求的是自身人力资本（知识、才能、社会地位）的增值和提供人力资本从事经营管理所取得的报酬的最大化。所以，必须根据经理人员的经营管理绩效，建立一套行之有效的激励机制，包括实行基本工资、年度奖金、长期奖励（如股票期权）相结合的薪金报酬制度。与此同时，还必须建立与之配套的经理人员约束机制。其中最基础的是对经理人员的市场约束，包括商品或服务市场、资本市场（特别是股票市场）、经理人才市场的三重约束，形成一种压力和危机感，使得经理人员具有强烈的事业心和兢兢业业的工作态度，以免被市场淘汰出局，断送前程。但目前我国市场发育不完善、运行不规范，经理为行政任命，导致对经理人员市场约束的软化。目前国外一些公司在规范的市场约束基础上，正在采取针对公司“内部人控制”现象的反控制措施，包括董事长和总经理不能兼任；增加外部董事的数量，尤其是让有关专家担任董事；加强对公司经营的审计；董事会不但要得到总经理对公司业绩的事后报告，而且要对未来措施进行审议；扩大股东、董事、经理人员之间的对话渠道和提高对话频率等，已取得明显成效。总之，在公司法人治理结构中，建立起对经理人员的激励与约束相结合的制度，是今后我国国有企业公司制改革和建立现代企业制度过程中必须解决的重要课题。

［原载《人民日报》，1999-10-26］

中国大型公司与企业集团发展的关系

中国组建企业集团，与大型公司的发展有着密切的关系，综合起来，在此问题上应当注意三个方面。

首先，以大型公司为基础来组建和发展企业集团。这些基础分为以下四点。① 公司理论是企业集团的理论基础。企业集团的发展也要遵循单个公司规模扩张的成长理论和规模经济理论的指导。在存在行业限制和法律限制的情况下，企业集团只能是应运而生，弥补公司的不足，二者互为补充，而不能相互取代。中国许多地方的现状是离开了公司的基础，去拼凑企业集团，造成基础不牢固。这种做法只会失败，没有任何意义。② 公司组织是企业集团的组织基础。以大公司为核心来组建企业集团，集团的核心就是核心公司。无核心的集团被称为“签名式”集团，成立之日就是垮台之时。而多核心的集团容易产生矛盾和摩擦。所以既不能无核心，也不能多核心，只能建立单一核心的企业集团。这里企业集团的定义就是，以总公司为核心，包括子公司在内的经济联合组织。③ 公司管理是企业集团的管理基础。母公司和子公司必须各自管理好其内部事务，由于母、子公司是经济上的利益共同体，而非行政隶属关系，因此要以目标管理为基础，处理好二者之间的各种关系。④ 公司法律是企业集团的法律基础。企业集团必须遵守《公司法》及相关的《证券法》《投资法》《价格法》等，在此前提下，也可根据母、子公司的关系补充制定一些特殊规定。

其次，大型公司发展过程中必须解决好几个方面的问题。① 公司规模扩大的方式。应遵循规模扩大与效益提高同步进行的基本原理，可通过内部税后利润再积累、再投资，外部发行股票、债券筹资和兼并三种方式，根据市场经济体制的规模经济机制来实现公司规模的扩大。国外从 20 世纪 30 年代到 60 年代，用了近 30 年的时间走完了公司规模扩大的道路，而中国不可能再用几十年时间来走国外这条路，必须用创新来迎接新的挑战。② 成本降低。这是在公司规模扩大到一定程度之后必须解决的问题。完成了规模扩大的国外大公司在 20 世纪 70 年代都把成本降低放在第一位。③ 质量管理。在 20 世纪 70 年代解决了成本问题的前提之下，20 世纪 80 年代国外公司发展中的主要焦点就是质量管理。我国在 20 世纪 80 年代大量引进的国外先进管理技术多数都是与质量管理有关的。④ 20 世纪 90 年代的竞争焦点转移到了交货期的竞争。这要求企业在交通、通信等方面的改革要加速进行。⑤ 21 世纪将是知识经济的时代，公司的科技含量决定了公司命运，因此公司发展的关键是科技水平的提高。

最后，中国的大型公司在发展过程中还有一个特殊而又重要的问题，那就是制度创新。公司内部制度包括：① 产权制度；② 组织制度；③ 管理制度。目前这些方面都不完善，存在诸多缺陷。外部制度包括投资体制、金融体制、财政体制等。这些配套改革也还没有完成，表现为三个方面的问题有待解决：① 市场体系尚未完善；② 政府干预过多；③ 大企业与中小企业的关系仍须妥善处理。

[原载《四川大学学报》(哲学社会科学版)，2000（2）]

母子公司体制

规范条文

（九）建立母子公司体制。企业集团应按照《公司法》的要求建立母子公司体制，母公司对子公司依法行使出资人权利并承担相应责任。子公司应依法改制，建立规范的法人治理结构。

大型企业内部管理层次要科学、合理，除极少数特大型企业集团外，企业集团的母子公司结构一般应在三个层次以内。

条文解析

企业集团是以母公司为核心的包括子公司在内的经济联合组织。企业集团组织结构旨在解决母公司与子公司之间的关系问题。企业集团组织结构与公司组织结构的区别在于，公司组织结构是单一法人公司的内部关系，而企业集团组织结构是母公司与子公司法人之间的关系。在公司组织结构中，公司是法人，公司内部的分公司或其他单位不是法人，公司与分公司或内部其他单位之间的关系是单一法人公司内部的集权与分权关系。在企业集团组织结构中，母公司是法人，子公司也是法人，应当按照《中华人民共和国公司法》的要求来建立母子公司体制的控制与自主关系。

企业集团的母公司，在中国称作集团公司。关于“集团公司”名称的规范使用方法，应当注意：必须是拥有子公司的公司才能称作集团公司；没有子公司的公司不得自称集团公司；有子公司关系的公司不一定必须称作集团公司。目前社会上流行的“集团公司”“集团”“企业集团”之类的名称太滥，极不规范，不利于市场经济条件下公司经营活动的正常进行。应按符合国际惯例的跨国公司标准来组建和发展企业集团，这有利于我国企业集团建立规范的母子公司体制并增强国际市场竞争力。

企业集团母公司与子公司的关系，有两类情况：一类是投资，即母公司对子公司的投资；一类是业务关系，包括生产、销售、采购、技术、信息、人力资源及其他业务关系。一般来说，母公司与子公司之间既有投资关系，又有业务关系。如果只有投资关系而没有业务关系，实际上母公司是一种投资公司，对子公司起着股东的作用。

母公司投资于子公司的股份，视其在子公司资本总额中的比重不同，存在全资子公司、控股子公司、参股子公司三种情况。在母公司对子公司处于控股地位的情况下，包括绝对控股和相对控股，母公司可称作控股公司。对于只有投资关系的控股公司，称为纯粹控股公司；既有投资关系又有业务关系的控股公司，称为混合控股公司。国外跨国公司的一般特征是，母公司对子公司是相对控股的混合控股公司，其相对控股的比例大小视子公司股权分散化程度而有所不同，业务关系的方式多种多样，包括交易方式、分包方式、特许经销方式及类似的合同性契约方式等。

母公司对子公司的投资控制，主要是采取法律手段和经济手段，包括通过子公司的公司章程、建立和完善子公司的法人治理结构、行使母公司的股东权利以控制投资规模和投资方向、建立母公司对子公司投资业绩的评价体系，但应避免母公司用单纯行政审批手段直接干预子公司的自主权。母公司对子公司投资业绩的评价，既可运用绝对数量指标如股东收益额，又可运用相对比率指标如投资报酬率、股东权益收益率，还可采用经济利润的价值评价指标即用税后利润减去全部资本成本和负债成本之后为股东增加了多少价值。

企业集团母公司依法承担作为出资人的股东责任并享有相应的股东权利。母公司以其在子公司的出资额为限承担责任，并拥有参加子公司股东会或股东大会投票选举董事和表决重大事项的权利，享有分红权和优先认股权。子公司应建立规范的法人治理结构。子公司可依法投资于孙公司，但必须按规范的母子公司体制来建立子孙公司的关系。在企业集团母子公司的三层结构中，确保合并会计报表信息质量是极其重要的问题。在母公司公布合并报表时，应同时公布母公司及重要子公司报表，增强会计报表的可比性和一致性，使债权人和其他信息需求主体获取真实有用的会计信息。

母公司对子公司的业务控制，主要是通过转移价值、转让技术、商标、专利、信息沟通、人才培训及其他的交易方式来进行。母公司与子公司之间业务交易方式的选择，应有利于增强母公司的市场竞争力和子公司的市场竞争力，在维护母公司与子公司各自利益的基础上，形成企业集团的核心竞争力。企业集团的核心竞争力是指协调母子公司资源的知识和技能，是经过整合的母子公司的共同知识和技能，具有明显的市场竞争优势和持续发展的潜力，使竞争对手难以模仿。创新是形成企业集团母子公司核心竞争力的动力和源泉，具体表现在技术创新、战略决策、组织变革、反应能力、产品制造、市场营销、管理创新、新型人才诸多方面。

在国有企业重组上市过程中形成的存续企业与上市公司之间的母子关系极其复杂。由于计划经济体制下的国有企业是一个庞杂的混合体，是社会各类组织的基层单位，承担了大量的社会职能，必须对国有企业进行脱胎换骨的重组改制，按照主业与辅业分开、优良资产与不良资产分开、企业职能与社会职能分开的原则进行改制，才能组建新型的上市公司。而这些作为子公司的上市公司，与原国有企业即母体企业之间存在着千丝万缕的联系，甚至是唇齿相依的关系，再加上重组上市过程中浓厚的行政色彩和人际关系及其他非经济因素的影响，使得这类企业集团母子公司之间的关联交易成为当前和今后必须解决的一个突出问题。这类企业集团母子公司的关联交易，应当遵循母公司与子公司之间业务交易方式的选择原则，有利于充分利用企业集团内部的市场资源，降低交易成本，提高上市公司的经营质量和实现集团公司资本运营的目标。现阶段这类关联交易的形式包括关联购销、费用负担的转嫁、资产租赁、资金占用和信用担保等，对上市公司的经营效果和财务状况有不同程度的影响，存在集团公司索取型关联交易和集团公司付出型关联交易的问题，导致偏离市场交易规则的暗箱操作状况。问题的严重性还在于这类上市公司与集团公司的关联交易信息披露失真，掩饰非正常的交联交易，仅披露一些形式上的做法，不披露关联交易的实质性内容，使社会投资者难以了解到上市公司关联交易的真实情况。为此，严格实行这类上市公司关联交易的信息披露制度，是规范企业集团母子公司体制的重要内容。

［原载蒋黔贵主编：《国有大中型企业建立现代企业制度和加强管理基本规范读本》，北京，中国经济出版社，2001］

企业制度与战略管理

中国自 1978 年实行市场化改革和对外开放以来，企业管理的发展取得了很大成效。但是，与市场经济发达国家相比，中国的企业管理仍然存在着较大的差距。其中，最重要的是两个问题：一是制度创新，二是战略管理。中国的企业管理，从现象上进行关注的比较多，如产品管理、营销管理、生产管理、财务管理等，但为什么中国企业管理同国外先进企业管理还存在着较大的差距？从企业管理的本质来看，如果把企业比作一棵树，那么这棵树由三个部分构成：第一个部分是这棵树上的树叶和果实，这一部分相当于企业的产品、业务、技术等看得见的东西；第二个部分是这棵树的树干，相当于战略管理，企业管理里面的战略管理；第三个部分则是树根，相当于企业制度。中国现在抓企业管理，抓的是一些末端的问题，如开发一种新的产品或业务、采用一种新的技术，这个当然很重要。但是中国的企业管理相当多是短期行为，昙花一现。为什么呢？是因为它的树干不行，战略管理没有到位，企业的使命感不强。那么它的树干为什么不行，是因为它的树根没有水分，没有营养，不能吸收新鲜的东西，因而战略管理也是缺乏根基的，是动摇的。

因此，企业制度在一定程度上决定了战略管理，中国企业与国外企业的差距是制度性差距。中国的企业创新基本上表现在三个方面：理论创新、制度创新、科技创新，而其核心是制度创新。因为理论创新最终要落实到制度建设上，制度是保证。科技创新也很重要，但也需要有制度来保证。科技创新不是科技本身的问题，实质是人才的问题，而人才的背后则是体制问题，体制本身就是一个制度问题。从我国民营企业、国有企业的实际情况来看，目前面临着一个越来越突出的共同问题：制度建设和战略管理。

制度创新本身要解决的问题，首先是企业制度的划分。在计划经济条件下，企业制度的划分表现出四个特点。

第一，按所有制来划分企业。分为全民所有制、集体所有制、个人所有制。由于这种划分企业制度的标准与方法会导致企业法律地位的不平等，因此这种观念必须打破。

第二，按行政条条来划分企业。如机械厂由机械部来管，化工厂由化工部来管，这个问题又与政府有关，计划经济条件下的政府正是按部门来设置的。因此，计划经济条件下存在着行业行政化、政治化的问题，而行业应该是一个经济概念。这样，企业的战略管理由于隶属关系的存在，需经过批准才能付诸实施，因而也就没有战略了。因此，民营企业有战略管理，但国有企业没有真正的战略管理。国有企业的战略管理流于形式，这是由于国有企业不是利益体，没有自主权，没有制定战略管理的权力所导致的。

第三，按行政块块来划分企业。中国的地方保护主义极其严重，甚至在一定程度上国内的省际壁垒超过了国际壁垒，使中国企业的战略管理缺乏全国市场化的支撑。为什么地方保护主义如此严重，这就涉及体制问题了。由于企业归地方管，而地方有财政，要开支，那么再落后的产品也都会保护，否则它就没有办法过。因此，它与企业制度按行政地区划分有关，必须破除。

第四，按行政级别来划分企业。中国的企业是按行政级别划分的，很多企业领导人是在追求行政级别，并没有把精力用于企业的发展战略。虽然中共十五届四中全会已经明确了企业没有行政级别、企业领导人没有行政级别，但实际的人事调动还是按行政级别执行的，这就不配套。因此，中国的企业战略管理发展到今天还是一个体制问题，人事制度必须改革。

中国企业战略管理发展到今天，存在着三大难题：第一是产权问题，实际上是所有制问题仍然束缚着企业；第二是人事问题；第三是员工身份问题，国有企业是全民的，说他们是主人，但到了民营企业，又感到受剥削。企业发展中的许多问题都与行政级别有关，人的地位不是按照创造财富的价值来衡量，而是按照行政级别来衡量的。因此，必须破除上述四个划分企业制度的计划经济标准，立一个按企业资产所有者形式来划分企业制度的市场经济标准。所有者与所有制是两个不同的概念。按所有者形式的不同来划分企业制度，其最主要的优点是资产责任明确，谁出资，谁负责，谁受益，尤其是承担风险与责任。所以，资产所有者的概念是企业资产责任明确的概念。谁来创造财富，谁来积累财富，谁来对这个企业负责，跟他的直接利益相关。但国有企业不是这样的，它的资产责任与利益是脱钩的。因此，所有者与所有制是两个概念，所有制是资产责任不明确的概念，全民所有制企业、集体所有制企业到现在仍然没有人来负责；所有者是落实到个人、法人，由个人、法人来负责，因此企业资产所有者又是一个法律概念。

因此，研究企业战略管理，既要从经济学的角度进行，也要从管理学的角度进行，还要从法学的角度来进行，并且要将这三者结合起来。过去的情况是，搞经济的强调经济因素决定企业战略，如投入、产出、利润等；搞管理的强调资源配置组合，人、财、物、产、供、销等；但市场经济条件下的企业首先是一个法律问题，是一个法律概念。企业的法律意识要增强，因为市场经济是法治经济，企业问题是一个法律问题，按企业资产所有者来划分企业制度是一个法律概念。法律是保证，再赋予其经济学、管理学的内容，这三者相结合应该是我们研究企业制度与战略管理的创新点，是一个新的亮点、突破点。

那么，怎样按企业资产所有者形式的不同来划分企业制度？我认为未来的企业制度基本上朝着三类企业制度来建设：第一类，个人独资企业制度，即其资产归个人，责任由自己负责；第二类，合伙企业制度，如合伙的高新技术企业、律师事务所、会计师事务所等，由合伙人共同出资，共同管理，它的战略管理由合伙人共同来决定，不是个人说了算；第三类，公司制度，其战略管理要建立法人治理结构，组织机构要完善，要有股东机构、董事机构，要聘任总经理、职业经理。这三类企业的战略管理是有特点的，要区分开。因此，研究企业战略，要分别针对不同类型的企业来研究。

在各类企业制度中，最有代表性的、最复杂的，是公司制度。当然，个人独资企业、合伙企业都很重要，但个人独资企业、合伙企业发展到一定的规模就形成公司。个人独资企业、合伙企业发展到公司，它的战略管理必然要调整，否则就不能适应公司发展的要求。如浙江杭州，有很多民营企业正面临着寻找接班人的难题。这些企业原来是个人说了算或家族成员商量着办，即所谓的家族管理。但现在，这些企业发展为具有相当规模的有限责任公司和股份有限公司，原来的家族管理很难适应企业发展的需要。当然，对于家族管理，不能一概否定，但到了公司阶段，它的战略管理就需要调整，在组织上、管理上，就需要形成一套制度。浙江省的民营企业家提出，当初还管得过来，但现在由于资产多、人也多，精力顾不过来，用人又出了问题，非常困惑。实际上，是中国企业的战略管理没有过关。我的看法是，一个企业没有到三十年、五十年，不能对它下一个炒作性的论断。中国现在有许多经验是昙花一现，经不起历史的检验。因此，研究战略管理应建立在企业制度的基础上。战略管理本身具有战略性、长远性，研究战略管理本身也要有战略性、长远性。

研究企业战略管理，除了这三类企业制度之外，国有企业也是非常重要的。国有企业改制和民营企业建制，都是研究企业战略管理的组成部分。国有企业改制，应该着重解决如下四个问题。第一，股权多元化。解决这个问题就要大力发展个人股东即自然人股东和法人股东即真正的法人股东，而且股权种类要规范。第二，股权结构要合理。这个问题也是一个大难点，非常重要，因为股权结构决定了战略结构。第三，处理好所有者与经营者的关系，实行公司所有者与经营者分离的制度。第四，建立公司法人治理结构，这就是建立谁来制定战略和谁来实施战略的制度，这是个核心问题，这里面涉及公司与股东的关系、公司与消费者的关系，以及公司与社会各界的关系等。

国有企业改革要朝现代企业制度这个方向发展。就战略管理本身而言，需要解决如下几个问题。第一，发展与市场经济体制相适应的战略管理。目前，很多企业仍然是计划经济体制下的思维方式，仍然是眼睛盯着政府，忽略市场的作用，不能适应市场的要求。这个问题的实质是处理好企业内部条件与外部环境的关系。第二，处理好主营与兼营的关系。这里涉及专业化与多样化、单一经营与多种经营的发展关系问题。第三，处理战略管理同业务管理的关系。业务管理即具体的管理工作应该以战略管理为指导，但战略管理又必须落实到具体的业务管理过程之中。战略管理不能落空，成为不可捉摸的空洞口号。有了战略管理，还必须扎扎实实地做好企业各项管理工作。企业就是实干，就是行动，就是具体，就是细节，再好的战略没有细节也不行。第四，处理好战略管理中的制度建设与人的因素的关系，说到底是对人本管理，即以人为核心的管理怎么理解的问题。

以人为核心的管理应该重视三个方面的基本内容。第一，人的素质是决定战略管理的关键。第二，要有团队精神，要有企业文化。企业不应该搞个人英雄主义，不提倡突出个人。企业应该表扬具有团队精神的人，不要片面突出个人。单纯树立几个标兵是计划经济体制下的做法，市场经济强调企业所有个人的团队精神。第三，人的作用体现在制度建设上。制度与人的关系，我认为，制度是永恒的，人是暂时的；制度是持久的，人的作用是有限的；但人又是非常重要的，因为制度是由人来制定、由人来实施的。所以，制度与人的关系体现在两个方面：第一，制度是永恒的、延续的，人是暂时的；第二，制度是人来制定的，人来执行的，问题在于如何处理好这两个方面的关系，不可偏废。从总体上来看，中国企业管理上的问题是制度混乱、人的素质跟不上，这两个方面的因素都有，再加上这两方面的关系没有处理好，导致企业战略管理制定与实施过程中一些问题的出现。

另外，民营企业发展的一个关键问题是，怎么发展、怎么壮大，这里面有股权问题，即怎样突破个人股权的局限性，实现同生产社会化相适应的股权社会化；还有就是由谁来制定企业发展战略，民营企业也存在这个问题。

[原载《管理评论》，2003（6）]

企业制度与企业管理

一、企业制度与企业组织形态

对中国企业管理来说，企业制度是一个基本问题和前沿课题。中国企业管理与世界企业管理的差距，主要是制度性的差距，不是一般的管理方法上的差距。几十年来，中国抓企业管理，主要是靠推广管理经验和管理方法来解决。这种做法走到了今天有很大的局限性，主要是因为中国企业管理需要制度性的转变，首先需要解决在市场经济条件下企业制度如何划分的问题。

1. 企业制度划分的依据及形式

（1）企业制度划分的依据。企业制度划分是我国目前尚未解决的一个理论问题、法律问题和实践问题。我认为，企业制度划分的法律标准是依据企业资产所有者形式的不同来划分企业。

在中国要破除传统计划经济体制划分企业的四大标准。

第一，破除按所有制划分企业的标准。把企业按照所有制划分为公有制企业和私有制企业，为企业打上“姓资”“姓社”的烙印，这是与市场经济规律背道而驰的，无形中造成了企业在市场竞争中的不平等，不利于企业的市场行为。所有的企业在法律面前都是平等的，如果按所有制来划分，就使企业地位有高低了。

第二，破除按行政条条划分企业的标准。我们每个企业都有隶属关系、主管部门。但是部门分割、部门林立、条条专政这些现象终归要取消的，以后的企业就没有隶属关系，没有主管部门。公司将来要面对的是市场，用法律来管它，市场经济是法制经济，要形成依法治国的观念。

第三，破除按行政块块划分企业的标准。我们每个企业都受行政块块的约束，现在中国企业的行政块块导致地区分割、保护落后、“诸侯经济”，地方保护主义盛行。市场经济应是全国统一的大市场，更是全球化的市场，而不是分割的。企业以后没有行政块块，企业不属于哪个政区，它可以跨地区、跨部门、跨行业从事经营活动。

第四，破除按行政级别划分企业的标准。严格来说，企业没有行政级别，现在级别是暂时的、是过渡的，迟早要取消。尽管中央已经提出今后企业和企业领导人不按行政级别来划分，但实际的一些做法，比如干部调动，却仍然依据行政级别，如果不打破这一套计划经济体制下按行政级别划分企业的做法，企业就很难适应市场的要求。市场经济提倡职业的观念，经理是一种职业，医生、教授、技术人员都是一种职业，每个人在这个职业上创造成就就是最大的成就。

我们要按照市场经济体制下的标准来划分企业，即按照企业资产所有者形式的不同来划分。按照企业资产所有者形式来划分，基本上可以分为三类企业：个人独资企业、合伙企业、公司。这是21世纪中国企业制度的三种基本形式。

（2）21世纪中国企业制度的三种形式。这三种企业的根本区别就在于企业资产所有者形式不同。① 个人独资企业的资产归个人所有，由此产生的利益归其所有，风险也由其承担。个人独资企业在中国的意义，首先在于解决了一个财富创造机制、财富积累机制的问题。如果不承认个人价值、个人财富、个人利益，社会发展的基本动力将是非常脆弱的。所以，个人独资企业不能仅仅看做是拾遗补阙、无关紧要的，应以长期社会发展战略的眼光来看待个人独资企业的战略意义。② 合伙企业由若干合伙人出资，因此合伙企业的资产所有者是合伙人。合伙企业对于搞风险投资、发展高新技术产业很有优势。我们现在有两方面状况：一方面有技术无资本；另一方面有资本没项目。在这两种情况下，合伙企业就是一个很好的企业制度，在中国应该得到大的发展。③ 公司是两人或两人以上集资组成的法人企业，因此公司资产所有者形式是两人或两人以上，而且是集资组成了法人企业；公司实行有限责任制度；公司实行所有者与经营者分离的制度，所有者是股东，经营者以经理为代表；公司必须建立法人治理结构。

国有企业改革的方向是建立现代企业制度，具体说就是对国有企业进行公司制改造，要解决如下问题。

第一，国有企业公司制改造必须改成两人或两人以上出资的法人企业。我们现在大量的国有企业改成国有独资公司，这是很不规范的，它只是国有独资企业的翻版。

第二，把若干国有企业拼凑成一个所谓的有限责任公司，这也是不规范的。我们从 20 世纪 80 年代中期就开展了所谓国有企业之间相互持股的做法，而且把它作为股份制企业的一种，所以股份制企业这个概念也很混乱、不规范。

第三，把几十家国有企业、集体企业拼凑成一个集团公司，这种集团公司里面全部都是国有独资企业和集体企业，实际上都是国有资产，这种集团公司也是不规范的，需要进一步改制。

国有企业改成公司，又有以下几种方案。

一种是整体改为公司。我的看法是有效益的国有企业先改为公司。但是有效益的国有企业改为公司之后，政府认为应该把利润交给政府，企业职工认为企业能发工资、能发奖金为什么要改，企业领导人又想要保持相对的稳定，因此，一般有效益的企业改制动力不大。但是如果等企业没有效益时再改为公司，就没有人愿意投资、出资了，因为改成公司至少要吸收一个新的股东进来，所以说有效益时就要改为公司，这是第一步。

整体不能改成公司的，我认为可以切块改制，但切块改制当前最大的问题就是当它改为公司时，比如改为上市公司，这一公司与其母体的关系相当混乱复杂。我认为改制之后，一定要规范母公司与子公司的关系。

如果整体改不成公司，分块也改不成，则可以出售，改为个人独资企业或者合伙企业。现在全国有很多这样的例子。

如果以上方案均不可行，我认为可以先改为股份合作制企业，把它作为过渡形式，因为股份合作制企业现在也面临着很多新问题。股份合作制企业与国有企业相比有进步意义，但时间长了，股份合作制企业会产生两个矛盾：一个是全员平均持股，造成新的平均主义，现在国有企业和集体企业的内部平均主义思潮就比较突出，搞市场经济，就要承认差别，承认效率优先原则，所以股份合作制企业的全员平均持股受到挑战；第二个问题就是一个人两个身份，既是股东又是职工，企业由职工股东会议决定重大问题，但是职工股东会有两个缺陷：一个是由职工股东会选举企业的厂长、经理，不能把能人选上来而是会把老好人选上来，因为职工投票主要看候选人对他如何。我认为企业的厂长、经理只能聘任，而不能搞职工民主选举，也不能由政府行政任命。另一个缺陷是由职工股东会表决重大问题，一开职工股东会时，他们比较关心的是眼前利益，诸如奖金、福利之类的问题，一旦涉及每个人的切身利益时就会争执不休，没有人考虑企业的长远发展，最终的结果是为眼前利益把企业吃光分光，没有长远发展后劲。所以股份合作制企业还面临着二次改制的任务，要改为公司制。

公司制与股份合作制有两个区别：第一，公司制不要求一个人两个身份，公司制是职工和股东分开的，股东不一定是职工，职工也不一定是股东；第二，股份合作制改成公司，股东持股差距必然拉大，而且公司的最高决策机构是股东会或股东大会，不是职工大会。

2. 企业的组织形态

（1）企业组织形态的分类、特点及作用。企业组织形态主要有三种。① 小企业，包括个人独资企业、合伙企业以及某些小型公司。② 大企业，其典型代表是公司，但并非所有公司都是大企业。一般来说，股份有限公司规模大一些，有限责任公司多是中小企业，因为其股东人数受限制，法律上既有下限又有上限。股份有限公司股东人数不受限制，集资范围也较广，集资额大，把社会分散的游资集中到企业中，形成规模效益。③ 大企业的变形体，包括企业集团或企业联盟。

这三种企业形态有各自不同的特点。比如，小企业比较灵活，美国每一天都有成千上万的小企业倒闭，但也有成千上万的小企业兴起。小企业可以适应市场变化的要求，但有弱点，力量单薄。大企业规模效益好，实力雄厚，但大有大的难处。这些不同形态的企业之所以能生存和发展，其基本原理是利用了各自的优点，克服了各自的缺点。

这三种企业形态各有各的作用。小企业的作用主要有以下几点。第一是繁荣市场，小企业能否生存与发展，关键在于找准市场定位。第二是有利于解决就业问题，小企业是解决就业的蓄水池。在美国，中小企业提供的就业机会占到了服务业的 60%，制造业的 50%，工业的 70%，而在我国，在中小企业就业的人数达 1.07 亿人，占全部工业就业人数的 83.2%，而资产仅占全部工业企业规模的 48.2%，实现了全国工业企业 74% 的销售收入。第三是小企业有利于增加国家的税收。第四是企业家产生和成长的场所。第五是小企业可以跟大企业配套，大企业的业务可以分包给小企业，实现成本节约。大企业的作用主要有：大企业有利于社会化大生产的形成，提高专业化协作水平；大企业可以做到生产与科研的结合，有利于科学技术的创新和发展；大企业有利于资本运作的形成，使产业资本与金融资本有机结合。企业集团和企业联盟是在大企业基础上发展起来的，也有自己的作用，它们可以实现在竞争中合作，在合作中竞争。

（2）我国企业组织形态的状况。我国将年销售收入在 5 亿元以下的企业称为中小企业，5 亿元以上的企业称为大型企业。截止到 1999 年年底，我国共有中小工业企业 792 万户，在所有大中小工业企业中，中小企业的销售收入占了 54% 的比重，就业人数的比重更是达到 95%。

但是这样一个数目庞大、作用举足轻重的队伍，其成长与发展却长期面临种种制约。中小企业要成长发展必须打破两个框框：一个是所有制的框框；另一个是行政级别的框框。按照所有制划分企业的做法实际上对中小企业的发展是不公平的。应该不论所有制，所有的政策法规对各类企业都一视同仁，促进各类企业在市场中公平竞争，在竞争中求得发展。按照行政级别划分企业的做法对中小企业也很不公平，因为中小企业的行政级别很难上去，社会地位因此不高，无法得到公平发展。

中小企业在发展中除了要打破以上两个框框的限制外，还面临着种种困难亟待解决。其中最突出的就是融资难。美国中小型高新技术企业的发展，在很大程度上得益于美国有专门的为高新技术和新经济企业融资的纳斯达克市场。目前，我国对公司上市仍然有严格的限制。除了要求连续三年盈利以外，5000 万元资产规模的要求对大多数中小企业来说门槛相对较高。与国有大型企业相比，中小企业获取银行贷款更难。在中小企业的发展中，另一个问题就是人才问题，由于传统的国有企业是按行政级别划分的，习惯了计划经济的中国人，大多愿意选择级别高的国有企业，与中小企业人才短缺的局面形成强烈反差。

（3）三种企业组织形态的发展思路。政府对这三种企业形态的政策应是不同的。特别是对大企业，更多的是监督，对小企业多采取扶植支持态度。例如，美国联邦政府没有太多的工业管理机构，但有一个机构叫小企业管理局。这个机构帮助小企业发展，使小企业获得贷款。美国对小企业有专门贷款，低息，条件优惠。英国现有企业 1400 多万家，小企业占 80% ～ 90%，而真正的公司形态只占 10% ～ 20%，跨国公司数量有限。这三者相互补充、相互促进，如果小企业都被挤垮了，对大公司也不利。

中小企业的发展水平，是市场经济体系完善与否的重要标志。因此，需要将大企业的强项与中小企业的强项结合起来，利用中小企业灵活的机制，加上大企业原有的技术基础、管理技能和技术人才，把国内的市场和国际的市场结合起来。

（4）现代企业的内容及形式。关于现代企业，不能简单地以企业组织形态作为判断的标准。实际上，小企业、大企业都可以成为现代企业。国内现在研究现代企业制度有种偏向，似乎都要搞成大公司，这不现实。当然，讲到小企业时，不能把它与传统的“小土群”概念等同起来，认为它们都是落后的、杂乱的、全能的。过去的“小而全”“大而全”都影响企业的效益。因此小企业也应该是专业化程度高、技术水平高的企业。小企业本身并不能代表它是先进的还是落后的，它只是一种企业组织形态。因此小企业可以是现代企业，大企业不一定都是现代企业。

现代企业的内容有两个轮子：一是现代技术；二是现代管理。建立现代企业制度，产权清晰，财产关系明确，当然是重要的。但是，现代管理也不能忽略，不重视管理，我们仍会很被动。现代企业不是固定的概念。“现代”随着时代的发展赋予它新的内涵。所以，我们对现代企业的理解不能僵化。

现代企业的主要形式，一是跨国公司，二是小企业。因为如果仅仅是一般公司，要么不具有小企业的灵活性，要么不具有跨国公司的规模和实力。中国要建立现代企业制度，一要发展跨国公司，二要重视小企业的作用。我们必须有一批大的跨国性的公司在国际市场上显示出实力。市场竞争是实力的较量，科技的较量，人才的较量，而所有这些都必须融合在一个企业里面。所以，要使中国经济发展，人民生活提高，跨国公司必须发展，但不可能把所有公司都变成跨国公司。应重视小企业的作用，它能满足广大市场的需求，也可以补充配合跨国公司的发展。

二、企业制度和组织形态与企业管理的关系

企业管理在企业中具有重要的地位，它是企业永恒的主题，是企业效益的源泉之一。当前，中国企业管理的加强和完善要注意与企业制度和组织形态结合起来。

1. 企业管理要和企业制度结合起来

企业按照资产所有者形式的不同划分为个人独资企业、

合伙企业与公司。企业管理制度建设要与这种划分联系起来，即不能笼统地讲企业管理，而要看企业是什么样的产权制度。比如个人独资企业，可以搞家族管理；而合伙企业管理制度则是合伙人商量着办，所有者与经营者不分。企业管理制度必定与产权制度有关，产权是前提，离开了产权讲管理，管理就是抽象的。若是个人独资企业或合伙企业发展为公司，则需要按公司制度的要求进行企业管理。

中国企业目前一大问题就是国有独资公司或国有控股公司的管理上不去，根本原因在于一股独占或一股独大，所以产权要多元化或分散化。产权多元化的方向包括实行经营者持股和技术人员持股以及必要的职工持股，形成新的利益主体。产权分散化是要减少国有股的比重。我们现在的国有企业管理本身目标不明确，因为它不是一个利益主体，不知为谁管理。因此，管理制度要和产权制度紧密联系，而且产权制度是前提，是管理的动力。

2. 企业管理制度的建设要与企业组织形态结合起来

如前所述，企业组织形态可以分成三大类：一是小企业；二是大企业，以大公司为代表；三是企业集团或企业联盟。企业集团是中国的称谓，国外称作跨国公司。中国的企业集团应该瞄准跨国公司来发展。跨国公司的管理与小企业管理不同，这是差别很大的不同企业形态。企业联盟是在跨国公司基础上的结盟，它在竞争中有合作，在合作中有竞争。我们研究竞争与合作应该考虑企业组织形态的不同。小企业面临激烈的竞争，但是小企业发展到跨国公司之后，其管理就要讲究合作，否则会受到损失。因此，我们不能把双赢原则、竞争、合作等都套到所有企业的管理中，那就忽略了企业组织形态的区分，要依据企业组织形态采取不同的企业管理制度。

3. 企业组织制度是管理制度的保证

要搞好企业管理制度，企业组织制度至关重要。组织和管理这两个概念是相互联系的。过去把组织作为管理的一个职能，是管理的四大职能（即计划、组织、指挥、控制）之一。现在实际上组织越来越重要，因为你有什么样的组织制度，就有什么样的管理制度。组织是保证，因为企业的管理再好，如果没有组织制度来保证，这个企业的管理还是搞不好。我们的企业现在最大的问题是组织混乱，责任不明确。

企业组织制度有诸多异同。个人独资企业的组织，个人说了算；合伙企业的组织是合伙人说了算。公司的组织制度相对比较复杂，我认为现在要解决两个问题。第一是公司组织结构要合理，最主要的是公司是法人，公司内部单位不是法人，不能搞二级法人、模拟法人、委托法人。如果是集团公司，那么母公司与子公司之间的管理是法人与法人之间的关系，但不能叫一级、二级、三级，因为法人没有行政级别。第二是要建立规范的公司组织机构，也就是法人治理结构。这样公司才有股东会或股东大会，选举产生董事会，董事会聘任总经理，但这种治理结构不能搬到个人独资企业中。公司法人治理结构最重要的一个问题是要解决公司外部四种人和内部四种人的关系。外部四种人包括客户、债权人、政府、社会公众；内部四种人包括股东、董事、经理、员工，这是八个利益体。管理的实质就是协调这八种人的利益关系，保持一种利益的平衡，这样企业管理才能稳固下来。侵害任何一种人的利益，企业管理都是不成功的。

三、企业管理制度与人本管理

人本管理是以人为核心的管理。但在一些国有企业管理中，“以人为本”建立在抽象的人性论的基础上，高悬在半空中，忽略了人的利益、物质等需要，这种人在现实中是不存在的。以抽象的人性为基础来研究管理问题是没有基础的，因为市场经济是建立在个人基础上的，即个人利益、个人财产、个人责任、个人风险、个人权利的基础上。国外企业管理中强调以人为本，并不是讲抽象的人，而是建立在一种制度的基础上，包括责任制度、利益制度、激励制度、约束制度等，并由此产生了一系列的理论，如 X 理论、Y 理论。

要处理好企业管理制度与人本管理的关系，需要强调以下几点。

1. 人本管理的关键是提高人的素质

人的素质是决定企业管理工作好坏的因素。人的素质包括企业内部的各类人员在观念、文化、技能和行为等各个方面均能适应市场经济的要求。企业要拥有一批高素质的人才，特别是要形成一批具有市场经济素质的企业家，倡导企业家精神，应该具有责任感、成就感、敢于开拓、要有风险意识、讲究信用等。

提高人的素质的方向是按市场经济规则提升人的素质。目前选择国有企业经理人的标准仍然停留在计划经济时代，不适合市场经济。市场经济下的人的素质最重要的特质包括以下几点。第一是诚信，包括诚实、不欺骗、忠诚老实。第二是敬重，最主要的是尊重别人，容忍差异，用比较平和的方式解决管理中的争议和冲突，宽以待人、严于律己，取人之长、补己之短。第三是责任，管理要强调每个人做好本职工作。管理者要带头，要强调自控自律，要谨慎可靠。管理不能离开责任。管理是通过别人做好工作的过程。管理者是对别人工作负责的人。推脱责任的人不是好管理者。管理者不能将功劳归自己，把利益归自己，责任归别人。第四是公平，管理要照章办事，不存偏见，不推诿过失，要倾听别人意见。第五是关怀，包括善良、热情、宽容、助人。第六是公德，强调参与，要和睦，要尊重年长的人，要遵纪守法、保护环境。

总的来说，管理应该讲究对每个人素质的培养，使之自立、自重、自尊、自强、自律。自立，就是要有自主意识，自己动手。自重，就是要强调自信心，要有确定目标的能力，要有承担风险的能力。自尊，就是要有责任心。自强，就是要有创新意识、开拓精神和表现能力。自律，就是要讲信誉、信用，具有自我控制能力。以人为本的管理就是要重视个人，要尊重人性、体现个性，以个人素质为基点。

2. 人本管理要强调团队精神和企业文化

企业中所有员工的最高目标应该是企业的利益，不是个人利益。联想集团原总裁柳传志曾经说过："我宁愿要一流的团队，二流的技术，也不要一流的技术，二流的团队。"这是柳传志多年创办企业得出的经验之谈，它完全说明了团队精神的重要性。我们的一些企业搞不长时间就瓦解了，主要是因为没有团队精神，企业中人际关系复杂，离心力大于凝聚力，表现为企业外部没有竞争力。

这里的团队与传统的集体概念不完全一样。传统的集体概念，牺牲了个人利益，完全为了集体利益。这里的团队恰恰是建立在承认个人利益和尊重个人利益的基础上，但是个人利益要服从企业的利益和团队的利益。

团队精神又靠什么？是靠企业文化。目前，对企业文化的认识有很多扭曲的地方，最主要的有两个倾向：一是把社会上的口号拿来变成企业文化，内容雷同使企业文化走了样；二是把它庸俗化了，搞点什么活动、表演、比赛，就称为企业文化。这些虽然也是企业文化，但只是企业文化的浅层表现，不是实质。企业文化最本质的内容是什么？企业文化是为了实现企业目标而提炼的具有凝聚力的全体员工认同的价值观。企业必须要有企业文化，管理没有企业文化是不行的。

3. 人本管理要处理好人与制度的关系

处理好人与制度的关系，是中国企业管理的核心问题。科学制度要由高素质的人来制定，科学制度也要靠人去执行。因而要实行以人为本的管理，但是，人本管理不仅不会削弱制度的威力，恰恰是强调在科学制度的前提下发挥人的作用。制度安排是由生产力决定的，当然制度也要变革，但变革制度不是不要制度，恰恰是为了完善制度，使制度发挥更先进的作用。

人和制度的关系应该是：制度要由人来制定，制度是死的，人是活的。有了好制度，还要靠人执行，所以人是很重要的。但是人需要具备两个素质：一是个人素质好；二是要有团队精神。我们不能离开这两个前提笼统地讲人，否则，这个人是扭曲的。

制度与人的关系还体现在：人是暂时的，制度是永恒的，制度反映在企业管理的每一项工作中。比如产品质量管理工作，它不仅仅是质量管理方法问题，关键是质量管理制度。海尔的质量管理，是制度性管理，是维护一种质量管理制度。人不是机器，人是有思想的，需要用制度来规范人的行为。所以人是暂时的，制度是永恒的、延续的。中国一些企业的老总，在位时将企业搞得红红火火，一旦这个老总离开了，企业的管理就急剧滑坡，这就说明这个老总并不是依靠制度来管理企业的，这种老总不值得表扬。值得表扬的老总应该是其走了以后，这个企业的管理还延续下来。为什么？因为他延续了制度，他不强调个人凌驾于制度之上。任何有才能的人，要把他的精力、才能放在研究建设一个好的制度上，并使其延续下去。企业管理要靠几代人解决，要靠制度延续，而且制度安排是一个决定性的安排。制度设计非常重要，一个企业如果制度不完善、不规范，我们就无法相信这个企业的管理是好的。管理工作好是暂时的，管理制度好是永恒的。

因此，制度与人的关系寓于每项管理工作中，每项企业管理工作都应该既有制度，又能充分发挥人的作用。这是中国企业管理必须解决的一个难题。

四、现代企业制度的内涵及其组成部分

（一）现代企业制度的内涵

现代企业制度是以公司制度为主体的市场经济体制的基本成分，其含义有两层：

1. 现代企业制度是市场经济体制的基本成分

只有建立现代企业制度，才能建立市场经济体制。而要建立市场经济体制，必须建立现代企业制度。两者是不可分割的。如果离开市场经济体制来理解现代企业制度，就不可能建立规范的现代企业制度。因此，现代企业制度决不单纯是企业

自己的事情，更不是企业内部的事情。现代企业制度的实质是体制问题，实质是建立市场经济体制。

以对国外市场经济发达国家的研究为基础，结合国内实际情况的考察，我认为，市场经济体制的成分有三个：一是消费者；二是企业；三是政府。建立现代企业制度的实质就是要处理好这三个成分的关系。不久前，有关部门召开会议研究现代企业制度的标准。我认为，现代企业制度的基本标准就是要处理好这三个成分的关系，现在我国实际离这个标准相差很远。围绕这三个成分的关系，下一步我国要着重解决的问题是。

（1）三个成分的定位要明确。

第一，消费者是首要的、第一位的成分。消费者的需求反映了社会生产力的发展方向，满足了消费者的需求就促进了生产力的发展；消费者构成了市场的核心，找到了消费者就找到了市场，面向市场就是面向消费者。此处消费者是广义的概念，消费者既包括生活资料的消费者，又包括生产资料的消费者。消费者是相对的概念，在市场经济条件下，企业既是生产者，又是消费者。社会上任何一个人、企业、组织都可以处于消费者的地位。消费者也是发展的、变化的概念。

第二，企业是基本成分。企业是社会生产力发展的载体，是创造物质财富的基本单位，搞好企业就能为社会创造更多的物质财富；企业作为供给者与消费者作为需求者之间的关系构成了市场经济的基本关系，市场经济的基本规律是供求关系的规律，企业只有研究供求关系的规律，按照供求关系的变化来建立现代企业制度，才能增强竞争力。

第三，政府是不可缺少的成分。政府的作用是两方面：一是制定规则、执行规则，规则包括法律、规定、政策，现代企业制度本身是一种规则，市场经济是一种游戏，要有秩序地进行，必须有一定的规则，市场不能自发地形成规则，只能由政府来制定；二是政府要起到市场和企业起不到的作用，解决企业和市场解决不了的问题，如社会治安、社会稳定、社会保障、社会公平、社会文化、社会教育等问题，对于市场和企业能解决的问题，就应该由市场和企业解决。政府如果解决不好这六大社会职能，会影响现代企业制度的建立，不利于企业集中精力开拓市场，会分散企业的精力。

政府目前存在两大问题。一是该做的事做得不得力，如规则不完善，规则不科学，政出多门，执行规则不严格。现在地方分割、地区封锁、“诸侯经济”相当严重。政府该做的事很多转嫁给了企业，企业承担了很多不应该承担的责任。二是不该做的事又在大量地做。计划经济下的某些政府工作还在延续，对企业的干预很严重。

（2）三个成分的关系要处理好。这三个成分不是孤立存在的，每时每刻都在发生关系。三者的关系用通俗的语言来概括就是：企业围绕消费者转，政府围绕企业转。

企业要以消费者为中心，利用维护消费者权益来建立现代企业制度。现在存在大量侵犯消费者权益的问题，不能完全按照消费者的要求办事，这不是某一个部门的问题，而是整个社会的问题。社会把消费者的利益摆在第一位的时候，企业就正常了。

政府要为企业面向市场、面向消费者创造良好的外部条件。政府围绕企业转，不是围绕企业的内部运营转。政企分开也不是政府和企业孤立存在，没有关系。政府围绕企业转又要避免政府将手伸到企业内部，导致政企不分。中国政企关系是困扰企业的一大问题，不是喊两句口号就能解决的。政企分开是在政府过多干预企业的情况下提出来的。单纯停留在政企分不分开还只是浅层次，关键问题是处理好政府与企业的关系。

2. 现代企业制度是以公司制度为主体的

公司制度是现代企业制度的具体表现形式。1994 年开始进行的现代企业制度试点，就是做一件事，即对国有企业进行公司制改造。现在，国有企业公司制改造取得了一定成绩，但存在一定的问题，最大的问题是公司制改造的形式没有选择好。

（1）公司制改造的形式选择。总的要求是按照公司法来进行。规范的公司制改造的形式基本有三种：有限责任公司、股份有限公司、上市公司。三者的区别就在于对外承担债务责任形式的不同，即有限责任公司承担有限责任，股份有限公司按股份承担社会责任，上市公司按照资本市场的运作承担责任。

形式选择中要考虑以下因素。

第一，各种公司形式的优缺点。有限责任公司的优点是比较简单，几个人出资符合出资要求就可以成立有限责任公司。缺点是股东人数受到限制，如果要搞职工入股，就会受到此限制，变通办法是采用基金的形式。有限责任公司是人合和资合结合的公司。

股份有限公司的优点是股东人数不受限制。缺点是公司法对其要求严格，并且要把资本分成等额的股份。股份是公司资本的成分，公司资本要分成等额的股份，每股金额必须相等，股东按股份来出资认购。股份是股东权利和义务的全部表现，因此，股份有限公司是严格的资合公司。股份是股票的价值基础，股票是股份的证券表现形式。

公司制与股份制是两个概念。有限责任公司是公司制，但不是股份制。公司制是指现代企业的组织形式，股份制是指现代企业的资本形式。公司制包含了有限责任公司和股份有限公司，但是有限责任公司的集资形式与股份有限公司的集资形式不同。规范的提法是对国有企业进行公司制改造，包括对国有企业进行有限责任公司制改造。现在中国股份制包括了有限责任公司，有的还认为包括股份合作制，这种提法不科学。

上市公司也称股份有限公司，与一般的股份有限公司的区别就是要到资本市场上公开筹集资金，这也是其最大的优点，另外还可以树立广泛的公众形象。缺点是要求特别严格，企业达不到一定水平不能贸然上市。

三种形式各有优缺点。公司形式的选择不能搞一刀切，要根据自己企业的情况来进行公司制改造，选择合适的公司形式。

第二，本企业的实际情况。脱离本企业的实际，则公司制改造可能失败，或走过场而流于形式。

第三，国有企业公司制改造是逐步进行的。国有企业可以先改为有限责任公司，待条件成熟，再改为股份有限公司。

（2）国有企业公司制改造中要避免的偏向。

第一，翻牌为国有独资公司。大量的国有独资公司是不规范的公司，是走过场。有些地方已经宣布，从现在起不再把国有企业改为国有独资公司，已经改为国有独资公司的，要逐步改造为有限责任公司、股份有限公司、上市公司。当然，极少数的特殊产品、特殊行业的企业可以改为国有独资公司，但问题是国有独资公司太多、太滥，而且这些国有独资公司重蹈国有独资企业的老毛病，存在所谓改制不转制的现象。

第二，把若干个国有企业拼凑成一个有限责任公司。某地将当地一家国有企业、省里的一家国有企业、外贸系统的一家国有企业拼凑成一家有限责任公司，现在处于困难的边缘。国有企业相互参股、持股的提法是不规范的。因为国有企业的资产是国有资产，是同一股权。国有企业法人股概念不确切，因为国有企业不是法人，国有企业法人股的实质是国有股。因为机制没有改变，所以状况不好。改成公司制，要有一个新股权进来，投资主体多元化，否则机制不可能改变。有的企业条件不成熟，改不成公司制。改制必须做到股权多元化。

21 世纪的国有企业制度基本上有三种：个人独资企业、合伙企业、公司。国有企业能够改为公司的，尽量改为公司。国有企业公司制改造是国有企业改制的主体，不能改为公司制的，可以卖掉，改为个人独资企业，也可以改为合伙企业。

过渡的改制形式可以是股份合作制，但股份合作制不是终极形式。山东诸城搞的股份合作制现在正在进行二次改制：有的改为公司制，职工持股原来平均化，一人一票，现在将职工之间的持股差距拉大，一股一票。搞得不好的股份合作制卖给了个人，改为个人独资企业，或卖给了几个合伙人，改为合伙企业。合伙与合作是两个概念，前者是资本关系，后者是劳动关系。

（二）现代企业制度的组成部分

现代企业制度是由现代企业产权制度、现代企业组织制度、现代企业管理制度三个部分组成的。现代企业产权制度是要按照公司产权制度的内容解决国有企业产权不清的问题，实现产权清晰的要求。现代企业组织制度就是要按照公司组织制度的内容来解决国有企业权责不明的问题，实现权责明确的要求。现代企业管理制度就是要按照公司管理的内容来解决国有企业管理落后的问题，实现管理科学的要求。1993 年 6 月我向国务院委托国家经贸委成立的“现代企业制度课题组”作的专题报告中讲到了这三个组成部分的内容。

1. 现代企业制度三个部分内容之间的关系

（1）相互联系：任何一个部分的内容都不能离开其他内容而孤立存在。

（2）相互补充：任何一个部分的内容都不能取代其他内容。

（3）缺一不可：缺少任何一部分内容都不能建立现代企业制度。

（4）统一整体：要将这三个内容统一起来，才能形成整体的现代企业制度概念。

要处理好以上三个部分内容的关系，不是件容易的事。从现代企业制度试点以来，有过一些曲折、反复。1994 年以前，国有企业改革从未涉及产权制度。1994 年，中央文件谈到要进行产权改革，有人就认为产权是唯一的问题，解决了产权就可以解决国有企业的所有问题，但我认为三个部分缺一不可。1996 年底 1997 年初，因为 1994 年产权改革到了 1996 年出现国有资产流失问题，另外产权是一个敏感的问题，所以有的地方就出现了只提管理、不提产权的偏向，但我认为中国大面积的产权改革出现一定问题是不可避免的，不能因为出现了一些问题就回避产权问题。1997 年 9 月十五大报告中重申要重视产权制度，而且国有资产可以出售。2000 年上半年，中石油和中石化改制时，我讲到三部分内容具体化，这就是“产权是前提、组织是保证、管理是基础”。2000 年 5 月中国石油工业出版社出版我的《国有企业公司制改造》一书中就谈到了这个问题。

所谓产权是前提，是指产权涉及人们的财产关系，利益关系，是管理的动力。不解决产权问题，管理就没有动力，管理就搞不好。组织是管理工作的保证，因为组织涉及分工与协调，要落实产权制度的内容，分工要明确，协调要有效。管理是基础，因为管理涉及大量的日常性基础工作，是每时每刻要涉及的问题。

2. 产权清晰、权责明确、管理科学与政企分开的关系

现阶段我们研究企业管理是在建立现代企业制度这个企业改革的总体方向上进行的，现代企业制度的基本内容就反映出了以上三方面的关系：“产权清晰”（产权制度要解决的问题），“权责明确”（组织制度要解决的问题），“管理科学”（管理制度要解决的问题）。另外，“政企分开”是以上三部分的起点。政企分开是产权清晰、权责明确、管理科学的总要求，没有政企分开，企业产权就不清晰，企业内部权责利就不能明确，企业科学管理就更无从谈起了。产权清晰、权责明确、管理科学是政企分开的具体表现，如在产权制度方面表现为政资

分开，即国有资产管理的政府行政机构与国有资产经营的股东机构分开；在组织制度方面表现为企业要有自己独特的组织机构和组织系统，不能套用政府的机构设置方法；在管理制度方面则表现为适应企业特性的科学管理。

实现政企分开，要进行两方面努力：一是政府本身要努力，转变政府职能并精简与改革政府机构，做到政企分开；二是企业不能等待，要努力促进政企分开，也就是要从产权、组织、管理制度上进行改革。企业不能被动消极地等待，政府改革总体上是滞后的，跟不上现代企业制度的要求。

（三）建立现代企业制度要解决的问题

1. 建立现代企业产权制度要解决的问题

（1）股权多元化。从公司形式上说，要选择股权多元化的公司形式，基本是三种：有限责任公司、股份有限公司、上市公司。要避免国有企业之间相互参股组成的所谓“公司”，这样仍然是股权单一化，不是股权多元化。

从公司内容上说，股权多元化就是除了国有股权之外，要吸收新的股权。新的股权形态包括以下几种。一是以自然人为主体的股是公司外部的自然人，也可以是公司内部的自然人，公司内部可以搞职工入股、职工持股、技术人员持股、经营者持股。二是以法人为主体的股权形态，如证券投资基金、风险投资基金、创业投资基金、产业投资基金（如投资铁路、航空、航天）、机构投资者等基金形态。美国上市公司 60% 以上的股权都是法人持有。三是外资的股权形态，将来外资大量的要走股权投资的形态，现在外资主要以合资的形式存在，存在很大问题，将来要规范。

（2）股权分散化。中国国有企业改制的上市公司虽然做到了股权多元化，但 1/3 以上的上市公司业绩不佳，问题包括：上市公司资产剥离不规范，改制未能有效进行，法人治理结构不规范，管理存在问题等。造成这些问题的根本原因是上市公司中国有股比重过大，导致一股独大，机制不能适应上市的需要。目前，1000 多家上市公司中国有股的平均比重为 65% 以上，实践证明，上市公司国有股比重越大，效益越差。效益好的上市公司，一般不是国有股控股。

上市公司在做到股权多元化的同时，要做到股权分散化，股权分散化就是要减少国有股的比重。国有股减持是一项复杂的系统工程，需要时间，需要耐心，需要实践，需要探索。国有股和国有法人股的全流通是国有股改革的方向。要解决流通股与非流通股的股权分置问题。我认为，第一步可将国有股比重从现在的平均 65% 减到 30% 左右或更少一些。国际上，控股的大股东的比重也在趋于降低。股权分散化可以避免某个大股东操纵公司，建立良好的机制，在中国还可以避免政企不分。合理的股权结构是若干个（如三五个）大股东再加上众多的中小股东，而且大股东之间避免过分悬殊。

（3）要明确国有股的股东，建立国有资产的出资人制度。国有资产的突出问题是国有股的股东不明确，国有资产的出资人缺位。方方面面的政府机构甚至一些社会机构都可以宣布它代表国有股。这个问题涉及国有资产管理体制的改革，是一个系统工程，非常复杂。

在国有资产股东不明确的情况下，有四句提法：国家所有、分级管理、授权经营、分工监督。但这本身就是股东不明确的表现，含糊不清。因为国家是一个虚拟体，分级管理后哪一级政府都有权管理，而且授权经营的环节太多，结果还是无人负责。

要解决这些问题，必须立法，颁布国有资产法。国家抓100多家大企业，但是管理权力分散，各部门分别管理一块，肢解了股东权利，最后只有派驻稽查特派员，这只是过渡方法，很快就改为外派监事，但外派监事也只是查账，因为他不是股东。

（4）要实行股东所有权与公司法人财产经营权分离的产权制度。总的来说，要实行股东所有权与公司法人财产经营权分离的制度。所有者与经营者的分离是公司制度的基本特征，首先表现在产权的分离。股东拥有所有权，公司拥有法人财产经营权，这是规范的公司产权制度的基本内容。

现在问题是国有股的股东与公司法人的关系没有处理好。深圳和上海建立了国有资产的股东制度，但是国有股的股东与公司法人的关系也没有处理好。深圳和上海的国有资产管理制度有三个层次：一是政府；二是国有资产的股东机构；三是企业。政府不直接干预企业，但是，问题是企业对国有股东不满，认为是婆婆加老板，是“二政府”。

股东所有权表现在：一是投票权，投票选举董事的权利、投票表决公司重大问题的权利；二是分红权；三是转移权，股东不能退股，但是可以转移；四是认股权，公司一旦发行新股，原有股东拥有优先认股权，防止公司脱离原股东，从而稀释股权；五是知情权，股东有权知道公司一切信息、情报、情况。

公司法人财产经营权表现在以下几点。

一是公司拥有独立支配法人财产的权利，因为公司法人是独立的，独立于股东，以公司法人财产对法律负责，不能将股东凌驾于公司之上。单纯强调国有控股公司是不确切的，实质上是国有股东凌驾于公司之上。

二是公司拥有统一支配法人财产的权利，这是公司与合伙企业的重要区别，股东拥有原始产权，即所有权，公司拥有派生产权，即法人财产经营权。

三是公司法人拥有价值形态和实物形态相结合的经营权，可以去购买材料、招工人，生产产品，出售后再转为价值形态的财产，因此，公司法人可以进行产权流动、资产交易、资产重组、资本运作，而股东只拥有价值形态的股权。保值增值的概念应该在流动中实现，不动不等于保值，而现在看保值只从账面上看，这不合理。

四是公司法人拥有股权与债权相结合的支配权利，股东只拥有股权。公司法人可以以股东的股权为基础去举债经营，股东不得直接干预。资产与资本是两个概念，资产是公司法人的财产，资本是股东的股权。国家对国有企业混淆了投资与贷款的界线，如国有资产投资某项目，过去是无偿全部拨款，但从拨改贷后，国家不投资或少投资，而是让企业去银行借款，项目经营得好，除了交税之外，国家还拿走利润，经营得不好，由企业承担债务。实际上，企业拥有决定是否借款的权利。

五是公司法人拥有税后利润的分配权。税后利润可以分为公积金、公益金、股东分红。股东拥有分红权，但分不分红，分红多少，由公司法人决定，不能由股东自己决定。美国上市公司对税后利润的分配要保证每个股东都有分红，公积金提取比例取决于来年上项目的情况。上项目时首先考虑内部资金来源，包括利润留成和折旧提成，二者一般不少于项目投资的 60%；其次是发行债券或向银行贷款，一般占 30% 左右；再次是发行新股，比重不超过 10%。

总之，国有企业改制为公司后，必须做到政企分开，政资分开，股东与公司法人分开，投贷分开，税利分开。只有做到这五个分开，企业管理才能走上健康的良性发展轨道。

2. 公司法人治理结构要解决的问题

在公司实行所有者与经营者分离之后，如何从组织制度上处理好所有者与经营者之间的利益关系，是公司法人治理结构要解决的问题。

在国外，公司法人治理结构要解决的主要倾向就是防止内部人控制。内部人控制就是董事串通经理和员工来牺牲股东的利益，为这些内部人创造利益。美国公司突出的问题就是董事、经理的薪金过高，与股东的收益不相称。现在，国外公司正采取各种措施，对内部人控制实施反控制。

在中国，要建立和规范公司法人治理结构相对复杂得多。首先，也要防止内部人控制；其次，中国上市公司更严峻的问题是国有企业改为上市公司后，所有者与经营者不分，政企不分，这是导致中国公司法人治理结构不规范的主要原因。具体地说，我国在建立公司法人治理结构过程中，主要应解决以下问题。

（1）维护股东的利益。最主要的是建立公司股东机构，在我国就是建立股东会、股东大会。非上市公司建立股东会，上市公司建立股东大会，两者性质相同，都是公司最高的权力机构、决策机构。股东的权益在股东会、股东大会上得到维护。

（2）平等地对待所有股东。国有企业公司制改造后，应该实行股东多元化、投资主体多元化。股东不分大小、不分当地股东和外地股东，一律平等。在股东地位平等方面要解决的问题是：不按所有制划分股东，不按姓社、姓资划分股东。我国现在划分为流通股、非流通股、个人股、国有股、外资股、法人股、A股、B股、H股，这种划分不规范，要在以后加以解决。

国际上非常重视平等对待股东。美国的法律要求上市公司重视两类股东：① 小股东，避免大股东操纵公司，以损害小股东利益的方法获取自己的利益，如采用累积投票法（cumulative voting）；② 外国股东。美国是世界投资环境最好的地区之一，是吸引外资最多的国家。

（3）处理好公司内外利害相关者之间的利益关系。外部的利害相关者包括客户、债权人、社区、政府。公司要维护客户的权益，按时还债，同时要对公司所在的社区负责，不能破坏、污染所在的社区。公司要对政府按时交税，做政府的好公民，遵纪守法。公司处理好同利害相关者的利益关系，就会给公司发展创造良好的外部条件。内部的利害相关者包括股东、董事、经理、员工。

公司是以上八类利害相关者的利益的平衡体。公司损害了任何一类人的利益，都会最终受到损失。

（4）维护公司信息的透明度。信息透明度是公司制度的一项重要原则。所有者与经营者分离后，会导致所有者与经营者的信息不对称。所有者出资后，公司交给经营者经营，公司经营活动的信息掌握在经营者手中，所有者不直接掌握信息。信息不对称可能导致经营者对所有者隐瞒信息。因此，公司必须明确规定，经营者不得对所有者隐瞒信息，不得黑箱操作。现在国有企业改成上市公司后，发行股票很积极，拿了几十个亿，但是拿到资金后就改变资金用途，重复原来国有企业对政府的那一套。信息透明要按照公司法的要求进行。非上市公司要拿到股东会上披露，上市公司要定期公布财务数据。公司商业秘密之外的信息，都应该披露给公司相关者，包括股东、客户、债权人、员工、政府、社会公众等。

（5）发挥董事会的作用。

① 董事会的作用。公司法人治理结构必须建立董事会。董事会的作用在于：董事会是公司法人的代表，董事长是法定代表人。但是要明确，董事长的法定代表不是个人行为，而应视董事会这一组织机构是公司的法人代表。

公司是法人是指公司组织体在法律上的人格化。法人是没有生命的概念，必须落实到有生命力的个人身上，但董事长是代表董事会机构的。除了董事长之外，还可以由董事会确定一个或两个董事作为公司的法人代表，他代表公司进行贸易谈判，他的行为由公司负责。但不是每一个董事都能代表公司。

② 董事会的职权。董事会的职权有两方面：一是董事会拥有公司法人财产经营权。法人财产是股东出资后，公司进行注册的财产。二是董事会拥有公司重大经营活动的决策权，如

市场决策权、投资决策权、技术决策权、财务决策权、人事决策权等。

③ 如何发挥董事会的作用。

第一，董事的素质决定了能否发挥董事会的作用。首先，结合中国的实际，董事应该是股东利益的代表。其次，董事应该具备企业家素质。企业家精神归纳起来是创新意识、开拓精神。再次，董事应该具有管理学和经济学的理论基础和相关的专业知识。最后，董事应该具有决策能力，应该敢于决策、善于决策，对决策承担责任。

第二，董事会的结构要合理。首先，董事会的人数要恰当，不能太少，也不能太多。要在公司法规定的范围内确定公司董事会人数，同时，要根据公司实际情况确定，不能变成荣誉机构，不能成为照顾机构。其次，要增加外部董事、独立董事、非执行董事的比例。现在有的董事会全部都是执行董事，在公司内部担任具体业务工作，开董事会将自己的业务拿到会上争吵，对重大问题讨论不足。

第三，董事会要实行集体决策原则。好处在于：一是科学决策，因为集体决策的信息量大；二是民主决策，集体决策可以集思广益。做到集体决策，首先要求每个董事要敢于决策、善于决策。其次，董事长要尊重每个董事的决策权利，避免垄断决策。董事长与董事是民主的关系，平等的关系，是一票的关系，不是领导与被领导的关系。

第四，要处理好董事会与股东会、股东大会的关系。两者的关系是委托信任的关系，就是股东出于信任，通过股东会、股东大会选举董事组成董事会，股东会、股东大会委托董事会来行使公司的法人权限。因此，董事会对股东机构负责，两者之间是组织关系，不是对个人负责。任何股东无权指挥董事的行为。股东对董事有意见，要通过股东会或股东大会提出，按照少数服从多数的原则决定。董事无须向某个股东汇报工作。国有独资公司不可能建立规范的董事会，由若干个国有企业拼凑的有限责任公司也不可能建立规范的董事会。建立规范的董事会的前提是公司的形式选择要规范。

股东机构与董事会不是领导与被领导的关系，因此，任何股东无权直接对董事发号施令。公司称为组织制度，不称为领导制度、领导机构、领导班子。如果股东直接干预了董事会，董事会就名存实亡。

（6）发挥经理机构的作用。

第一，经理机构必须单独设置，不能与董事会等决策机构混合。单独设置有利于维护董事会的决策职能，董事会不受经理机构的干扰，否则，就削弱了其决策职能。单独设置也有利于董事会决策执行的坚定性、彻底性。经理机构的职能就是执行董事会的决策，决策与执行分开可以保证决策的独立性和执行的有效性。

厂长负责制的缺陷是含义不清，这是其制度缺陷。厂长是负决策的责，还是负执行的责，含义不清，结果是既不负决策的责，也不负执行的责。厂长担心决策有缺陷，找几个人开碰头会，并且人员随意性很强，决策后还会在执行中任意修改决策。现在国有企业改制后决不能将厂长负责制那一套搬到公司制度中。

第二，经理机构要实行个人负责制。因为经理机构是执行董事会的决策，执行只能是个人执行，集体执行就会无人负责。集体概念只能用于决策机构上，经理机构不能用集体执行。经理机构实行个人负责制，是指以总经理或经理为首的执行机构系统中层层都实行个人负责制，比如说，中层经理也实行个人负责制。

因此，执行机构应实行一元化领导制。领导意味着权力的不均匀分布，只允许领导者领导被领导者，被领导者只能服从领导者。一元化领导意味着一个下级只有一个上级领导，不存在多头领导。经理与副经理的关系是领导与被领导的关系，在经理指挥系统实行直线指挥，保证指挥的统一性。

第三，经理实行聘任制，由董事会聘任总经理。聘任制的好处：一是按照条件来聘任，可以因事设职，因职设人，人事相符，权责相当；二是有利于人才脱颖而出，可以在更大范围内公开聘任，建立经理人才市场，避免暗箱操作。要实行聘任制，必须取消任命制，任命制导致暗箱操作等各种问题。经理也不能搞选举制，选举就会将一些没有能力的老好人选上，一些有能力的人落选。

第四，经理要实行无任期制。聘任后经理将公司搞得好，可以无限期地搞下去，搞得不好，就要走人。厂长负责制的缺陷就是有四年任期限制，刚来一两年熟悉情况，第三年要做出业绩，需要职工的好评，就努力给职工增加福利。国有企业留下一任一任的问题，绝对是制度问题，因为有任期问题，厂长命运掌握在上级和职工手中，所以厂长必须讨好上级和职工。

经理的无任期制和期权激励就会使经理的行为长远化。经理不实行政府官员的退休制，年龄是经理的必要条件，而不是绝对条件。

第五，要处理好总经理与董事会的关系。董事会与总经理是委托代理关系，董事会委托总经理代理行使公司日常的经营管理工作，在董事会授权的范围内，总经理有很大的权限，可以做出一些小决策。因此，不存在董事会领导总经理的概念，它们之间不是领导与被领导的关系。

所有权与经营权在公司法人治理结构中进行了两次分离，第一次分离就是股东与董事的分离，主要是法人财产权的分离，股东拥有所有权，董事会拥有法人财产经营权，处于经营者的地位；第二次分离是董事会与总经理的分离，董事会作为所有者的代表，有重大问题的决策权，又是所有者的代表。

总经理与董事长应该分开，现在的问题是一些公司两者由一人兼任，这是变相的厂长负责制，最终削弱了两者的职能。至于总经理能否兼任董事，这是无所谓的问题。总经理、董事长不存在谁是一把手的概念，不能将国有企业的一把手、二把手弄到公司中，不存在领导班子一词。

董事兼任经营业务工作的问题很普遍，很多董事兼任副总经理、部门经理，开董事会就讨论具体事务，重大问题无法讨论，另外经理也无法领导这些董事兼任的副经理。因此，总经理应该单独设置，不能由董事长兼任。公司 CEO（首席执行官）就是为了更好地协调董事会与总经理的关系。

以上六项内容归纳起来就是股东机构、董事机构、经理机构的关系。这三类机构的关系就是相互制衡。经理以上的关系是治理，经理以下的关系是管理。治理就是公司组织中的权力结构，这些权力的特点一是分割，二是受约束，没有不受约束的权力。因此，合理的公司法人治理结构有利于权力的约束。国有企业的权力的特点是集中在一个人身上，并且这个人的权力不受约束。

［原载中国工业经济联合会学术委员会编《中国新型工业化道路》，北京，中国经济出版社，2004］

中国企业改革和发展的最新动向

一、现代企业制度是国有企业改制和民营企业建制的共同方向

中国企业改革和发展是分两条线来进行的。

一条线是国有企业改制。最早可以追溯到1978年改革开放伊始，迄今已有27个年头，发展到今天的最新动向是国企改制。改革与改制仅一字之差，但区别很大：国企改制是国企改革的延续和发展。所谓延续，是肯定27年来国企改革的成效。没有27年来国企改革的成绩，就不可能有今天提到的国企改制这个议题。改制是在改革的基础上提出来的。所谓发展，是说明改制不同于改革，因为改革所采取的措施虽然收到一定的效果，但没有解决国有企业的根本性问题。

20多年来的国企改革措施，归纳起来有三类。第一类是20世纪70年代末至90年代国企债务免除、减税免税、拨改贷、亏损注资、不良资产注销、债转股等一系列优惠、倾斜、扶持的政策。到1998年债务降低了，国企三年脱困任务完成

了，但是国企清了旧债又欠新债，而且有些企业新债比旧债还多。造成这种状况的原因是什么呢？是因为这些临时的改革措施只能解决国企的表面问题，解决不了国企的根本问题。国企的根本问题是制度弊端、制度危机、制度缺陷。所谓改制就是制度创新，不同于临时的改革措施。第二类是靠推广经验来进行国企改革。这种由政府出面自上而下推广经验的做法收效甚微。国企问题的解决不是靠推广一种管理经验就能奏效的，而是应该进行制度创新。我们经常说学习国外先进企业经验但不能照抄照搬，同样国内企业之间的学习经验也不能照抄照搬，更不能由政府出面用行政手段去推广经验，那是计划经济的一元化做法，而市场经济是以企业为主体的多元化做法。第三类是单纯换企业领导人。有一种说法是国有企业搞不好就是领导人问题，这种说法把国企问题看得太简单了。实际上，国企深层次是制度问题，只有改制才有出路，而不能单纯靠换几个企业领导人。当然，有的国企领导人有问题，有的甚至违反法律，不仅必须换掉，而且还应依法判罪，但这是个别现象。大多数厂长、经理、董事还是好的。那么为什么国企搞不好呢？从根本上就是国企制度问题。因此，国企改革的下一步方向就是改制，即建立现代企业制度，用现代企业制度取代国有企业制度，国企从头到脚、从里到外要进行脱胎换骨的改变，这是 20 多年来国企改革的延续和发展。

另一条线是民营企业建制。民营企业面临什么问题？这里我举个例子。浙江是民营企业的大本营，民营企业起步最早。我在杭州给民营企业家讲课时，有一位老总给我提了个问题，他说："邓教授，我在创业的时候，只有 30 个人，每天早晨 8 点到车间转一趟，他们怎么干活，心中都有数，哪个好，哪个差，看在眼里，记在心里，到了年末，怎么发奖金，一个人说了算。但是到现在，企业有 5000 人，管不过来，怎么办？"我回答："现在的民营企业要制度管理人，不能人盯人，不能人管人。"这就是民营企业面临的建制问题。民营企业长期正常的健康发展要靠制度。民营企业是从无到有，由小到大，由弱变强，要由原来家族式管理、人盯人管理、个性管理发展到制度化管理，即建立现代企业制度。

所以，国有企业是改制，民营企业是建制，它们的共同方向是建立现代企业制度。这里有必要再解释一下"共同"这两个字。中国从 1956 年开始取消私人企业、个体企业、民营企业。因为 1956 年搞了一场运动，叫对资本主义个体工商业的社会主义改造运动。一直到 1978 年，最后消灭了私人企业、民营企业。当时有个说法，个体企业要过渡到集体企业，集体企业要过渡到全民企业，全民高于集体，集体高于个人，这是 1978 年以前的概念与政策。1978 年以后，因为改革开放，允许多种经济成分并存，又出现了个体企业、私人企业，而且有生命力。因为国有企业的手脚被政府捆住，而民营企业的手脚是放开的，在市场竞争中民营企业显得比国有企业更有活力，于是就有全民不如集体、集体不如个体的说法。但是经过 20 多年的改革开放，现在国有企业改制了，增强了市场竞争力，而民营企业也面临着一个企业制度的建设问题。所以，现在讲“共同方向”，更深刻的含义是指划分企业不以所有制为标准，要打破企业的所有制界限。目前社会上还在争论是国企好还是民企好，是国进民退，还是国退民进，写在文件上是“有进有退”，但在理解上却是两种思路。正在北京召开的“两会”上，有的代表提出，要坚定不移地执行国退民进的方针，但政府有关部门负责人说国有企业再退要退出“麻烦”了。所以，现在社会上对国有企业、民营企业的看法还是分歧很大。我觉得还是按邓小平同志讲的思路——“不争论”。2004 年 7 月在人民大会堂召开的纪念邓小平同志诞辰一百周年大会上，我提出“现代企业制度是国有企业改制和民营企业建制的共同方向”。就是从企业本身来说，不问“姓公姓私，姓社姓资”。作为现代企业制度表现形式的股份制企业，既可以通过国企改制来形成多元化的股份制企业，也可以通过民营企业吸收新股权来建立股份制企业，殊途同归，方向是共同的。股份制可以既有国有股又有个人股，但只有国有股而没有个人股的企业不能叫股份制企业。股份制企业可以没有国有股，但不能没有个人股。股份制的实质是公司资本的社会化，与社会化大生产相适应，使资本关系有利于促进社会生产力发展。

二、企业制度和企业文化是企业发展的两大支柱

未来的中国企业制度创新反映在三个方面。

第一，产权制度创新。国有企业产权制度改革涉及国有资产管理体制改革；1993 年我参加了当时《国有资产法》起草工作组召开的座谈会，并提出“国有资产法是国有企业产权制度改革的准绳”。2005 年 2 月《中国经营报》记者采访我时，问 12 年过去了怎么办？我主张通过立法来解决国有企业产权制度改革问题。民营企业产权要突破个人或家族的封闭性与局限性，也有很多问题需要解决。

第二，组织制度创新。最重要的是要解决三个问题：① 无论是国有企业改制还是民营企业建制，都要建立合理的企业组织结构，即处理好企业内部的组织关系；② 要建立规范的公司法人治理结构，解决好董事会、股东会、经理的职责、权限划分及其相互关系问题；③ 要规范企业集团的母子公司体制，处理好母公司与子公司的组织关系。

第三，管理制度创新。国有企业改制和民营企业建制过程中，不能只抓产权而忽略管理。管理是企业的永恒主题。但中国企业管理的根本出路在于制度创新。① 建立战略管理与业务管理相结合的制度。首先要有战略，还必须坚定地执行，重视业务管理。管理就是细节，管理就是行动，管理就是具体，管理就是实干。② 要建立系统的、科学的业务管理制

度。包括生产管理、营销管理、科技开发管理、人力资源管理、财务管理、设备管理、定额管理、现场管理以及其他各项业务管理制度。不能片面，不能极端，不能刮风。③ 要处理好管理工作中制度建设和人本管理的关系。以人为核心，以人为本的管理体现在三点：一是提高个人素质是提高管理水平的关键；二是培养团队精神，协调能力，不搞个人英雄主义；三是要处理好制度与人的关系，制度是永恒的，人是暂时的，但制度是死的，人是活的。所以，人的作用应体现在制度建设过程中，具体表现在三方面：一是通过人把先进的制度制定出来；二是有了制度要通过人来执行；三是一旦制度过时又要通过人来修改制度，使制度延续下去。

企业文化的实质是人的问题。从上面讲到制度与人之间的关系可以看出，企业发展除了要有企业制度，还要有企业文化。因此，企业制度与企业文化是企业发展的两大支柱。目前的企业文化有两个倾向：一个倾向是把社会上一些口号拿过来，如“拼搏、奉献、奋斗”，就等同于企业文化。当然，“拼搏、奉献、奋斗”是对的，但那是社会文化，不是企业文化。企业文化是社会文化的亚文化。另一个倾向是搞些文艺活动、体育表演，到年末工作总结时，说本年度企业文化很活跃。当然，文艺、体育、娱乐活动属于大文化的范畴和形式，但不是企业文化的实质。所以，未来的企业文化既要防止抽象化、空洞化、雷同化，又要避免简单化、庸俗化、短期化。企业文化的实质是什么？企业文化是为实现企业经营目标而塑造的具有凝聚力、全体员工认同的价值观。企业文化是企业价值的表现，而且这种价值观是全体员工认同的。所谓认同，就是融入员工思想中，凝结在员工血液中，表现在员工行为中，使全体员工具有凝聚力，不搞离心力，不搞人际关系。

企业制度是抑制人性恶的一面，企业文化是引导人性善的一面。企业发展的难点就在于怎样看待人。从孔夫子开始就说人之初性本善，但企业有这么多丑恶复杂问题，所以有人就说人之初性本恶，但这也不准确。所以必须使企业制度与企业文化结合起来，两者相辅相成，促进企业长期、稳健发展。企业制度是硬性的，企业文化是软性的；企业制度是有形的，企业文化是无形的；企业制度是物质的，企业文化是精神的；企业制度是外在的，企业文化是内在的；企业制度是他律的，企业文化是自律的。在企业制度创新的过程中，企业文化的作用越来越重要，就是因为只有制度没有文化不行；当然，只有文化没有制度也不行。

［原载《在北京人文大学听讲座》，北京，中国文联出版社，2005］

创新篇

通过制度创新实现持续发展

企业制度始终困扰着企业发展

今天我们企业面临的形势与八九十年代不一样，最重要的不同在于企业必须重视制度建设，这是中国企业没有解决的一个共性问题。现在人们提的比较多的是国有企业改革问题，但实际上今天中国市场经济体制的改革，不仅国有企业面临改革的任务，其他各类企业也是如此，即所有企业都面临新的任务。国有企业原有的那套制度拿到今天来显然不行，需要进行制度创新；个体、私人企业也不能再像当初刚成立时那样光凭个人说了算，光凭热情就能办得好；乡镇企业也不是初期的状况了；“三资”企业也不再是把外资拿进来就能办好；有的企业搞了股份合作制改造，仍面临下一步如何发展的问题，企业改革并不是一股就灵的。所以现在我越发觉得各企业都面临着共同的课题——企业制度建设。

处理好人治与法治的关系

可以说，当今中国各企业从总体来说还停留在人治状况，中国企业的关键问题是要完成从人治到法治的转变，这样才能适应市场经济体制的要求。我们现在的市场还存在大量的人治现象，处于无序状态，因此要从计划经济体制下走出来建立市场经济，必须从人治转向法治，从无序转向有序。计划经济体制表面上好像有计划安排，实际上是无序的，因为那种计划是形式主义的，不能反映客观规律，实际上仍然是人治。我们的国有企业之所以在今天面临这样大的困难，就是没有建立适应当代市场经济体制的企业制度。

要解决制度与人的关系

企业老总的主要任务之一就是要进行企业制度的建设，但是在企业制度建设中如何处理好制度与人的关系是一个棘手的课题。我们强调制度不是说人不重要，强调以人为本的管理也不等于制度不重要。恰恰相反，人本管理需要在科学的制度的前提下来发挥人的作用。人是社会中最活跃的因素和最重要的因素，也是最麻烦的因素和最复杂的因素；而且人是最没有规则的，因为人有思想。人与制度的关系是摆在我们企业面前的两大难题，强调人的时候忽略了制度，而强调制度时又把人捆得死死的。实际上，制度与人的关系融合在企业管理的每一件事当中。就是说每一件事既要有个制度、有个规则，又要发挥人的作用。人不是在制度之外，超越制度随意地去做，可能会取得一时的成功，但不能持久。我们很多企业就是在位的老总一走就垮了，原因就是没有制度，过去的成功不能通过有效的制度延续下去。有人认为这是市场经济初级阶段不可避免的，但我认为时间不能拖得太长。我们应该尽量缩短从无序到有序、从人治到法治的过程，推进市场经济体制的建设，这样在进入 21 世纪的时候才能有我们的一席之地。

企业制度建设包括三个部分：企业产权和股权制度、企业组织制度和企业管理制度。

企业产权和股权制度是企业的首要制度

企业产权制度是为了解决好企业的财产关系。过去我们过分地强调国有和私有财产在所有制上的不同，其实不论是什么所有制的财产都有社会责任，即都要对财产负责，并且要用它产生出更有效、更多的财产。我们现在强调公有制财产应该得到爱护，应该保值增值，这是对的；难道个人财产就不应该得到爱护，不应该保值增值吗？我想也应该。从这个意义上说，我认为党的十五大的伟大功绩就在于把公有制和非公有制放到了同等重要的地位，当然如何来立法和保证，这是下一步要解决的问题。

中国的宪法现在只有“公有财产是神圣不可侵犯的”这样一句话，个人财产如何对待至今没有解决。但党的十五大有一句话，“非公有制经济是社会主义市场经济的组成部分”，明确非公有制不再是补充、不再是异己力量了。我们把公有制或非公有制财产利用好，应该说都对中国社会生产力发展有利。下一步，我感觉应该从法律上，包括宪法上，明确个人财产的法律地位。我们要从社会制度上保护私人财产的法律地位，以吸引私人再投资，否则投资就可能会转移到国外去，或转移到非理性消费上。当前的这种企业财产制度，不可能有很好的管理动力。

一个好的财产制度最重要的一是要有责任制，二是要实行股份制，使资本社会化。

今天国外的大公司，比如松下，就是由早期的个人资本、家族资本发展起来的。松下成立于 1918 年，原来是财产非常少的私人企业、家族企业，经过 80 年的发展，它现在拥有雄厚的财产，但已经社会化了，松下幸之助 1989 年去世时，他个人的财产只占松下公司总资产的 0.01%。在我们现在看来，它仍是私有制，但已经不是早期那种个人资本、家族资本的私有制了，而是经过社会化、实行股份制后的私有制。

现在的资本主义已经不像100年前那样面临困境，反而具有很强的活力和生命力。是什么挽救了资本主义，我认为有两个因素。

第一是股份制，资本主义经济通过股份制使它早期的个人资本、私人资本、家族资本实现了社会化，这种社会化的资本（或者说是资本的社会化）与社会化大生产相适应。也就是说，资本主义经济调整了自己的生产关系，使得它的生产关系与生产力发展——社会化大生产相适应，因而具有了生命力。股份制可以救活资本主义经济，同样可以救活社会主义经济，因为股份制本身是中性的，它不姓“社”也不姓“资”，不姓“公”也不姓“私”。可以说党的十五大思想解放的突破点就是在对公与私的认识上取得的。因此，只要是在中国这块土地上的财产都应该使它保值增值，这对社会生产力的发展有利。这是关于市场经济发展的第一个因素。

资本主义能够进一步发展的第二个因素是高科技。资本主义经济能够把先进的科技及时转化为商品，通过出售商品赚钱，而赚来的利润又能用来搞科技开发，使科技水平跃上新台阶，新的科技又能给它带来新产品，新产品又能开拓市场，又能赚新的钱。这样就形成了一个科技与商品之间的良性循环机制，这种机制恰恰是生产力发展的内在要求。中国到今天才认识到科技是第一生产力，认识到这一点是一个进步，但是至今没有解决如何使科技转化为产品的问题。我们说科技是第一生产力，还有句口号叫“科教兴国”，但根本问题在于科技如何转化为生产力。科技转化为生产力的关键首先体现在企业，企业要有这个条件和动力才行，否则仍然是科技与生产两张皮。20 世纪 80 年代初我在国外考察了两年多，国外的企业、公司，既是生产基地更是科研基地——特别是应用研究和开发研究的基地，这给我留下了深刻的印象。反过来看中国的企业概念就是生产管理，只搞生产不搞科研，认为科研是科研机构的事，企业的科技进步则大量靠引进而缺乏自我开发，其背后根本的原因是我们的科技成果转化缺少制度支持，企业没有科技创新的机制。

以上这两条对我们都很有启发。财产要有责任制，不是只有私有制才需要明确的责任制，公有制也要有明确的责任制。现在中国的国有财产就没有责任制，无人负责，全民财产人人有份人人又没份，因此有人说公有财产是无主所有制。政府部门都去干预企业财产，结果企业没有责任，政府也没有责任，根源就是产权制度问题。我们现在就是要强调企业建立财产制度是很重要的，它是前提和基础。任何类型的企业都要有明确的财产产权制度。任何时候企业都不能忘记，必须不断明确财产关系，建立起非常有效的产权制度，使自身的财产创造出更多的价值、更多的财富。这是财产制度要解决的问题。我认为以后对企业要淡化所有制的概念，不要过分强调按所有制对企业进行划分。在市场经济体制面前，不论哪一类所有制的企业，在市场财产竞争面前都是一样的。同样的财产，怎样用得更好，是评价企业对社会贡献大小的依据，任何企业都要在社会生产力的发展面前经受考验。所以说关键不是企业本身的所有制，而是任何所有制的企业都应该建立起财产制度，它是企业一系列制度的基础，是企业的第一个制度。

企业产权制度的实质不仅是归谁所有的问题，我把它归结为两条：一要有责任制；二要社会化。社会化又是建立在责任制基础上的社会化。

企业组织制度在于解决分工与协调的问题

企业是个组织，所以企业组织制度很重要。它要解决的基本问题是企业内部的分工与协调关系。组织制度只有两个内容：一是分工制度；二是协调制度。

先说分工制度。企业内部分工有两种：第一，个人分工，每个人都要有明确的责任、明确的分工；第二，企业内部单位的分工，可以是大单位也可以是小单位，小到班组、车间，大到工厂，目的是明确责任、提高效率。企业内部如果没有明确的责任，假如一件事甲可以干，乙也可以干，这件事肯定没有人干，只有在明确责任的基础上才能提高效率。效率来自两方面：一是分工的专业化，分工就意味着他专门干这件事，促使他对此加以专业化、加以思考，以提高效率；二是明确责任，就是说，他就是做这件事，如果没有做好就是他的责任。如果一个企业不敢进行明确的分工，那是很难办好的。

第二个是协调制度。所谓协调是指在分工基础上的协调。协调与分工的关系是先有分工，后有协调。分工是基础，但必须有协调。没有协调，分工就等于分家、等于分裂、等于瓦解。分工与协调是组织制度同一过程的两个方面，是同时存在的，谈不上何者更重要。分工协调就如同一只手的两面，你说是手心重要还是手背重要？显然，这是一个问题的两个方面，缺一不可。当然在一定时期，工作上会有一定的侧重，但同时不要忽略另外一面。与分工相对应，协调有两种。第一是个人之间的协调。比如，上下工序之间要协调好，做好上下沟通。第二是单位之间的协调。比如科室之间、车间之间、班组之间要协调好。协调的目的是形成企业整体的组织力量，提高企业整体的组织效益。通俗地说是要形成拳头，打入市场、占领市场。如果每个人的力量很强，但形不成组织力量是不行的，仍然涣散无力。中国人和单位这样多，必然会有瓶颈，一旦遇到瓶颈，尽管个体的效率很高，但整体的效率很低。

组织制度的关键是增强企业的凝聚力。企业办得好坏有两个最重要的标志，即外部有竞争力，内部有凝聚力。但有的企业在这方面反过来了，内部搞内耗，高喊把市场竞争机制引入企业内部。这种口号看起来很有力，实际表现出不懂起码的企业知识，不知道企业与市场有何不同。之所以需要有企业，就是为了降低要素的交易成本，把资源和成员都集中在一个企业的内部，从而减少交易费用，提高竞争力。如果企业内部不加区别地引入竞争机制，就会增加交易费用，加大组织成本。现在中国企业的内耗已经很严重，小企业有，大企业更甚。因此，把市场竞争引入企业内部的提法不科学。当然，其含义如果是调动内部各单位的积极性，发挥职能部门的主动性是可以的，但这与外部市场竞争机制完全不同，不能混淆。作为企业的高层领导，在这一点上必须非常清楚。

管理制度在于使企业走向有序

企业管理制度是为了使企业内部各项管理工作形成制度化的管理。我最近参加了几个活动，给我的感觉是科学管理在中国当前最重要的是：第一，制度管理；第二，有序管理。要改变我们企业管理工作中的随意性做法，使管理制度化成为摆在今天企业管理工作中的首要任务。所谓科学，就是针对你的企业的制度化管理。

我国推行质量管理就是一个明显的例子。我国从 20 世纪 80 年代起就讲质量，强调全面质量管理，但中国的三大质量——产品质量、工程质量、服务质量，我认为都不能令人满意，按照市场竞争的要求，差距还很大。中国推广质量管理的方法是任何一个国家都比不了的，是由政府出面来推广，这样做有一点效果，但并没有解决中国的质量问题。你可以强调质量管理很重要，可以推广一些管理方法，也可以制定各种各样的标准，但具体到某个企业，关键是企业要有自己的质量管理制度，这不是政府行为可以替代的。

各项管理工作、管理方法要改进，但最重要的是我们的管理工作要从现在的无序状态转为有序。假冒伪劣能赚钱，但只是暂时的，很快就会垮掉。我们企业赚钱必须建立在有序的基础上，必须使内部每个职工都知道应该怎样做。市场经济讲究诚实，但我们现在以为市场经济就是互相欺骗，就可以说话不算数，这不利于市场经济的进一步发展。

总体来说，企业制度建设就是这三部分，即企业产权制度、组织制度、管理制度。企业制度的这三部分是相互联系、相互补充、缺一不可、统一整体的关系。

产权制度是重要的，但是建立了产权制度不等于企业就能办好。我见到有一个国有企业改为股份合作制了，财产清理了，职工都是股东了。开始大家很高兴，但是接下来碰到选不出厂长的问题，谁也不服谁，后来当地政府给派了一个，他们又不接受，给顶回去了，反而使企业处于真空状态。究其原因就是组织问题没有解决。我不太赞成厂长、经理都用选举的办法，因为这与选举权力机构完全是两回事，职工代表可以选举，把老好人选出来谁都赞成。对于厂长，我认为合适的方法是招聘制度。

解决了厂长、经理的选举问题，只是组织问题解决了，还有一个管理的问题需要解决。但是组织管理又需要以产权制度、比较清晰的财产制度为基础。如果财产制度一片混乱，组织制度、管理制度也就没有基础。组织制度是财产制度的保证，管理制度是财产制度的具体运作，通过管理工作才能使财产保值增值。

如何解决企业的集权和分权

良好的企业组织结构既能使组织集中、统一，又能保持个体的主动性和创造性。企业组织结构指的是企业内部由哪些部分构成，以及这些部分之间的相互关系。一个企业的组织结构是否合理，最重要的有两个标志：第一是企业内部各个部分的积极性、主动性、创造性是否得到了充分发挥；第二是企业总部能否形成集中性、统一性、全局性。这里面需要有制度，还需要发挥人的作用。这两条总体说是统一的，但其中也有矛盾，要设法使各部分的积极性、主动性、创造性符合企业总体利益。如果单位的积极性很高，发挥到了损害企业整体利益的程度，那么你的组织结构就不合理。所以不能孤立地看各个单位的积极性、主动性。举例来说，现在有个做法叫划小核算单位，对此我们很多单位有这样的教训，核算单位划小了以后，最后根本就掌握不了它。它实力雄厚、羽毛丰满后就独立了，飞了，最后造成企业非常被动。这不是增强企业的整体力量，而是削弱整体力量。

应该搞清楚哪些权限应集中在企业的总部——集权，哪些应分散在企业内部各单位——分权。有人问，到底是分权好还是集权好？实际上集权和分权都谈不上绝对的好与坏，两者是相对的概念，取决于多方面的因素，一切要从企业实际出发，因此一个企业不必要也不可能照搬另外一个企业的组织结构。可以说，在国外找不到组织结构完全相同的两个企业，总是有点差异。

在同样的制度下，一个企业可能办好，也可能办垮，所以人还是最重要的。国外的企业制度很好，整体来说企业是发展的，但也有办垮的。我国整体的企业状况是不太好，所以需要比较好的企业制度，在有了比较科学、合理的企业制度以后，下一步就是如何发挥人的作用。在这个过程中，你还要不断修改、调整制度。好的企业制度是相对的而不是绝对的，别人能够做好，你不一定能做好，分权集权的比例是不一样的；企业制度是变化的，集权分权应该不是固定不变、一劳永逸的。即使在一个企业，也要根据它自身的条件和外部环境的变化来调整分权和集权的关系。要有制度，没有制度就是个人说了算，今天想抓什么就抓什么，明天想不抓就不抓。

企业组织机构在于解决企业高层的分工协调

企业组织机构与组织结构是两个不同的概念。第一，两者的角度不同。企业组织机构是解决企业高层分工协调问题的，组织结构是解决整个企业的协调问题的。所谓高层分工协调问题，以现在的公司制度为例，主要要解决股东、董事、经理三者之间的分工与协调关系。股东的分工是出资，否则不能叫股东。股东出资后把财产委托给董事会，由董事会来支配，董事会成为这个企业的法人，股东不能直接支配企业的法人财产，而应由董事会聘任经理，从事日常经营活动的指挥、领导，这都是为了企业整体的利益。因此，股东、董事、经理之间是分工协调的关系，包括财产关系，也包括组织制度中作为组织来说的分工协调的关系。这种分工协调是企业高层的分工协调，决定了企业组织结构的整体的分工协调。因此组织结构就显得特别重要，需要单独拿出来研究，也就是说，不解决组织结构问题，就不能使企业具有组织力量，当然，这里讲的公司组织机构是高层的分工协调，不是指一般科室、业务机构。

第二，企业组织机构既是个经济概念，更是个法律概念，而企业的组织结构只是个经济概念，不是个法律概念。每一个企业的组织结构都可以不同，因为法律上没有规定，但是公司组织机构首先是一个法律概念，凡是公司必须按公司法设立股东会、股东大会，设立董事会、聘任总经理等。不设立这些组织机构，不能成立公司，这是法律的要求。法律为什么要对公司做出这个规定？因为公司是法人，所以公司组织结构也叫公司法人治理结构。公司内部必须实行制度化管理，法人治理机构强调公司内部的法制化、制度化管理，废除了过去企业内部人治管理状况，就是说谁当股东、董事、经理是次要的，但是他们的关系是主要的。企业制度明确了他们三者之间的关系，谁当股东、董事、经理都必须按照这个制度来运转，不能因为人员的更换关系就颠倒了，就是说股东、董事、经理都是暂时的，但他们的关系是永恒的，公司制度是永恒的。大家可以看国外，董事长换了好几任了，比如可口可乐的董事长去世了，换个新董事长，必须按这个来运转，延续它的制度。至于原来的财产，按照财产制度来处理，组织和财产都有相应的制度。

我们国家现在企业组织的随意性太强，企业法规定，厂长四年任期，据我所知，很少到四年的，三年就把你换掉了。五年换四个厂长走马灯似的多的是，能搞好吗？即使是四年一换也不利于组织的长期稳定，人是很重要的，否则这个企业就不能延续，是短命的企业。中国的企业不要光看现在是否轰轰烈烈，要看它有没有稳定科学的制度以延续它的生命。作为上一代人，要为下一代人创造更多的财富，奠定一个制度性的基础，而不要留下一个烂摊子要下一代人去收拾。

机构设置要处理好决策机构与执行机构的关系

用多元化的股权结构保证决策的一元化。企业的决策权集中在两个方面。

一方面是股东会和股东大会。股东是出资者、所有者，没有股东就没有企业，因此股东会、股东大会是企业的最高决策机构，讲到这个问题的时候，结合中国当前的实际，主要应解决两个问题。一是应该有多元投资主体，即有多个股东，多个股东的利益之间既有协调也有矛盾，股东出资就是一种分工，股东之间也有分工，但是他们也有协调，协调的是财产关系。现在看来，多元投资主体有利于财产的发展。国外就是个人资本通过股份制社会化了。比如松下 1918 年成立时是家族企业，开始时只有三个人：松下幸之助、松下夫人还有他夫人的弟弟，如果只靠他们三个人的资本积累，到今天不会有这样雄厚的财富，它是靠股份制把分散的社会资金集中到松下公司。松下 1929 年就改为股份公司了，1933 年就实行了事业部制，可见，多元投资主体就是社会化的一种具体形式。二是应该采取法治。现在中国也有个人资本，当然你不愿意搞股份制也可以，但你这个个体户总要死亡，死亡了你的财产可以由你的子女继承，但你这个企业在法律上就消失了。现在世界上寿命最长的是公司，而不是独资企业、个体企业。当然独资企业、个体企业有灵活性，可以赚些钱，但毕竟是短命的。由于人治造成的企业寿命短，因素就很多了。松下幸之助去世了，但松下公司留下的制度延续下来，独资企业就是人治的企业，不可能法治，因为没有必要。但是一旦社会化，财产就要法治，现在我们的个体企业还想按原始的家族状态来统治企业，一定是不能延续的。松下 1933 年搞事业部时，制定了一个 250 年的战略目标，把 250 年分成 10 个 25 年，然后每个 25 年一个目标，它认为人一生中最精华的、在工作和事业上能出成效的只有 25 年，它准备用 10 代人来把松下公司建成世界性的公司。

决策权集中的另一方面是董事会，但不要以为有了董事会就能保证决策正确，董事会走形式的多得很，董事长一个人说了算的多得很，董事会变成照顾、安排人的机构的很多，如果企业的董事会全是不懂经营管理的人，那你的董事会也不能搞好。厂长负责制没有制度，决策了要厂长去执行，厂长就会想，这件事不好做，我既要决策又要自己做，不是给我自己出难题了吗？厂长负责制是我决策、我执行、我修改。因此从制度上来说，执行机构必须与决策机构分开。

执行机构必须实行个人负责制

对执行机构，我想强调的是必须实行个人负责制。经理、总经理个人负责制是指以经理、总经理为首的一个领导系统、指挥系统，而不是说经理一个人。经理与副经理的关系是领导与被领导的关系，这与董事长和董事的关系是性质完全不同的两回事。领导这个词是指权力的不均匀分配，只允许上级指挥、领导下级，不存在同下级商量，不是民主决策。这里，有很多很重要的原则应该强调。① 服从的原则。即经理发出的命令，副经理必须服从，不存在民主商量，至于总经理要征求意见，那是另外一回事。② 逐级的原则。即经理领导副经理，副经理领导部门经理，部门经理——比如说是下面的厂长指挥车间主任。这个系统中，一个下级只有一个上级，而一个上级可以有多个下级，这叫管理制度。这方面国有企业中也是混乱的，一个下级有好几个上级指挥他，使他无所适从。当然下级对付上级的办法多得很，倒过来下级去协调上级。这怎么能搞好？但我们就是这样过的。

经理应当实行董事会聘任。聘任制有几个好处。第一，按条件来聘任。因此要因事设职，因职设人，人事相符，权责相当，才能形成一套严格的制度。这就又回到一开始讲的组织问题，分权和集权要分清责任。在中国一件事好几个人做，个人搞不清楚做什么事，责任不明确，谁都愿意掌握权力，但谁都不愿意承担责任，结果是上级有权力，下级有责任。实行聘任制要弄清集权、分权的两个原则。① 权、责、利结合的原则。集权要承担责任，接受分权的有权力，同时要承担责任；或者说你分权的依据就是他要承担的责任。② 激励机制和约束机制要相结合。我们的企业要么有激励没有约束，要么有约束没有激励。我不赞成调动积极性的说法——他没有积极性，你来调动他。国外有一个叫作“激励机制”的提法，激励的概念是给人以动机，动机就是激励，上级要找到给他的动机，即内在的积极性。当然外部监督也是需要同步进行的，不是说激励就不要监督。聘任制度的第二个好处是有利于人才脱颖而出，因此要公开招聘，这就要有经理人才市场。谁愿意当经理，谁认为自己适合当经理，就到经理人才市场登记注册，需要经理的企业就到经理市场去选人，现在很多地方开始这样做了。第三，聘任经理实行无任期制，即执行者无任期，董事会有任期，中国一般都是三年。经理没有任期，干得好，继续聘任，否则解雇。这就涉及厂长负责制的缺点——四年任期，造成很多短期行为。所以执行机构不能有任期制度，要让经理有长远观点。

经理与董事会是代理关系，而不是领导与被领导的关系。因此董事会领导下的经理负责制的提法不确切。经理是在相对授权以后指挥领导企业的日常经营活动，在决策范围内不是事事要请示，在一些方面可以做主，而领导的概念可以理解为事事要请示，你不能自己做主。如果要问经理权力大小，这要看你怎样理解。经理在日常经营活动中有相对的决策权，即执行过程中的决策权。顺便说一下，董事会和股东大会也不是领导与被领导的关系，而是委托信任关系，股东信任委托董事会经营他的财产。也不是股东会领导董事会，董事会领导总经理，这个提法不科学。也不能用领导机构、领导制度的提法。组织机构中只存在经理与副经理之间的领导关系。

经理应当实行年薪制

经理的报酬由三部分组成。第一是基本工资。我曾经在一次会上讲，要保证经理的收入居现在的中上等生活水平，哪怕企业亏损了，也要保证他的基本工资。不能让经理还拿不到基本工资，整天为吃饭发愁。第二是年度奖励。即年度利润率、销售额、其他各项指标超额完成就可以提取年度奖励。第三是长期奖励。这是很重要的，关系到经理的长期行为。现在国外推行股票期权计划，即给你三年、五年以后的购买股票的权利。如果三五年后企业搞上去了，你就可以到股票市场上拿到股票增值的报酬，这就把经理的长期利益联系起来了。这三个部分的统一才是经理的薪金报酬。我们现在的厂长负责制的一大缺陷是把企业家年薪与工人捆在一起，受不超过工人3～5倍工资和企业工资总额的限制，厂长把企业搞好了，也不能多拿，这样就出现矛盾。工人的工资是进入成本的，经理的报酬可以从利润中拿出一部分奖励，这是与股东的关系。股东应该拿出一部分利润与经理分享，否则经理就会用他的权限来获得他的利益，损害股东的利益，这在国外叫内部人控制。这样股东就失去了对经理的控制，但如果把经理控制得很死，他就不可能把公司搞好。

企业必须在现有体制下谋求企业的生存与发展，不能等、靠、要。以上所述的有关经理层的制度如聘任制、年薪制等需要人事制度改革来做保证。中国国有企业改革存在两大问题。一是国有财产的股东如何明确，这方面有很多人在争，争财权。二是人事制度要改革。现在的这套制度不改，企业的制度建设无从谈起，但是在现在的体制下，你不能等待改了人事制度再来搞企业制度建设，你必须在现在这种体制下来保证企业的生存和发展。因为你如果生存不下去了，就只能把你兼并掉、破产掉，把你卖掉。现在很多企业体会到，生存要靠自己。去年年底我到北京一个电力设备总厂去讲课，这个厂长是我的学生，他说欢迎你来，带领全厂5000多职工唱三首歌，第一唱国歌，“到了最危险的时刻”；第二唱国际歌，“从来就没有什么救世主……全靠我们自己”；第三首歌，“敢问路在何方，路在脚下”。这就是现在企业要自己求生存，要丢掉幻想，投奔市场。这个幻想就是对政府的等、靠、要。政府就习惯于把你推下去，来调动你的积极性，推广它的经验，后果它不管，最后还是要由你自己来求生存、求活路，现在真是到了这样严峻的时刻。今年 4 月 1 日本来我想休息，总后有个 3501 工厂，非要我去讲课，它是全军最大的一个被服厂，他们说，现在总后要向地方招标，向军队的被服厂挑战，今年地方被服厂就拿走了 4000 万元的销售额，明年还会更多。我说，你这个企业，有这个组织、那个组织，这个厂长、那个书记，大家各有各的任务，都对上负责，这个要对总工会负责，那个要对别的什么部门负责，最后你要垮台，同归于尽。现在企业各种组织要团结一致、齐心协力、打开市场。工厂厂长、书记非常同意我的看法。他说你不讲我们还不知道，我们自己也想不出来。我们国有企业还没有到这种状态。我们到日本，很好的企业都有危机感，我们现在很多好的企业也有危机感，这叫居安思危，我补充四个字“思危不惧”。我们要迎接挑战，抓住机遇。我们很多国有企业死到临头了，还不自知，死都不知道怎么死的。那没有办法，最后就死定了，不会有人救它的，因为第一财政救不了，第二银行贷款也有限，现在轮到国有企业要上市了，但上市运动是圈钱运动，企业只能靠自己。

* * *

邓教授的讲座引起与会代表的极大兴趣，下面对讨论情况做简单介绍。

董事会不能由政府来任命

问：中国的董事会应该如何组建?

答：最基本的依据是《公司法》。《公司法》规定了两类公司：第一类叫基本公司，里面又有两类，一种是有限责任公司，另一种是股份有限公司；第二类叫国家独资有限责任公司。这第二类国家独资的公司是少数的、特殊的。公司是大量的、普遍的、基本的，包括有限责任公司和股份有限公司两种形式。这些公司都要设立董事会。董事会的产生，有限责任公司应由股东会产生，股份有限公司应由股东大会产生，国家独资有限责任公司应由国有资产的股东派代表来解决。董事会产生的办法不完全一样，但有一条，不能由政府任命董事、董事长。一个厂长把企业搞坏了，政府没有责任，再任命一个。这是不公正的。政府说责任是厂长的，厂长还可能说，我还不愿意去呢，我是服从党的分配。结果谁都不负责任。

经理人才市场是企业制度建设的关键

问：第一，市场不成熟，好的厂长经理没有地方招聘；第二，董事会、工厂担心招来的人才会坑了企业。我们南方一些企业都遇到过这种情况，招来的厂长、经理有时候搞不好，拍拍屁股一走，甚至把公司的一些财产卷走了。如果是国有财产可以判他贪污罪，或叫公安机关来追查，而对于私人企业只能认倒霉。

答：总体说，现在经理人才市场的透明度应该说是比较高的，但现在的人事制度不透明，需要改革，信息就是要透明公开。经理人才市场存在两个最大的问题。

一是经理的条件如何把握。市场推荐经理一方面要对企业负责，另一方面要对经理负责，市场要起到企业和经理间中介的作用，如果把不符合条件的人推荐给企业，它要承担责任。市场经济中，中介机构很多，但它要负责。现在搞个中介机构就赚钱，赚到钱就完了，剩下的都是你们两家的事。有的中介机构帮助企业搞假报表骗股民，只要拿到钱就行。所以，中介机构不公正、不负责不行，捞了钱就跑不行，这不是市场经济。这方面国外的公司或中介机构还是很负责的，国外的会计师事务所帮助企业上税，交税之前要把你的财务账拿来看，它要对两方面负责：一方面对企业负责，多缴税是不行的；另一方面对国家税务机关负责，少缴要惩罚你，你要负无限的责任。

二是经理的报酬。经理的报酬要透明，有些人占着岗位闹意见，觉得大材小用，我们认为人可挑事，事也可以挑人，中国的经理市场也要讲究这个。现在所有的事都要从企业的角度自己提出办法来，不要想靠政府某个部门的恩赐，就像刚才说的北京市很大的一个企业找不出经理来，而且出现无人管这种真空状态，造成几个月的损失。经理人才市场要靠企业冲破人事制度建立。现在谁都埋怨现行体制的弊端，但又都觉得无可奈何，谁也不能推动一下。这样，中国的事谁来搞呢？其实每个人都有自己的权限，在你的权限范围内可以对生产力的发展做出贡献，不要指望你在这个岗位上能干别的岗位上的事。现在市场上有对你有利的，你赶快吸收过来，壮大你自己，不要埋怨，不要等待。

中小企业的地位问题

国家要“抓大放小”，中型企业要努力自找出路

问：国家为了搞好国有企业，有个“抓大放小”的举措，抓的大企业以前几百家，现在到 1000 家左右。小的可以股份化、股份合作制，可以卖掉，而中间这些中型企业怎么办？

答：第一个问题涉及理论也涉及现实。理论问题是中等企业的概念怎样确立。国外没有这个分法，比如美国每年公布 500 家大企业，这是一头，代表了美国整个社会的技术方向、管理方向、市场竞争等，再一头是小企业，美国联邦机构不多，但有一个小企业管理局，这个机构不是管小企业的，而是扶持小企业发展的。

我们中国今天只讲大集团、大公司，我认为不够，小企业非常重要。美国有个小企业技术进步法。小企业要开发产品、技术进步，但是没有资金，可以把方案提到小企业管理局，它给你组织专家来论证你的这项技术进步是否对你企业或社会有好处，要么无偿给你钱，要么低息贷款，用各种优惠条件扶持你，等你生产出产品并投入市场，再逐步归还。试验失败了，由于事先经过专家论证，不要你还款。美国为什么支持、鼓励小企业？是因为小企业有重要的作用。重要性在于：第一是繁荣市场，小企业更接近人民生活，接近市场的每一个角落。大公司毕竟是大批量生产，但市场需要的产品是五花八门、千变万化的，需要大量的小企业来繁荣市场。比方说到大商店买最起码的小商品买不到，好像没人生产了，恰恰小商品集中在小企业就能赚大钱。因此，小企业的存在就在这里，出路在这里。找大公司不能生产的产品你来生产，不要老是瞄准大公司生产什么，你也生产什么，那你准搞不过大公司，实力悬殊。小企业要有善于抓住市场、满足各种需求的能力。小企业的第二个作用是作为大公司的配套、补充。一个社会不能只有大公司、大企业，没有小企业。比如美国通用汽车公司有几千个小企业做它的卫星企业，为它提供各种各样的配套产品。小企业要以大公司作为你的后台、后盾，只要它存在你就存在。但有一条，小企业的产品必须质量高、成本低，否则大企业就不买你的或自己生产。比如美国有个链条厂是个小企业，美国通用汽车公司几次想吞并它都不成功，因为它的链条质量好、成本低，它就生存下来了。小企业粗制滥造是不行的，只有专业化水平和技术性水平很高才能生产出能与大公司配套的产品来。第三是就业。小企业是就业的蓄水池，小企业就是要利用劳动力便宜的优势，不可能高度机械化、自动化。社会生产力发展总是不平衡的，有些产品就是要手工来做，机器做反而不合算。第四，小企业能够培养企业家、吸纳人才。小企业一定要给有才能的人提供一个活动的场所，因为大公司有一套比较严格的制度，有才能的人可能发挥不了作用。普通人才在小企业可以发挥作用。不要小看小企业，国外很多企业家都是从小企业锻炼出来的。因为一个人的管理能力需要实践锻炼。像我们现在一个局长突然调来当总经理，这就乱了套了，局长的思路和总经理的思路完全不是一回事。

国外小企业的作用至少有这四个，小企业必须在这中间求得生存和发展。但小企业有缺点、弱点，最大的弱点是实力不雄厚、资金有限。正是由于小企业对社会是重要的，又有弱点，因此美国成立个联邦小企业管理局去扶植它。美国现在企业总数是 1400 多万家，其中小企业 1100 多万家，占 80% ～ 90%。真正的公司 100 万～ 200 万家，真正起作用的公司 1 万家，起带头作用的公司 500 家。美国就是这样的两头结构，一头以大公司、跨国公司为代表，一头是小企业。

中间的企业怎么办？两条出路：一条是向大企业发展，

壮大自己；再一条，生存不下去，垮掉，连小企业的优势都没有。因为它比小企业稍微大一点儿，包袱也重一点儿，不如小企业灵活，市场变了，马上就能换一种产品。中型企业既没有大企业的规模优势，又不具有小企业灵活的优点。因此，在理论上说中型企业在企业发展史上总是分化瓦解的，不可能老是维持中间状态。从企业发展规律来说，两头是最重要的，中间这一块在演变，在分化、改组、重组当中来生存发展。从实践上说，中国的大中型、中小型概念混乱，搞不清楚，经常是根据政府的需要，一会儿提大中型，一会儿提中小型，中间的一会儿往大的靠，一会儿往小的靠。中型企业感到对自己的发展前途，政府态度不明确，其实这对于中型企业而言是个机会，就是要抓住国家对中型企业态度不够明确的机会，选择最有利于自己的政策，不能等、靠、要。

把国有企业分为主体和非主体以推进股份合作制改造不是一种规范的做法

问：一个国有企业分主体和非主体两部分，现在要对非主体部分进行股份合作制改造，成立股份合作制公司，有两个问题国家有何规定：① 主体人员进入合作制公司；② 合作制公司人员回流到主体，人事工资问题如何解决？

答：这种划分方法和改制方式本身有其不规范之处，可能是地方的土政策。现在各地有很多各自的规定。但是一个国有企业分为主体和非主体两部分是不是需要？什么是主体和非主体？是不是指企业办社会这一块，负担很重，要剥离。非主体也可能是指不太重要的部分，比如一汽有12万职工，加上非主体36万人，40多个单位。企业说我养不起这么多人，它抽出4个单位，都是生产轿车的核心部分，然后对其他单位进行股份合作制改造，成立股份合作制公司。党的十五大提出："国有大中型企业要按照规范的公司制进行改革。"《公司法》规定公司只有三类：有限责任公司、股份有限公司、国家独资公司。国家独资公司只能是特殊少量的。现在全国100家试点，搞了87家国家独资公司，87家还没有试点完，有两家就垮掉了。都搞成国家独资公司是换汤不换药，是走过场，是失败的，这样搞不下去。而规范的公司制现在在中国基本上是两种公司，即有限责任公司和股份有限公司。如果你的非主体部分搞成公司就把它叫有限责任公司或叫股份有限公司，但我们有些地方非要搞成股份合作制公司，这其中有个误区，"股份合作制公司"的提法不规范，《公司法》中没有这类公司。

所以说把非主体搞成股份合作制公司本身就是不规范的说法，对于主体人员到股份合作制公司和人员回流到主体，当然不可能有统一的规定。

［原载《中外管理高级研讨班报告精选》，《中外管理》杂志社，1998］

入世后的企业制度规范与政府职能转变

加入 WTO，现在国内谈得最多的是各个行业如何如何，我认为这种定位不准确。其实，我们说中国加入 WTO，入世的主体是政府和企业，企业是在台前，政府是在幕后。入世后受影响最大的是企业，行业受冲击固然难免，但不景气行业里有盈利企业，景气行业里有亏损企业，入世后酸辣苦甜滋味不同的主体是具体的企业，而不是行业。现在政府入世很积极，但实际上入世后受冲击最大的恰恰是政府，政府是当代中国最不适应入世的“单位”。长期计划体制下政企不分的架构，将极大妨碍政府的适应能力，因此，从现在起就必须彻底转换政府职能。

作为入世的主体，中国企业有很多不规范的地方。WTO讲究规则，中国企业也应如此。但中国企业的现状如何呢？并不尽如人意。其中最大的不规范就是企业产权结构不清。中国企业现在是按所有制性质来注册企业，这一点必须打破。从法律角度讲，企业的组织形态一般有三种：个人独资企业、合伙企业、公司制企业。现在通行的企业概念有很多混乱之处，如以下几点。

集体企业：产权不清；

民营企业：定义很模糊；

乡镇企业：定位不确切；

国有企业：形态不确定；

股份合作制：责权不规范。

诸如此类问题的存在，本身就是不规范的表现，距符合国际惯例的现代企业制度甚远。

[原载《中国经济快讯》，2000（4）]

企业改制最新进展及趋势

今天很高兴跟在座的来自全国各地的企业家、企业的领导和各方面的专家见面，首先我要祝贺中国企业经营者问卷调查结果的发布，预祝我们这次研讨会取得圆满成功。

我讲的题目是“企业改制最新进展及趋势”。对于企业改制的最新进展，今天上午的发布会上有一个材料是这么说的：今年跟去年相比，调查结果显示，今年调查的企业中，股份有限公司和有限责任公司的比重分别增加了 2.2% 和 5.5%，同时国有企业的比重减少了 7.2%，说明企业改制在全国范围内稳步推进。我想这个材料本身也表明，一年来企业改制取得了新的进展。这个新的进展，可以说是从 1978 年国有企业改革开始的。

1978 年开始的改革基本上是两个方面的思路。一方面就是多种经济成分的企业比重不断上升，纯粹国有企业的比重在下降。这是我们 23 年来企业改制总的推进状况。当然各种成分的企业比重在增加，这又基于两个因素：一是国有企业本身改为其他的企业形态；二是来源于新建立的、新成长的各类企业。这一企业改制的成果，对我们推进市场经济的发展起了基础性的作用。为什么？因为企业是市场经济的主体，企业是社会生产力发展的基点，企业是创造物质财富的基本单位。20多年来，中国的进步、市场的繁荣、人民生活水平的提高、国家经济实力的增强，同企业改制所取得的进展是分不开的。总体来说，现在企业改制呈现出比较好的势头，这点应该充分肯定和注意。

另一方面，23 年来企业改革发展到今天，各类企业都面临着新的问题。不仅是国有企业面临着问题，大量的非国有企业也面临着发展中出现的新问题。今天讲企业改制这个概念，远远超过了国有企业改革的范围，企业改制应该覆盖各类企业发展过程中出现的问题，不能简单地把企业改制看作是国有企业的事情。我看了一下今天参加会议的企业名单和企业类型，登记表上绝大部分是以公司的名义出现的，但是根据我的考察和研究，中国现在的公司是五花八门的，大不一样，这些公司本身也面临着进一步的改革。

企业改制不再是国有企业改革的专用名词，而应该涵盖我们各类企业面临进一步发展需要进行的制度性创新。有人讲企业改制就是国有企业改革，好像其他企业就不存在。还有一些人把希望寄托在非国有企业上，对国有企业改革不怎么感兴趣。现在我们对企业改革的看法也不一样，我的看法刚才已经讲了。当然企业改制就我们国家的实际情况来说，从 1978 年开始主要指的是国有企业改革。23 年过去了，国有企业本身也发生了变化，有的已经改成公司了。但是各类企业都出现了发展中制度性的缺陷与不适应的地方，企业改制实际上涉及中国现在的各类企业，也就是说，各类企业都面临发展中的改制问题。

另外，这里讲的企业改制是指企业的制度性创新。现在我们的企业就是要发展，发展无非就是去发展新产品、开拓新领域、占领更多市场，搞管理，降低成本，提高质量。问题是中国的企业为什么市场竞争力不够，为什么中国企业发展过程中的技术创新、产品更新不尽如人意？我的看法，中国的企业跟 WTO 规则的差距就是两点：一是观念的差距；二是制度的差距。其他的差距都是表面的，你的成本高一点，你的质量差一点，服务差一点，你的产品领域不够，我认为这些问题的根子是观念落后、制度落后。我们即将加入 WTO，中国企业与国际先进企业最大的差距就是观念的差距、制度的差距。因此我们的企业改制，首先是要变革观念。江泽民总书记在“十五大”报告里有一句话，即只有进一步解放思想，才能建立现代企业制度。这句话是符合中国企业的实际情况的。就当前来说，企业改制当中最重要的是解放思想，要破除姓社姓资的争论，破除姓公姓私的传统障碍。企业改制如果不在观念上加以变革，不破除姓社姓资、姓公姓私，就不能推进。

总体来说，中国的企业改制面临着 21 世纪的两个挑战。

第一个挑战是技术信息化。我们现在讲技术要改造、引进设备等，21世纪最重要的是技术信息化。第二个挑战是经济全球化。

技术信息化建立在高度工业化的基础上。我们中国的企业现在小农式的管理方式仍然大量存在。不管哪一类企业，小农式的管理方式既有计划经济当中的小而全、大而全、万事不求人、闭门管理，也有1978年以后出现的家族式企业落后的管理。一些家族式企业在80年代初可能还比较平稳，但是现在面临的挑战也是严峻的。为什么？我们的企业工业化水平还没有达到社会化大生产的要求，现在的企业应该是同社会化大生产的生产力相适应的企业。国外的企业从20世纪初到20世纪90年代，用了将近100年的时间完成了企业的工业化改造。但是中国由于长期的小农经济，商品经济不发达，再加上几十年的计划经济体制束缚，我们的企业不适应工业化的社会化大生产水平，要么小的企业搞不大，要么大的企业内部闹独立、闹瓦解，这种事情司空见惯。

我们的企业可以说不适应工业化的要求，国外的企业在工业化的基础上又进入到信息化的阶段。国内的企业面临着国外走两步的路我们一步要走完。既要补上工业化的课，还要迎接信息化的挑战。我觉得我们的观念要转变，不要以为20世纪初泰勒管理那一套过时了，现在我们只搞信息管理。信息管理是重要的，但是泰勒的科学管理没有过时。现在很多企业基本的责任制度都没有，它是凭人际关系，不是凭制度，它是凭人折腾企业，人离开这个企业就滑坡了，它不是靠制度。工业化要靠一种分工制度、责任制度来约束企业的内外关系。而现在的工业化又朝着信息化发展，信息化与工业化又不同，既要有制度、要有责任，还要有灵活，要把这两个东西结合起来。中国的企业关键要跟上技术信息化的要求。

再有就是经济全球化。经济全球化建立在高度市场化的基础上。所谓全球化，就是全球的市场化，或者是市场的全球化。但是，今天中国的企业，包括一些好企业，是在条块分割、诸侯割据的体制保护下生存的。中国的企业国内市场化都没有达到，比如为什么我们的汽车搞不大，就是地方保护主义。不管是诸侯割据，还是条块分割，还是怎么样怎么样，反正有一条，你是不是适合市场化的要求？今天的市场化已经不是中国的市场化，而是国际的市场化。这就要求我们的企业两步当一步来走。我们要冲破地区、冲破省市、冲破部门、冲破国界走向世界，这个不是说说而已，要适应实际的企业制度。

现在我们这套企业制度不适应，包括很多好的企业，都是当地政府评比出来的，仍然是靠评比。要么是上面说你很先进，要么自吹自擂，实际上一切企业都要拿到市场去检验，不能关起门来搞条块分割、诸侯割据、地方保护。这个当然有体制的问题，有政府的问题，政府要改变，但是我们今天只就企业来研究。企业不要埋怨政府，政府也不要埋怨企业。如果这么埋怨，企业就难以走向市场，我的看法是各干各的事，企业办企业的事，政府办政府的事。入世以后最大的挑战是政府，不是企业。

政府改制比企业改制任务更艰巨，现在政府的运作不适合市场化的方向。破除计划经济体制，我们最主要的改革对象应该是政府，不是企业。企业是受束缚的、是被动的。今天我们不讨论体制问题，不讨论政府问题，我们的企业要冲破旧的体制，这就涉及企业家有没有这种胆量，有没有这种观念的认识，等待就是死亡。

WTO 规则摆在面前，当然对政府也形成挑战。我去年在人民大会堂开会时讲了一句话，入世以后最大的挑战不是企业，而是政府。因为政府这套运作管理企业的方式非常不适应当前的需求，但是这个问题企业无可奈何。作为企业家来说，应该立足于经济全球化来进行企业改制，而不要被现在的条块分割、地方保护、诸侯割据所束缚，也不要把希望寄托在这上面。话说回来，每个企业不一样，有的可能从中得益沾沾自喜，但是政府也在改革。政府一改就把你扔向市场，扔向大海，扔向全球化，你就不适应了。企业改制、观念变革最主要的是冲破姓社姓资的争论，冲破姓公姓私的争论，面临着两个要求：一技术信息化，二经济全球化。

今天中国企业搞得好的都是观念变革比较快的，都是解放思想比较好的企业，尤其是董事长、老总这些核心层。我们在座的企业家，思想解放非常重要。观念变革，这是企业改制领先的一个措施。改制包含观念变革，解放思想。当然改制本身是解决制度创新，观念变革最后要落实到制度创新。观念变革本身不是目的，制度创新才是核心。但是制度要创新，观念变革要先行，因为人的行为是由思维来支配的。人不但有生命，有思维，还有行为。只有想到的事才能做得到，想不到的事就做不到。不可能说这个人认识很差劲，但他的实践水平会很高，即使有，那也是偶然的，不是必然的，是不能延续的，是一种偶然的行为。我们现在要研究的是制度的延续性、长远性。观念变革是前提，但是它还要落实在制度创新上，表现在制度创新上。

企业改制的目标是什么？是实现市场经济的要求。市场经济我们也讲了好多，但是不容易实现。市场经济条件下，企业制度怎么来划分，我觉得这个要明确，就是改制要改成哪一种企业制度，这个很重要。你的目标企业制度是什么？我认为市场经济条件下的目标企业制度基本上是三类企业制度。

第一类，公司制度。因为公司制度是最适合社会化大生产的、最现代的、最先进的企业制度。所谓现代企业制度在国际上就以公司制度为代表。我们的现代企业制度搞了好几年了，但是各有各的理解。有的引进两台先进设备叫现代企业制度，有的搞了两个管理方法的推广也叫现代企业制度。实际上这里讲的是现代企业制度，不是一种具体做法。

现代企业制度是以公司制度为代表的，也就是说，中国人叫现代企业制度，在国际上就叫公司制度。当今市场经济发达的国家都是公司发达的国家。公司创造了当今最大的社会财富，公司制度的社会化程度最高，它的生产力水平最高，它的生产关系社会化程度也最高。公司是社会化程度最高的企业制度。中国应当大力发展高度社会化的现代企业制度，我们的公司不是多了，而是少了。在中国，公司制度要大大地发展，而且应该在国际上涌现出一些有分量的跨国公司式的中国现代公司，这是中国企业改制的目标。

中国跨国公司的涌现只能按照市场经济的规律来发展，在竞争中成长。这条路可能会漫长，但是总比由计划经济体制下的政府去拼凑捏合两个所谓的国有企业集团要好得多。我们的企业改制要有战略的眼光，甚至企业改制不是我们这一代人能完成的，不是说拼凑两个国有企业集团拿到世界上凑合就成了。世界上有分量的公司的平均生命周期是 30 ～ 50 年，杜邦公司有 200 年的历史。一个企业制度能不能生存下去，主要由生产力来检验，而且要放在国际上来衡量。不能局限在这个地区，在这个范围内，在国内。国内可以“山中无老虎，猴子称霸王”，你拼凑出几个企业集团，那不是真正的公司，我说的是真正以跨国公司为代表的现代公司。中国在改制过程中应该涌现出一批这种公司，但是形成这种公司的前提条件是在市场竞争中形成和壮大。这种公司应该由小到大，由弱到强，从无到有，应该坚持这个原则，而不应该简单拼凑几个国有企业集团，实际上那是经不起市场风浪检验的。企业改制的方向目标要明确，路子要对，按市场经济的路子来进行，不按计划经济的路子来进行。

第二类，个人独资企业制度。在今天的中国社会，应该鼓励更多人出来创业，办个人独资企业。

个人独资企业制度有什么好处？第一，它是人们致富的基本途径。现在人都想富起来，市场经济鼓励人们去挣钱、致富，问题在于现在的人们太急躁了。不通过创业办企业，当官也想富起来，或者是搞别的也想富起来，这就容易搞出社会混乱。致富的基本途径是创办企业。所谓创业，主要是创办企业，而且是办个人独资企业。要想富的人应该去办一个独资企业，这是致富的基本途径。想富，应该承认这是人们的正常心态，关键是怎么富，要走正道，不能走邪道，在法律上、在观念上都应该对此有共识。

不能只说大公司很重要。实际上，个人独资企业制度是基点，跨国公司是方向。美国这样的发达国家，个人独资企业比重还占了一半以上，何况我们呢？所以我觉得应该大力提倡个人独资企业制度的改制方向。改制方向有两种，一种是创办新企业，还有一种像国有企业撑不下去，把它卖了，变成个人独资企业，这对社会也有好处。何必把国有资产折腾完了？国有资产今天的流失是很大的，是一个冰棍现象。庞大的国有资产效率很低，我们付出的代价还是很大的，与其那样，还不如直接拿出来卖掉创造更多的财富，对子孙后代还有好处。所以个人独资企业是致富的基本途径，应该鼓励。

我提倡鼓励给大学毕业生更多的创业机会，这跟过去等待分配工作是不一样的。过去是找一份工作，找一份工作那就是打工。将来一个人要么去创业，要么就打工，就是这两条可选择的路。不像过去讲的，到哪个单位去参加革命工作，不是那个概念了。个人独资企业制度应该提倡。

第二，有利于创造国家的税收。我认为中国的财政结构要改革，现在虽然国有企业交的税很多，但是它还是牺牲了一些应该得到的利益。国有企业这么困难，但是给国家交的税那么多，那是撑着的。财政结构不能长期建立在这个基础上，而应该建立在新兴企业基础上，未来个人独资企业交的税和个人所得税，占中国整个财政结构的比重必将大大上升。

第三，有利于解决就业问题。中国的就业是21世纪重大的社会问题，因为人多。就业怎么解决？靠国家再来创造岗位作用非常有限，靠国有企业，它们自身问题一大堆，人也太多，也在往外甩。解决就业的基本途径是鼓励人们去创办企业。我的看法是今天谁出来创办企业，他招工50个人，他的社会地位和社会贡献比处长还要大。他如果能招100个人，对社会的贡献比司局长还要大，如果能招200人来就业，贡献比部长还要大。因为中国的官员机构太多，吃财政饭的人太多，而创造就业的人太少，关键在于他的社会地位太低。中国今天的社会是企业地位太低，企业家声音太小。搞市场经济，要加入 WTO，中国今后肯定要面临这个挑战。我认为应该提高企业的地位，增强企业家的声音，为什么？他解决了就业问题。有人不服气，觉得企业工资低。你也可以出来创办企业，只要你有知识、有技能、有才能就能为社会做贡献，应当保护创办企业者的积极性。

第四，个人独资企业是企业家产生和成长的摇篮。我们天天讲企业家这个概念，企业家的本质是创新意识、开拓精神。现在对企业家的认识有偏颇。不是到哪个地方的大公司受聘就业就是企业家，世界上绝大多数企业家都是由小到大、由弱到强，从创办企业开始，然后发展企业。个人独资企业是企业家产生和成长的摇篮，中国真正的企业家来源应该是这些企业，因为在其中成长的企业家有风险意识、有责任感、有开拓精神，适应市场竞争。

第五，有利于和大公司相配套。大公司不可能把一台机床的 5000 多个零部件都自己搞，可以搞一些关键件，其他的分包出去，这就给了个人独资企业生存的空间。你依托在大公司之下，只要这个大公司在你就在，当然你得满足它的成本、质量、价格、服务、交货期的要求，否则也不能生存。再譬如汽车 1 万个零部件，波音公司一架飞机 3 万个零部件，显然有众多的企业来为它提供零部件。

个人独资企业的好处有这五条，这是第二类企业。这些企业有的是新建立的，大学毕业生出去创办企业；有的是国有企业改制后的企业。国有企业改制成这种企业，对社会有五大好处，省得国有企业在这儿撑着，老产品又没人要，还撑着干吗？我们研究企业改制就得有一个共识。

第三类，合伙企业。第一个优点，跟个人独资企业相比，有若干个合伙人出资组成一个企业，这样可以克服个人技术能力、业务能力、资本能力的局限性。

第二个优点，可以做知识性、业务技能、技术比较强的一些企业。有些人有技术、有业务，可以合伙办企业，比如会计师事务所、设计事务所、律师事务所，还有一些高新技术企业。资本量不一定很大，但是要求业务技术、技能水平比较高，市场经济讲究合得来在一起，合不来就散伙。合伙企业不像计划经济那样一定要把某些人捏在一起搞内耗。松下公司最早就是家庭企业，也是合伙，松下幸之助及夫人，还有他的小舅子，后来搞了一段小舅子不干了，分离出去了，小舅子搞了一个三洋也可以。现在三洋也发展，松下也发展。

第三个优点，可以有承担无限责任的合伙人，也可以有承担有限责任的合伙人。这和个人独资企业不同，个人独资企业必须承担无限责任，合伙企业总体来说应该承担无限责任，但是可以有承担有限责任的合伙人。中关村办企业，你有技术出技术，有钱出钱，有钱的承担无限责任，出技术的承担有限责任，可以使两种责任在合伙企业中得到体现。

第四个优点，合伙企业可以更多地接受一些风险投资，有利于民间资本的发展。只要有技术有业务人家就愿意来投资。

总体来说，将来企业改制的目标，这三种企业制度应该提倡。这三种企业制度的区别是什么？企业资产所有者的形式不同。个人独资企业，资产个人所有，因此利润由个人独享，风险全部由个人承担。合伙企业的资产所有者是合伙人。合伙企业的关键在于合伙人要签订合伙合同，一切运转按照合同进行。合得来就在一起，合不来就散伙了。公司资产的所有者形式，我认为是最值得我们研究和重视的，刚才讲的这两种企业，相对来说比较简单。企业制度最重要的是企业资产所有者的形式不同，这是划分市场经济条件下企业制度的基本标准，也是企业法律形式的依据。企业改制应该有法律观念，因为市场经济就是法治经济，一切依法进行。

公司跟前两种企业资产所有者形式的最大不同有以下几点。

第一点，公司是两人或两人以上集资组成的法人企业。这是公司区别于个人独资企业、合伙企业的本质特征。首先是两人或两人以上，可以是自然人，也可以是法人。但是一旦组成公司，这个人的法律独立主体资格就消失了，只是这个公司的股东。集资后的财产是公司法人的统一财产。公司作为法人，拥有独立支配法人财产的权利。现在有些是打着公司的旗号，实际上资产是个人财产，或者所谓的合伙。目前，社会上的一些提法混乱，出现很多产权纠纷，内部就闹起来，法院也没法判，因为本来就不清晰。这也属于企业改制要解决的问题。企业改制最主要的是要明确资产关系、产权关系，谁出资，跟企业有什么关系，这是企业制度上最根本的特征。

第二点，公司实行有限责任制度。这也是公司区别于个人独资企业和合伙企业的重要特征。有限责任包括两方面含义。

第一是股东对公司承担有限责任。股东以出资额为限来承担责任，把股东出资的财产同股东其他财产区分开来。一旦公司出了事，股东只承担他出资那部分的责任，不会超出这个范围。假如一个人有一部分钱要投资，可以有三种情况：一是自己办一个企业即个人独资企业；二是和别人合伙办企业；三是投资到公司成了股东。股东还有别的职业，还可以拿别的报酬，而投资到公司是等着分红。个人独资企业则是以办企业为职业，这也是一个概念的区别。

第二是公司对债权人承担有限责任。公司以法人财产为限对债权人承担责任，这就出现了破产制度。公司有限责任制度是公司破产制度的基础和前提。公司破产有三个条件。

（1）公司法人无法承担债务，资不抵债。但这不是破产的唯一条件。

（2）在资不抵债的情况下，公司失去了信用能力。假如有信用能力，还可以借新债还旧债，不至于破产。如果既资不抵债又失去信用能力，不能借新债还旧债，包括原来的债权人也不愿意再借给你了，则构成公司破产。

（3）欠两个债权人以上的债。在这种情况下，债权人争先恐后来讨债，会导致债权人之间的纠纷。所以破产制度的积极意义就是两条：第一，维护债权人利益，公平合理偿还债务；第二，使债务人得到解脱。这是破产的积极意义，是企业新陈代谢的正常表现。

破产这个概念只用在公司制度。个人独资企业是倒闭解散，因为一个人承担无限责任。公司不同，是一个法人破产，法人消灭。破产后的公司人员可以依法另找出路。假如没有破产制度，像国有企业不能破产，又不能自己挽救自己，国家又不给补贴，就得耗着，这就是社会不稳定的因素。破产是社会稳定的表现，有利于社会的进步。因为市场竞争，总会优胜劣汰、新陈代谢、如果没有破产就只能耗在那里。有限责任制度是破产制度的基础，现在很多企业不能破产，就是财产责任制度不清晰。企业制度最重要的是明确财产责任制度，股东出资的财产责任是承担自然人责任，公司则是承担法人财产的责任，这个要区分开来。

第三点，公司必须实行所有者与经营者的分离制度。所有者是股东，经营者在这里以经理为代表。经理是公司经营活动的代理人，严格来说，经理这个概念只存在于公司，不存在于个人独资企业里。虽然有些个人独资企业也聘个经理，但那不是公司制度中的经理概念，经理制度应该以公司制度为代表。

第四点，公司必须建立法人治理结构。所谓法人治理结构就是要解决在所有者与经营者分离之后，所有者与经营者之间的利益冲突问题。只能讲公司法人治理结构，不能讲企业法人治理结构。个人独资企业不需要法人治理结构，因为是个人说了算。合伙企业也不需要法人治理结构，因为是合伙人商量着办。国有企业根本谈不上法人治理结构，现在社会流行叫企业法人治理结构，我觉得不恰当。因为不是所有企业都是法人，谈不上企业法人治理结构，只有公司法人治理结构。公司法人治理结构主要是解决所有者与经营者的利益冲突问题。所有者与经营者分离有好处，公司有优越性。分离的第一个好处是提高了资本运作的效率。因为股东是资本的所有者，他只关心资本投在哪个公司，而把产品业务抽象化了。只要能给他带来回报就投资，社会资本流向生产力最先进的行业中去，就可以获得高回报。股东是资本的专家，公司的优越性就是提高了资本的社会化运作效率。分离的第二个好处是提高了经营管理的效率。经理是经营管理的专家，凭管理知识、管理才能、管理业绩取得报酬，这就鼓励人去学管理知识，做好经理获得高报酬。把公司办好了，造就了一批管理专家即经理阶层。这两个好处集中起来就是提高了公司的市场竞争力和社会生产力效率。公司是迄今为止生产力最先进的现代企业形式，到现在为止，还没有任何一种企业制度超过公司制度。

个人独资企业发展之后变成公司，但必须是真正的公司，不是现在某些名不符实的挂牌家族公司。现在各类企业都面临改制，改成规范的企业制度，即在市场经济条件下产权清晰的企业制度。企业从建立的第一天起要产权清晰，如果企业注册时就产权不清，以后必定有产权纠纷。人有一个特点，没有产权时说没关系，大家做贡献，一旦有了财产就争就吵。办企业第一天起要明确财产关系，否则这个企业是办不下去的，再好的产品、再好的业务最后也会内耗掉，或者挖掉、走掉。这就是企业改制的意义。我建议企业从注册的第一天起就明确财产关系，即资产所有者的形式。资产所有者之间的关系是什么？或是一个人独立办企业，或是跟别人合伙办企业，或是股东集资办公司。将来基本上就是这三种情况，第一种是个人业主的财产，第二种是合伙人的财产，第三种就是股东集资组成的公司法人财产。

从未来中国的企业来说，这是非常重要的，财产关系、资产关系、资产所有者的形式一定要明确。公司实行所有者与经营者分离有很大好处，造就了更高的生产力效率。但是，经营者与所有者分离之后有两个缺点。第一是信息不对称。股东出资后委托经理经营，不直接掌握公司的财产信息、经营信息，这就有可能导致经理用他得到的信息欺骗股东、隐瞒股东，从中获得自己的好处，这叫内部人控制。公司法人治理结构要防止内部人控制，以免经营者利用自己掌握的信息来欺骗股东获得好处。第二是目标不一致。股东的目标追求投资回报，经理的目标追求个人报酬最大化和个人能力的增值，这样容易产生矛盾。公司法人治理结构就是解决所有者与经营者分离之后的利益冲突问题，维护公司各类人的利益关系并保持公司健康成长。

任何一种企业制度都有优点也有缺点。公司成败的关键是经营者与所有者分离之后的关系能否处理好，公司法人治理结构是决定公司命运的制度。中国公司法人治理结构的不规范表现在要么所有者经营者不分，要么分离之后各干各的导致矛盾。公司法人治理结构要求股东机构、董事机构、经理机构的权利关系是制衡关系。他们的权利是分割的，没有至高无上不受约束的权利。有人老问我，到底是不是股东最重要？股东是重要，但不能直接指挥董事，更不能干预经理，否则你就是角色不分了，那就不是公司了，要么回到国有企业，要么回到个人家族企业。家族企业发展为公司之后失败的也有，香港王安电脑公司搞得很大，王安死的时候让他的儿子继任总裁，其他能人不用，最后公司垮台破产。公司不遵守法人治理结构就要破产，无论是国有企业还是家族企业演变过来的公司。个人独资企业一旦搞大了，不走公司制度，还是家族企业这一套，自己说了算，最后也难免失败。家庭企业搞好了，你要老维持门面不扩大规模可以，就摆一个摊子挣点小钱养家糊口。其实办企业70%的人是想过正常的日子，企业只是谋生手段，用来养家糊口，只有少数人能富起来。富起来就必须办公司，必须走公司制度。

现在办企业的某些人心态不对。企业改制也面临心态问题，各人有各人的想法，利益归自己，权利掌握在自己手中，责任在别人。公司是权责利结合的企业制度。国有企业搞不好，很大问题是权责利脱钩，权力与责任脱钩，责任与利益脱钩，国有企业是制度的牺牲品。

国有企业改制最好是改成上述三种企业中的一种，能改成公司的尽量改成公司，因为有好处：可以解决发展中资本金不足的问题；可以解决经营机制的转换等。但是整体改成公司需要一个条件，即要有效益，因为要吸收新的股东进来，给股东分红。所以有效益的国有企业要先改制，但有效益的国有企业改制有一个困惑，即上级主管部门不让改，理由是改了之后把税利交给了国家，或者是本企业职工不愿改，说现在企业还能发工资发奖金，改什么？改了会引起大家矛盾，看法不一致，有的企业领导怕麻烦，不改。但是，当这些企业哪一天没有效益再改的话，又改不动了。这就是国有企业改革出现的最新矛盾。

国有企业整体不能改成公司的，可以拿一部分出来改制。

因为迄今国有企业仍然面临三大难题：债务包袱沉重，社会负担过重，富余人员过多。这些国有企业整体改成公司，没有人愿意入股，这就要分块改制，剥离一部分。但是剥离应该规范，包装不能成了伪装，伪装上市之后仍然问题很大。

国有企业不能改成公司的，包括整体不能改或分块改不成的，可以改为个人独资企业或者合伙企业。出售国有企业的资产，这就叫有进有退，可以把这部分国有资本收回来，用以加强基本设施、经济命脉、环境保护、公共设施，该退的有序有效地退出来，才能进，国家需要的、一般的企业不愿意办的，国有企业承担起来。

国有企业改制可以有一种过渡的形式，即股份合作制。股份合作制不是一种规范的企业制度。举一个例子，我曾经去过河南省周口市人民商场，原来是国有商业企业，老亏本，机制不好。五年前改为股份合作制有效果，现在面临新的问题，请我去讲二次改制方案。股份合作制的缺点主要是两条。

第一条是全员平均持股。当国有企业员工没有持股时，股份合作制有进步意义。但是全员平均持股还是平均主义，平均主义就会扼杀效率，保护落后。企业效率就是生命，企业一切行为要讲求效率。国有企业倒霉就在于报酬平均主义，干多干少一个样，干好干坏一个样。到现在国有企业报酬问题也没有解决，因为企业没有拿到报酬自主权。

国有企业改成股份合作制，职工持股了，但是平均主义持股也不行。周口市人民商场职工是这么想的：我持股跟他差不多，都是一股两股三股，我干得再好，分红大家一样，还是没有积极性。企业制度内部应该是效率优先，包括资产效率、利益效率等，平均主义是企业内部的腐蚀剂。总体来说，企业内部应该拉开差距，怎么拉开这是另外一回事。我觉得就改制的方向而言，企业内部要拉开差距，报酬的差距、持股的差距。现在凡是搞全员平均持股，效果都不是太好。职工持股搞了不少，但是成功的不多。要么变成变相的集体福利，要么变成变相的职工平均分红行为，大家平均得到一点好处，又没有积极性。

第二条是一个职工两个身份，即既是股东又是职工。股份合作制最高机构是职工股东会。由职工股东会选举厂长、经理，不能把最有能力的人选上来，选上来的是老好人，在企业不干事的。因为在企业干事要得罪人，得罪了的人最后这一票就不投你。职工就是职工，不能对职工要求太高，要求他站在企业全局来看问题，那要企业厂长经理干什么？职工关心管理，但不能把最高的权交给他。职工在股东会上表决股份合作制的重大问题，表决到奖金、福利问题争得面红耳赤，但对企业未来决策都不了解，也不关心，只看到短期利益。股份合作制的短期行为是企业致命的死亡前奏。谁都知道战略很重要，让职工来考虑企业战略问题这是对职工的苛求，是本末倒置。

公司制跟股份合作制的区别，主要是两点。

第一，公司股东不要求一定是职工，职工不要求一定是股东。公司内部如何搞职工持股，也提出了新的问题。现在讲职工持股，跟 80 年代中期完全不同，实际上有很大的发展。职工股应该是盈利与风险并存的投资行为。要盈利但也要承担风险，亏损了要亏本，亏谁的本？亏股东的本，谁投资亏谁的本。80 年代中期一些国有企业的所谓职工股变了味，变成职工集体福利或借贷行为，不是投资行为。公司的股东与职工是两个概念。过去广东美的公司搞过全员持股，效果不好，现在也不搞了。公司中的股东与职工是分开的，不要求像股份合作制那样一个人两个身份。

第二，公司股东的持股差距拉大，不搞平均持股。股份合作制不是真正的股份制。现在挂着公司的牌子搞股份合作制，比较麻烦。公司制是规范的企业制度，而在股份合作制中股份是资本的联合，合作是劳动的联合，而且资本和劳动是平起平坐的，这种企业就非常难办了。所以股份合作制不是规范的企业制度，不能喊股份合作制万岁，不能使它固化。有些地区的股份合作制正在分化瓦解，搞得好的改成公司，搞不好的卖给个人，再不行卖给几个人变成合伙。

由此可见，国有企业改制的指导思想包括以下五点。

第一，尽量改成公司，但是要有条件，要有效益，没有效益就改不成。

第二，整体改不成就分块改制，能搞活一部分人就搞活一部分人。

第三，卖给个人或者卖给几个人合伙。

第四，改成过渡的股份合作制。

第五，国有企业改制的关键问题有两个：一是国有资本如何退出；二是职工身份如何置换。

这是当前国有企业改制的五个指导思想或者五个做法。值得注意的是，必须按照每个企业不同的状况来改制，从实际出发，分门别类进行，不搞一刀切，不走过场。

公司要单独研究。我认为中国的公司形式最主要有三种：第一种是有限责任公司，第二种是股份有限公司，第三种是上市公司。这三种公司制度是我们企业未来进行公司制度改造的方向。现在一些公司不规范，国有独资公司太多，拼凑的有限责任公司太多。我曾经到过一家有限责任公司，是由三家国有企业拼凑起来的，现在国有企业条块分割，当地一家、省里一家、外贸一家三家拼凑，效果很差。国有企业之间相互参股、持股，不是真正的股份制。规范的股份制中，股份是指股东的区别、股权的区别，如个人股权、法人股权。现在国有股权关键是股东要明确。

未来可能越来越多的公司没有国有资产，或者国有资产比重很小。现阶段由国有企业改过来的公司有国有资产，但是从未来发展趋势来看，实践证明，国有股比重越大的上市公司机制越差。要减持国有股比重，怎么减持？这是上市公司改制的关键。按照股东平等的原则，最后所有的股东股权都应该进入资本市场流通。现在关键是这个问题，上市公司不规范，最大问题是股权种类不规范，股权结构不合理，资本市场不合理，如分成流通股、非流通股、A股、B股等，权利又不一样。我认为市场经济的企业制度关键要提倡利益主体多元化，不是利益主体单一化。两次国有股减持不成功在于光考虑一个利益，国有资产利益的最大化，没有考虑其他股东利益。改制的上市公司仍然是个利益问题。企业改制的根本问题是利益关系问题。

企业改制最重要的是解决三个问题，即产权制度问题、组织制度问题、管理制度问题。管理制度要改，关键是处理好管理制度与人的作用的关系。我认为一个企业的管理工作制度要延续，人是暂时的，但人又是非常重要的。我们现在讲以人为核心的管理，第一是讲提高人的素质是关键，第二是讲团队精神、企业文化。企业里的人不能搞个人英雄主义，个人能力再强，没有协调精神、团队精神，这种人也不能要。这就需要企业文化。企业文化是一个企业为实现经营目标而具有凝聚力的全体员工认同的价值观。几万人也要有凝聚力，我们现在一些企业是大的没有凝聚力，小的也没有凝聚力，关键是人与管理制度之间的关系没有处理好。人的作用要体现在制度的先进性，人的水平高表现在制定出先进的管理制度包括生产管理、营销管理、技术管理、产品管理、财务管理、人力资源管理制度等，关键要立制度。制度的作用是永恒的，人的作用是暂时的，人的作用凝聚在制度的威力上，改制也包括管理制度，不单是产权制度。

产权是前提，组织是保证，管理是基础，这就是改制中这三个制度的关系，不要偏废，不要刮风。现在社会上有人强调产权是唯一的，有人说产权不要提而管理是最重要的，这些看法都不符合企业实际情况，是站在企业外面来看。站在企业里面来看，其实就这三个问题：产权问题、组织问题、管理问题。企业改制就是要解决产权制度怎么改，组织制度怎么改，管理制度怎么改的问题。每个企业都面临着改制，不是说这个企业制度很好了，只是加强管理，恰恰这些企业的制度是落后的。

［在“2001年中国企业经营者问卷调查结果发布暨宏观经济形势分析研讨会”上的专题报告，2001-11-19］

入世后的企业制度和企业家制度建设问题

有三种基本的企业制度必须重视。① 个人独资企业。个人独资企业在中国的意义，首先在于解决了一个财富创造机制、财富积累机制的问题。如果不承认个人价值、个人财富、个人利益，社会发展的基本动力将是非常薄弱的。所以，现在要强调的是个人独资企业不能仅仅看作拾遗补阙、无关紧要的，应以长期社会发展战略的眼光来看个人独资企业。② 合伙企业。合伙企业对于搞风险投资、发展高新技术产业很有优势。我们现在一方面有技术没资本，另一方面有资本没项目。在这种情况下，合伙企业就是一个很好的企业制度。美国硅谷就有大量的合伙企业。我认为合伙企业在中国可以大发展。③ 规范化的公司制。上述三个企业制度，下一步应在法律上加以规范，跟世界接轨，发挥每一种企业的作用。

从根本上讲，我国企业家的问题就是制度问题、机制问题、体制问题。加入 WTO 后，我国企业家制度建设主要有以下 10 个方面的工作。① 规范企业制度。我们现在的企业制度很不规范，有些企业究竟是什么性质自己都搞不清楚。企业家出现在企业中，企业制度不规范，自然不可能出现企业家。② 建立现代企业产权制度，实现所有权与经营者分离。目前，我国的国有企业改革涌现了一大批上市公司，但并没有涌现出太多优秀的企业家，原因就在于所有者与经营者没有真正分开，政府干预过多。③ 规范董事会制度。应该规范公司企业的法人治理结构，董事应具有企业家的素质。④ 实现经理聘用制度。现在我们的经理大多是任命的，必须改革，企业家不是官员。经理人的选择任用必须透明公开，要加快发展猎头公司和中介机构，建立成熟的经理人人才市场。⑤ 建立职业企业家制度。国家应在教育上进行专业化培养，特别是要改变过去任命过程中，一些人时而是企业管理者，时而又变成官员的现象，企业家和官员再不能错位、混为一谈。⑥ 建立经理人的薪酬制度。要给经理人应有的待遇和必要的激励，帮助他们解决生活等方面的问题，使他们无后顾之忧，健康成长。⑦ 建立企业家的法律和市场监督制度。对企业家的约束要通过法律的形式固定下来，现实情况是行政监督大于市场监督，权大于法，这不利于企业和企业家的成长发展。⑧ 建立企业家的资信等级制度。企业家应该讲信用、讲信誉，社会需要有一套对企业家信用的评价机制和对不守信用者的约束机制，避免鱼龙混杂，并防止“打一枪换一个地方”和坑蒙拐骗的发生。⑨ 建立经理人无任期制度。企业家的产生是一个长期过程，现在实行的厂长经理四年短期任期制产生不了企业家。⑩ 建立企业家合法权益保护制度。当今的社会很大程度上仍然是官本位的社会，企业家的声音太少，特别是他们的合法权益得不到保护，现在有很多部门都可以干预企业家。但企业家是社会生产力发展的载体，企业家的社会地位和合法权益受不到尊重，社会生产力将很难发展。

［在“入世后的企业改革与发展研讨会”上的发言，2001-12-08］

企业成长要加强制度创新

市场经济的主体是企业。一个地区经济的发展取决于企业的成长，而一个企业成长的标志是市场竞争力。企业是义乌商贸经济的主体和基础，在义乌经济发展中起基础性和决定性作用。

企业成长取决于外部和内部两个方面的因素。外部因素指政府要为企业的进一步发展创造良好的体制环境和外部条件，包括公共设施、基础设施等；内部因素指要处理好企业的制度建设和以人为本的关系。

义乌商贸经济从无到有，从小到大，从弱到强，是与义乌创业者的努力分不开的。但企业发展到一定程度和规模，应加强制度的建设和创新。党的十六大重新强调建立现代企业制度的重要性，虽然主要是指国有企业改革，但义乌的民营经济、私有经济占主体，它的进一步发展也应朝着这个方向迈进，要进行制度创新。现在就全国来说，由政府出面拼凑的大企业集团，包括改制后的上市公司、国有控股公司，效果并不理想，市场竞争力不强，而由创业者创办的民营、私营企业，却颇经得起国内外市场的检验，发展前景看好，整个浙江都是如此，因为它的企业基础是好的。

那么，企业制度创新的内容是什么呢？我认为包括两个方面：一是产权制度创新；二是组织制度创新。21 世纪，中国在市场经济条件下，存在三种产权制度。① 个人独资企业，指企业资产一人所有，这个人是自然人。② 合伙企业，即由两个或两个以上的合伙人出资组成的企业。这种企业不是一个人说了算，企业成败取决于合伙人的合作能否协调、融洽。③ 公司，即由两个或两个以上的股东集资组成的法人企业。我觉得义乌的下一步发展应重视树立法人意识、法人概念，把经营管理和法律概念结合起来。现在有人说非国有企业就是民营企业，我觉得民营企业这个概念太笼统。比如江苏的乡镇企业就不完全是民营企业，实际是变相的国有企业。集体企业更是一个产权不清的概念，所以是改制的对象。企业产权制度在法律上是一种财产关系。个人独资企业就是个人的，任何人、任何组织和部门不能干预它，合伙企业则应走合伙企业的法律制度。将要颁布的《个人独资企业法》《合伙企业法》，应该使个体户、私人企业等概念退出历史舞台，按照企业的资产所有者性质来划分企业的法律形态。

什么是创新？创新就是创造性的破坏，去掉旧的换上新的。首先是产权制度的创新，目前义乌企业还以中小企业为主，存在一个做大后怎么办的问题。我认为应建立现代公司制度，即一种资产所有者和经营者分离的制度，推行股权多元化，在公司内部形成经营者持股、技术人员持股甚至职工持股的制度，用制度激励人、留住人、管理人。其次是组织制度的创新，要处理好母公司与子公司的关系。这是一种法人与法人之间的关系，存在诸如分产、分包、分销等问题；同时要建立合理的企业组织结构，用制度管人。当然，我不主张义乌盲目搞股权多元化，一切应从市场规律出发。目前义乌商贸经济从企业成长的角度看还处在很初级的阶段。我强调制度创新，因为市场经济是法治经济，不是人治经济，人是暂时的，而制度是永恒的，生产是无限的。比如企业做大之后存在一个决策问题，我主张建立董事会这样一个集体决策的机构，对投资、经营、财务等问题进行决策。在市场经济环境中，企业就是实干，就是行动，就是细节，就是具体；不要搞绝对化、一刀切。企业也不是讲大道理，讲永恒真理的地方，所以应从微观上更快地完善和创新企业制度，为企业的可持续发展奠定制度的基础保证。

[原载《中国经济快讯》，2003（2）]

现代企业制度是国有企业改制和民营企业建制的共同方向

我国企业的改革与发展主要沿着两条线来进行：一是国有企业改革与发展；二是民营企业建立与发展。

从国有企业改革26年来的发展来看，一方面应该肯定我国国有企业的改革取得了一定的成效，换来了中国经济的发展，换来了人民生活水平的提高，换来了社会的进步。26年国有企业改革的方针与政策是正确的。但是，另一方面国有企业改革的成效还不太理想，没有达到预期的目标。国有企业改革的现状表现为两极分化比较严重。国有企业中搞好的是少数，多数企业债务包袱重，富余人员多，社会负担重。靠优惠倾斜政策已走到尽头，靠推广经验或单纯换企业领导不行。现阶段的国有企业改革实质是改制，即要换制度，实行制度性创新。具体来说，就是用现代企业制度来取代国有企业制度。

民营企业的出现与发展显然为中国经济的发展做出了重要的贡献，但民营企业发展呈现出不平衡的趋势。2003年7

月 15 日，笔者在《人民日报》上发表题为《非公有制经济发展需要跨越几道坎》的文章提出，目前民营企业存在以下几个问题：一是民营企业的封闭性产权要向开放性产权转化，产权制度要规范化；二是民营企业的规模大了，要靠制度来管理人，要建立现代企业组织制度；三是解决人才市场化、社会化问题；四是财务、营销、生产、人力资源、科技开发等各项管理制度要建立与完善；五是体制问题。

因此，国有企业改制和民营企业建制的共同方向是现代企业制度。民营企业要建立现代企业制度，必须把它放在市场经济体制中去考察。市场经济体制主要从消费者、政府和企业自身三个方面来分析。一是消费者。民营企业的发展、民营企业建制要把市场、消费者摆在第一位，民营企业要与市场的容量、市场需求，以及客户需求相联系，根据市场的需求，找到自身的定位。民营企业自身要由小到大，由弱变强，民营企业参与国有企业改制与重组，参与国有资产的置换与重组，都必须立足市场、企业与消费者，并要处理好这三者之间的关系。二是政府。现阶段政府正在大力发展民营经济，保护私有财产，这是民营企业发展的有利条件。但总的来说，民营企业发展的政策环境还有待改进。民营企业遇到绿灯要快步走，不要错过机遇；遇到红灯绕道走，不能硬闯和违规；没有灯，摸着走。三是民营企业自身。民营企业自身要有危机感，危机感是民营企业发展前进的动力。通过竞争与优胜劣汰可以使企业充满活力，因此今后民营企业发展需要关注如何化解危机，加强危机管理，从而在竞争中转危为安。

从目前来看，民营企业建制主要面临两个方面的建设，即企业制度建设与企业文化建设。企业文化建设最重要的是增强企业凝聚力。企业文化的实质是为实现企业经营目标而具有凝聚力的、全体员工认同的企业价值观。企业文化能引导人的善的一面，企业制度能抑制人的恶的一面，两者都是企业发展建设必不可少的，是企业发展的两大支柱。在企业制度建设方面，民营企业要以公司制度为主体，这是它的发展方向。未来的企业制度基本是以下三类：一是公司制；二是个人独资制；三是合伙制。三类企业制度是依据企业资产所有者形式来区分的，因为资产所有者是资产所有权明确的概念，所有制是资产所有权不明确的概念，而且所有制打上姓“资”、姓“社”的阶段烙印。个人独资企业即企业资产为个人所有，合伙企业的资产所有者为两人以上。而公司的资产则有以下几个特点：公司股东必须有两人以上；股东承担有限责任；股东出资形成公司法人财产，公司是以其法人财产为限对外承担法律责任，公司必须建立法人治理制度，因为公司法人产权制度化，就必须在公司建立法人治理结构，两者是相一致的。公司制度有三种产权形式：一是有限责任公司；二是股份有限公司；三是上市公司。再加上个人独资企业制度和合伙制，未来企业的制度总共有三类企业产权制度、五种企业产权形式。因此，未来的民营企业建制也将按照这三类企业制度来开展。

［原载《纪念邓小平同志诞辰一百周年企业改革和发展高层座谈会文集》，2004］

企业制度创新的方向及应解决的问题

“现代企业制度是国有企业改制与民营企业建制的共同方向”，这个命题是我在2004年7月于人民大会堂召开的纪念邓小平诞辰一百周年座谈会上提出的看法。尽管国有企业与民营企业之间有很大差别，两者的现状也大有区别，但两者的制度创新方向是相同的，即建立现代企业制度。目前社会上对现代企业制度的片面理解有三种情况：一是现代企业制度不能解决中国企业的现有问题；二是过于乐观地说现代企业制度已经基本建立；三是认为现代企业制度很渺茫和不可捉摸。由此可见，毫不动摇地坚持企业制度创新的方向即建立现代企业制度，并坚定不移地按照现代企业制度的要求付诸实际行动，具有极其重要的现实作用和深远的战略价值。为何强调现代企业制度是共同方向呢？因为中国企业改革与发展战略正在沿着两条线来进行。

一是国有企业改制，这是国有企业改革的延续与发展。国有企业改革已经27年了，从1978年算起到2004年年底，国有企业改革取得了成效，但还很不理想。现在的问题主要是制度性缺陷。目前大批国有企业主要还是靠政府扶持。最近国资委有个统计，给全国181家企业注资9000亿元，实际上只能解决临时、表面问题，不能解决根本问题。因为国有企业存在制度性缺陷、制度性弊端、制度性危机，靠优惠政策不能解决根本问题，靠推广经验也不行，靠换几个领导更不行。国有企业主要是制度问题，必须改革人事制度，还面临一个制度创新的问题。因此，国有企业改革到今天是改制。改制与改革的关系就在于改制是改革的延续与发展。没有20多年的改革，根本不可能提出改制的任务。20世纪80年代初提出国有企业改制是行不通的，只能给一些优惠的改革政策。但到了21世纪的今天，如果再沿袭那些所谓的优惠、倾斜、扶持政策，就根本不行了，因为我们已加入WTO了，都国民待遇了，都一视同仁了，都走向国际了，显然靠那些政策性措施不能解决长远问题。因此，对改革措施要进行改革，即着眼于制度性创新，不能停留在已有的改革措施上，改制是改革的发展。

再一条是民营企业建制，这是中国企业改革与发展越来越重要的课题。1978年伊始的改革开放，冲破了计划经济体制下的单一公有制经济和国有企业一统天下的局面，涌现出非公有制经济和多种经济成分并存的各类企业，这种所谓的民营企业从零开始，从无到有，由弱变强，正在中国经济发展中起着越来越重要的作用。但是，民营企业的生存与发展也不是一帆风顺的，除了外部的体制性障碍，更有内部的制度不足。

我到浙江去民营企业考察时，有一个老板对我说，他的企业创业时只有30人，每天早上8点到车间转一趟，很清楚员工怎么干活，年末奖金怎么发心里有底。但现在企业扩大到5000人了，他问我该怎么管理。我的回答是："用制度管人，不是人管人。"所以民营企业面临着迫切的制度性建设问题。我在各种研讨会或培训班上经常遇到一些民营企业家提出有关如何建立现代企业制度的困惑和难题。《人民日报》曾约我写关于民营企业发展的文章，这篇题为《非公有制经济发展需要跨越几道坎》的文章已刊登在2003年7月15日的《人民日报》理论版上，其中就提到制度坎，这是民营企业发展必须解决的、非常重要的制度性难题。据美国《家族企业》杂志调查，美国约有70%的家族企业未能传到下一代，88%未能传到第三代，只有3%在第四代及以后还在经营，其关键因素在于企业制度是否完善。中国的一些家族企业正在面临所谓"接班"的难题，实质是企业制度创新必须解决的基本问题。

按照现代企业制度的基本要求，考虑到国有企业改制和民营企业建制的现状及其难点，未来中国企业制度创新应解决的问题有三个方面。

一是产权问题。对国有企业来说是产权改革，对民营企业来说也有一个产权制度如何完善的问题。产权制度创新要解决哪些问题呢？

（1）在规范股东的基础上来实现股权多元化。未来应大力提倡和发展两类股东：个人股东和社会法人股东。国有股东的定位要明确，不能缺位、越位、错位。集体股东需要改制。解决流通股与非流通股的股权分置问题。产权制度改革的方向要建立在个人产权、社会法人产权的基础上。2004年《宪法》修改，承认私有财产不可侵犯，有利于企业产权改革的发展。产权制度创新不问姓“公”姓“私”、姓“社”姓“资”，不争论，这是邓小平的伟大发明。产权制度创新不动摇、不争论、不攀比、不张扬、不气馁。郎咸平片面地抓住个案问题，以个案代替整体得出的结论是“停止国企产权改革”，这是错误的。未来的企业产权制度创新，一要坚持，二要规范，但不能停止国企产权改革。

（2）股权结构要合理。解决好大股东与小股东的关系、国有股东与其他股东的关系问题。倘若这两个关系处理不好，又会回到政企不分、政资不分的状态。

（3）实行股东所有权与公司法人财产经营权分离的产权制度。对于MBO（管理层收购），经营者自卖自买是不允许的，会导致国有资产流失，但从长远看，也不是不能卖给经营者。东北一些国有企业经营者就提出问题：能卖给外国资本或民间资本，为何不能卖给我们经营者？其实，只要能公正、公平、公开地卖就可以了，关键在于建立规范的产权交易市场制度。

二是组织问题。有了产权制度创新，若组织混乱也不行。组织制度创新应解决以下问题。

（1）企业内部的组织结构要变革，面对市场合理地设置企业组织框架并划分企业内部的职责与权限关系。

（2）建立和规范公司法人治理结构，这个问题的复杂性、艰巨性在于涉及人事制度改革、职工身份置换、新老三会关系及与其相关的深层次难题。

（3）处理好集团公司作为母公司与子公司的关系。目前的问题是母子公司的财务、人事关系混乱、重叠，有的母公司任意侵占调拨子公司的财产，有的子公司亏损靠母公司补贴。未来应建立规范的母子公司之间的法律关系、经济关系，改变单纯的行政关系。

三是管理问题。管理要落实在制度上。管理制度创新要解决下列问题。

（1）建立战略管理与业务管理相结合的制度。企业有了战略还应有执行。2004 年 1 月 8 日《经济日报》介绍山东威海三角轮胎战略管理的成功案例，请我点评一下，题目就叫《提升执行力》。企业的战略决策制度，必须通过具体的业务管理制度来实施。管理就是细节，管理就是行动，管理就是具体。管理的精髓是化繁为简。

（2）建立综合的、系统的、科学的业务管理制度。业务管理是复杂的、大量的日常基础性工作。因为战略毕竟是少数人制定，而多数人是战略的执行者。企业多数人不直接参与制定战略，而是考虑业务管理工作怎么做好。有些公司战略很好，但执行不好。我主张建立综合的、系统的、科学的业务管理制度，包括生产管理、营销管理、财务管理、人力资源管理、科技开发管理以及质量管理、成本管理、设备管理、安全管理和可粗可细的各项业务管理制度。企业管理工作要防止刮风、炒作的现象。

（3）处理好管理工作中的制度建设和人本管理的关系。企业管理工作中倡导以人为本、以人为核心的基本含义和要求有三条。第一条是提高个人素质是提高管理水平的关键。第二条是要有团队精神、协调能力和凝聚能力。第三条是人的作用体现在管理制度创新过程中。人的作用离不开制度，不能离开制度而抽象地讲人的作用。人与制度是什么关系呢？可用三句话来概括：一是人的作用体现在制定出先进的企业管理制度；二是有了好制度必须由人去执行；三是及时修改过时的、落后的企业管理制度。制度是重要的，但不是万能的。制度是延续的、永恒的，但必须是不断修改的、完善的。

由此可见，未来中国企业制度创新的方向是建立现代企业制度，殊途同归，应解决三个方面的问题，其中，产权解决三个问题，组织解决三个问题，管理解决三个问题，三三得九，九大难题是我国企业发展战略应着重解决的制度性问题。

［在中国发展战略学研究会主办的“二〇〇五年北大战略管理深度汇谈会”上的发言，2005-01-16］

制度创新是企业发展的深层次问题

改革走到今天，好改的、能改的都已经改得差不多了，剩下不好改的、难改的就是我们要攻坚的深层次问题。回顾26年企业发展的历程，改革的措施有很多成功的经验，但同时也有不适应企业发展的，总结分析有三种情况。一是改革初期有一些企业是靠优惠政策倾斜扶持发展起来的，但到了现在要长远发展就成了问题。加入WTO后中国市场要推行公平、公开、公正的国际准则，企业必须要靠制度创新求发展。二是改革到现在，企业之间的差异愈来愈明显，企业发展的情况千差万别，靠“一刀切”式的推广经验、制度的模式已经不能解决单个企业的问题，必须一对一地解决，完善企业管理制度上的缺陷已是迫在眉睫。三是20多年来我们的国有企业习惯于出现问题就换领导而不是换制度。要找出其中的规律，是不是我们的企业家都不行呢？这几年的事例普遍反映出不是企业领导人的问题，而是制度的问题。制度的障碍是困扰企业发展的最大障碍。

[原载《中国企业报》，2005-02-03]

中国企业“走出去”与企业管理制度创新

一、中国企业“走出去”战略及其对企业管理创新的要求

1978 年伊始的改革开放，对于中国企业来说具有划时代的历史意义。在此之前，跨国公司乃是一种高不可攀的企业形态，改革开放至今，在“引进来”与“走出去”的战略方针指引下，一些中国企业也冲出国门，走上了国际化之路，加入了经济全球化的行列。但在国内也曾听到过一些质疑的说法：中国市场规模巨大，潜力深厚，为何国内企业要舍近求远去从事跨国经营？也有人认为中国企业管理落后、实力不足，再加上国内就业困难，为何还要走出国门去海外办企业？现在来看，这些说法已不合时宜。中国一部分产业的优秀企业已经具备国际化的市场竞争优势，如果这些企业仅仅局限于国内市场，则会限制它们的进一步发展，如一部分家电业及制造业的企业。尽管有些中国企业资金短缺，但是，资本流动与追逐利润是不分国界的。面对国际化浪潮的冲击，一些优秀的中国企业做出

本能的反应，率先到海外去办企业，从事跨国经营活动，决非什么贪大求洋、无谋冒进，而恰是企业资源的优化整合，有利于中国企业管理创新并提升自身的国际市场竞争力。

中国企业“走出去”，不仅具有极其重要的现实意义，更具有深远的战略意义。中国企业的市场竞争力，既要增强以国内市场为基础的竞争优势，更要着眼于全球范围内的竞争优势。中国企业“走出走”的实质是走向世界与走向未来。中国一部分领先企业和具有战略眼光的企业家，在“走出去”的过程中，既使自身能够适应更加激烈和更高层次的竞争，又能带动国内各类企业在经济全球化条件下的求生存与求发展。中国企业唯有在“引进来”与“走出去”的过程中，才能有效地解决企业管理落后问题，从企业管理创新与企业管理国际化的高度来全面提高管理水平。比如，使中国企业管理更加有效地规避市场竞争风险和经济波动风险，更好地应对世界范围内形形色色的国家贸易保护主义及名目繁多的重重壁垒问题。

中国企业“走出去”的国际化经营形式可以多种多样。这些形式的具体选择，应从各类行业的特点及各个企业的实际状况出发，全面分析各种形式的利弊与得失。例如，在海外拥有子公司，既可以采取建立一个全新企业的形式，也可以选择收购一家现有企业的做法，两者的利与弊在于：前者有利于采用最新的生产技术并按照母公司的愿望控制投资的规模，但其缺点是经营周期较长且难以适应海外企业管理环境的要求；后者有利于较快地进入海外市场并在较短期间内收回投资，但其缺点是收购目标企业的评估工作费时费力，且收购后企业管理文化上的差异难以融合。其他多种“走出去”的经营形式选择，包括与海外企业的合资合作形式、许可证形式、特许经营形式、加工贸易、海外生产以及进出口贸易等，都会表现出不同的利弊与得失关系，值得企业界与社会各界人士认真思考与深入研究。

中国企业在实施“走出去”的国际化经营战略过程中，面对的是机遇与挑战并存的全球化经济形势，既要看到有利因素和美好前景，更要分析不利因素和可能遇到的困难。例如，难以满足海外不同市场的需求，在资金管理与外汇管理方面存在较大难度，难以预测海外货币与资本市场的需求变化及其导致的企业成本管理和利润率的变化，企业组织结构变革怎样有效地适应当地环境的要求，企业管理工作中如何克服文化差异所带来的不利影响。除了这些企业在跨国经营过程中碰到的普遍性难题之外，还有一些中国企业的特殊性难题必须予以解决。例如，国内某些企业拘泥于所有制性质偏向，一些企业缺乏制度化、规范化、标准化的管理程序，有些企业热衷于低价竞争策略，不少企业缺乏技术创新体系与自主研究开发能力，一些企业急功近利，甚至不会游泳就一头跳进海里而导致重大损失等。这些问题都是中国企业“走出去”与企业管理制度创新过程中不可忽视的矛盾和必须解决的现实问题。

为此，在中国企业“走出去”的坚定不移战略指导下，我们应当科学地、系统地、客观地探讨中国企业管理与世界发达国家企业管理的制度性差距，明确市场经济条件下的中国企业制度划分标准，重视中国企业管理制度的建设，树立以人为本的管理理念，分析中国企业管理现状和发展趋势，这些就是中国企业管理制度创新必须解决的问题。

二、中国企业管理现状和发展趋势

现阶段的中国企业管理，正处于从传统计划经济体制转向现代市场经济体制的变革时期。中国的企业管理，不仅要加强，而且面临着迫切的改革形势，这是中国企业管理的最基本特征。

从企业管理组织形态上看，传统计划经济体制下的中国企业，是单一工厂型的企业管理。中国企业改革的方向是建立现代企业制度。现代企业制度是以公司制度为主体的市场经济体制的基本成分。1993 年 12 月 29 日制定的《中华人民共和国公司法》，是中国企业改革的基本法律依据。有限责任公司和股份有限公司是中国企业进行公司制改造的基本形式。因此，从传统中国企业管理转向现代企业管理，就是按照现代公司型的企业管理来改革中国企业的单一工厂型企业管理。目前中国 20 多万家有限责任公司、1 万多家股份有限公司、1000 多家上市公司，与改制前相比较，不同程度上提高了企业管理水平，取得了显著效果。

从企业管理的内容上看，改革了传统中国企业闭门式的单纯生产管理和坐等顾客上门的状况，按照现代公司管理的要求，确立市场第一、用户第一的经营观念，把过去无视市场、轻视销售转变为高度重视市场调查和市场预测，建立企业销售网络和售后服务体系，实现生产管理与市场营销的有效结合。而在生产管理中，更把产品质量作为生命线，贯穿在企业管理的全过程。

中国的企业管理，正在按照现代公司管理的内容，实行生产管理、营销管理、人力资源管理、科技开发管理、财务管理的综合性现代化管理。现在越来越多的企业讲究“名牌效应”，重视树立本企业的形象，在激烈的市场竞争中确立企业的名牌意识。这种趋势表明，中国企业的现代管理正在进入一个新的阶段，正与世界经济发达国家的现代公司管理接轨。

中国企业管理的未来发展，面临着更加激烈的国内外市场竞争的挑战。市场竞争是实力的竞争，是企业管理水平的竞争。目前中国一些企业存在着管理基础薄弱、管理秩序混乱、管理机制僵化、组织结构刚性、生产活动封闭、资源浪费严重等诸多问题，再加上规模经济效益不佳，致使企业的市场竞争力低下。这些问题在各类企业和各个行业以不同形式表现出来。因此，当我们谈论中国企业管理与国外企业管理接轨的时候，必须注意以下两点。

第一，国外经济发达国家的现代企业管理水平，是几十年乃至上百年企业管理理论与实践发展的结果。国外从 19 世纪末到20世纪初形成系统的企业管理理论，经历了各种管理理论与学派的演变和发展过程，从以泰勒、法约尔、韦伯为代表的古典管理理论到以梅奥、马斯洛、赫茨伯格为代表的行为科学理论，再到第二次世界大战后出现的多种管理理论与学派并存的局面，包括巴纳德的社会系统学派、西蒙的决策理论学派、卡斯特和罗森茨韦克的系统管理学派、德鲁克的经验主义学派、伯法的管理科学学派，以及权变理论学派和美国管理学家孔茨提到的组织行为学派、社会技术系统学派、经理角色学派等。在企业管理实践方面，20世纪30年代国外企业追求规模经济效益，通过大批量、流水线生产和兼并、收购方式迅速扩大企业规模，以更大的经济实力去占领市场，降低经营风险，到20世纪60年代基本上实现了规模效益第一的管理方式。随后，又在大公司的基础上更加重视降低成本，通过准时生产和精益求精的生产方式，摒弃了流水线生产中库存大、周转慢的浪费现象，在企业管理中取得降低成本和价格竞争的优势。在大公司和低成本的前提下，又把产品质量作为企业管理追求的首要目标，实施质量控制技术和全面质量管理方法，从符合性质量再到满意性质量，以适应市场竞争和用户的要求。

从现代企业管理理论与实践的发展规律来看，中国企业管理也要经历由低到高、由小到大、由弱到强的过程。但是，严峻的市场竞争现实不允许中国企业也像国外企业那样用上百年时间分阶段地去达到现代企业管理水平，而是要在尽可能短的时间内实现规模效益、成本效益、价格效益、质量效益的企业管理目标。当前中国一些企业管理的效益差距明显，甚至有些企业管理陷入困境。因此，中国企业管理的发展趋势是，立足于中国企业的现实状况，在扎扎实实做好企业管理的基础性工作的同时，必须加快企业管理工作的改革步伐，尽快地实现规模、成本、价格、质量的市场竞争优势和综合经济效益。

第二，正当中国企业管理与国外企业管理接轨的时候，国外企业管理又在向更高的方向发展。随着信息技术的进步和企业管理中计算机辅助信息系统的建立，企业管理理论的发展表现为信息技术工程及管理信息系统理论的兴起，全面研究计算机辅助管理对企业管理的影响。20 世纪 80 年代后期开始的企业结构重建（restructure）、流程再造（reengineering），突破了以往的企业管理职能分工理论，不再按照原有的管理职能划分去进行企业管理工作，而从组织变革入手去改革企业管理工作，在企业管理中涌现出新思维、新概念、新做法，以适应信息技术、知识经济条件下市场竞争的需要，使世界范围的企业管理理论发展到一个新阶段。20 世纪 90 年代以来的企业管理效益，在保持和发展规模经济效益、成本效益、价格效益、产品质量效益的基础上，又把对客户的最佳服务作为企业管理的首选目标。为此，企业重视分析技术变革对管理工作的影响，重视分析客户的需求变化和购买行为，以求得用最短的产品开发时间对市场做出快速反应，使得交货期成为市场竞争的焦点。企业管理工作的不断创新，包括以高新技术、新颖产品去开拓新市场，以调整企业内部组织结构为主要内容的组织创新，以重组企业内外关系为重点的管理创新，将是21世纪的现代企业管理工作的灵魂。

中国企业管理在解决规模、成本、价格、质量等诸多问题的过程中，现在又面临着以客户为中心的更激烈的市场竞争形势的挑战。20世纪70年代末期伊始的改革开放，使传统中国企业管理冲破了单纯对政府负责、以上级主管为中心的旧体制束缚，逐步面向市场、面向客户开展企业管理工作。但是，企业与政府之间的深层次关系尚未理顺，直至中国企业改制后，一些公司的市场竞争力仍然不强。因此，中国企业管理的发展趋势是：在企业认真地、有效地改革内部管理工作的同时，必须加快企业外部的体制改革步伐，为企业创造公平、公正、公开的市场竞争环境，使各类企业在市场竞争中求得生存与发展。

中国企业管理的未来发展，不仅面临着以客户为中心的日趋激烈的市场竞争的挑战，要在规模、成本、价格、质量、交货期、售后服务方面不断增强市场竞争力，而且还面临着以日新月异的技术变革为中心的信息技术、知识经济的挑战。因此，研究信息技术、知识经济对企业管理的影响，是中国企业管理的重要任务。

在信息技术、知识经济的社会条件下，企业管理的信息化程度越来越高，知识在企业管理中的地位和作用日趋重要。

在开办企业时，由股东提供的货币资本和实物资本是财富创造的前提，构成股东权益，占据绝对重要的地位。但到企业盈利时，财富创造已不再单纯是股东的投入，而是股东、管理者、作业者共同投入的结果。企业财富创造的多寡与快慢，更多地取决于这些利益东的共同努力。未来的企业越来越成为利益东的共同体。企业是各种利益东所达成的一个契约，企业利益是所有参与签订这个契约的各个利益东的共同利益。企业管理不仅为股东谋取投资回报，还必须为相关的利益东提供报酬。而且在开办企业时，知识产权也可作为资本投入。企业管理的信息化程度越高，企业管理中的物质资本地位相对下降、人力资本地位相对上升，这是信息技术、知识经济社会条件下的企业管理发展的必然趋势。

当前中国各个行业的不同类型企业都面临着信息技术、知识经济的挑战。国内外涌现出越来越多的以知识的生产、转移、应用为对象的知识型企业，包括芯片、软件、网络企业，新型的金融业、咨询服务业等。对于中国传统的制造业企业管理来说，更是面临着严峻的新挑战和深刻的管理革命。制造业企业管理的知识化，要求企业管理的内容不仅是对原料、设备、厂房之类物质资本的管理，更要重视产品的知识化价值和人力资本的作用及对知识资本的管理；实现企业的知识编码化，把企业内部分散的知识和企业外部（包括客户、供应商、经销商、政府、社会中介机构等）的相关知识进行编码化，减少知识零散与消失，促进知识积累和再创造，实现企业的知识化管理和企业管理中的知识共享；建立企业的知识网络，包括在长期发展中的忠诚客户网络，在竞争与合作中同供应商、经销商的战略联盟和竞争对手的某种结盟，在国内外的研究开发机构与专家网络；开展企业的虚拟运作，把传统运作中的机器、厂房、车间的一部分管理打包转移到企业外部，使企业管理的精力放到价值含量更高的知识管理上，由橄榄式管理转向哑铃式管理，发展虚拟制造技术。

中国企业管理的变革与发展，要想赢得持久的市场竞争力，无论从当前来看还是从长远考虑，都必须着力解决下列三大问题。

（1）企业拥有一批高素质的人才，包括企业内部的各类人员在观念、文化、技术、行为各个方面均能适应市场经济的要求。特别是形成一批职业企业家，倡导企业家精神，包括人的独立性、自主意识、动手能力、首创精神、成就感、承担风险和确定目标的能力、自信心、自我表现力、讲信誉、守约、韧性、自我控制能力等。

（2）企业管理制度建设是科学管理的起步。要变无序管理为有序管理。当前“质量第一”的口号非常响亮，质量管理方法的推广不下几十种，但质量问题仍是一些企业产品久治不愈的顽症，关键在于缺乏一套严格、有效的质量管理制度。必须建立责、权、利相结合，激励机制与约束机制相结合的企业管理制度。企业管理制度要同企业产权制度和企业组织制度的建设结合起来，产权清晰和公司法人治理结构是企业管理的前提与保证，这是现代企业制度的基本要求。

（3）处理好制度与人的关系。科学制度要由高素质的人来制定，也要靠人去执行，因而人是重要的，要实行以人为本的管理。人本管理不仅不会削弱制度的威力，恰恰是强调在科学制度的前提下发挥人的作用。人是暂时的，制度是延续的。中国一些企业老总在位时管理业绩步步攀升，但老总一走企业就衰落甚至垮台，原因就在于缺乏有效制度使管理延续下去，或者是有效制度不能坚定地执行下去。当然，制度也要变革，但变革制度不是不要制度，恰恰是要完善制度，使制度发挥更先进的作用。制度安排是由生产力发展决定的。制度好，坏人难以得逞；制度差，好人会变坏人。制度与人的关系耦合在企业管理的每项工作之中，即每项工作都要有个制度，又要发挥人的作用，这是中国企业管理发展过程中必须解决的重要课题。

随着经济全球化发展，中国企业无论在国内还是“走出去”都要实行符合市场经济规则的经营管理制度创新。要符合全面开放的要求，就要勇于创新，下决心、狠心，进行深层的体制改革。

［原载《国际经济合作研究》，2005（1）］

“走出去”战略与制度创新

现阶段中国企业“走出去”，已告别了早期出口创汇的目的，而是站在国际化与全球化的更高视角，通过包括在海外新建企业或并购企业在内的多种方式，逐步形成集制造、科研、投资、贸易于一体的跨国公司型的多元化公司，积极主动地参与全球产业分工，把“引进来”与“走出去”结合起来，在全球化产业链中分一杯羹。

中国企业“走出去”的成绩是巨大的，效果是明显的，对中国经济与社会进步的贡献有目共睹，大大提升了中国在国际上的地位，也争取到了发言权，有许多“走出去”的成功案例，这里列举一二。

案例1：春兰“走出去”经历了三个阶段，即产品出口阶段、建立全球营销网络阶段、技术输出阶段，走了一条渐进式的国际化发展道路。通过“走出去”，春兰在短时间内实现了规模的扩张，增强了综合实力。在技术引进与自主创新上，春兰不搞成套引进，只引进关键设备，自制配套。春兰不向同行企业引进，而是直接从设备制造厂家进口。春兰不与同行企业合作开发，而是直接同有关的科研院所合作开发。春兰以科研开发为依托，利用海外技术和人才资源，形成人才资源共享，吸引世界范围内的优秀人才，构建面向全球的开放式科研平台。

案例 2：笔者通过对广州市华南橡胶轮胎有限公司管理创新成果的论证，又一次感受到研发与人才对现阶段中国企业“走出去”的重要性。这家公司在 1998 年曾被国家、广东省、广州市列为“三年重点扭亏脱困企业”，濒临破产边缘。面对国内市场的局限性，这家公司制定并实施“走出去”的发展战略，开辟新的利润增长点。起点是凭借成本和价格相对优势把产品推向国际市场，后来自行设计生产高性能轿车子午线轮胎系列产品，使产品性能达到国际先进水平。在 2002—2004 年期间，研发的产品和新技术超过 100 项，2005 年产品已畅销到 90 多个国家和地区，其中有的产品与技术在国际上仅有四家企业能够研制生产（其中三家是国际知名公司：米其林、普利司通、固特异）。为了实现研发与技术水平同国际接轨，这家公司实施人才国际化战略，以百万年薪聘请美国和中国台湾地区的顶尖人才加盟，提升公司技术实力与水平。对研发技术人才，还实行按销售额提成 3% 的奖励制度，先付 80%，实现后再付 20%。

但是，对中国企业来说，要真正实现“走出去”的发展战略，在前进道路上还必须解决诸多问题。面对中国企业“走出去”的严峻形势，首要的是消除思维障碍，变革观念、解放思想。面临国际市场的诸多挑战，如市场环境的挑战、文化环境的挑战、法律环境的挑战、管理层面的挑战，中国企业既要抓住机遇，又要迎接挑战；还必须克服企业内部存在的各种问题，如中国企业的国际性知名品牌匮乏，低端产品比重较大，自主创新能力严重不足，缺乏自主知识产权和核心技术，不善于应用全球金融工具，对外投资总量少，地区分布过于集中而且附加值不高，缺乏期货交易手段及国际定价权等。

基于以上问题，笔者认为：中国企业“走出去”需要制度创新，既包含企业制度的创新，也包含政府制度的创新，两者是相辅相成的。

一、“走出去”战略与中国企业制度的创新

中国企业发展“走出去”战略，主要包括企业经营战略的制定和实施。在企业经营战略制定和实施的过程中，大企业经营战略最具有综合性与复杂性的特点。一个大企业的经营战略着重于长期目标，包括三类战略目标：经济目标，如销售额、利润额、投资回报率及其他经济目标；社会目标，如消费者满意程度、公司信誉、环境保护、社会公民和社会责任、提供就业机会等；综合目标，这是经济效益和社会效益的综合，表现为增长的程度、市场占有率、公司发展与稳定的关系、科技发展的水平、公司的综合质量（产品质量、人员素质及公司整体

质量和寿命周期)。大企业经营战略，既要有长期目标，还要选择具体的战略，表现为风险回避战略，如产品市场战略、多品种战略、并购战略、产出增长战略等；合理化战略，如降低成本战略、减少投资战略等；竞争战略，如市场领先战略、市场渗透战略、市场跟随战略以及品牌战略等。

在企业经营战略目标的选择中，必须重视战略决策的内容，突出表现在市场决策、项目决策、财务决策、技术决策以及人才决策这五个方面。

在企业经营战略制定和实施的过程中，要处理好以下几个关系。

（1）规模与效益的关系。有的企业把扩大规模作为战略目标，有的企业把提高效益作为战略目标，但要防止规模绝对化或效益绝对化，避免出现规模扩大但效益下降或效益上升但缺乏规模实力的后果，力求实现在扩大规模的过程中提高效益或在提高效益基础上的规模扩大战略。

（2）成本与质量的关系。孤立地看，成本战略或质量战略的提法都是对的。但实际上，成本与质量不是孤立存在的，两者是相互关联的。问题在于实施成本战略过程中如何提高质量或至少稳定质量，或是实施质量战略的过程中如何降低成本或至少维持成本。最佳状态是既降低成本又提高质量，或是既提高质量又降低成本，但往往难度很大。

（3）技术引进与自主研发的关系。多年来的技术引进有利于经济发展，但不能只停留在引进阶段，有条件的企业尤其是大公司必须确立自主研发的经营战略。

（4）微利与暴利的关系。短期内获得巨额利润的暴利战略，只是特殊情况下的个别企业行为，而多数企业在正常情况下实施的是立足于长期发展的微利战略。在计划经济向市场经济转轨时期，企业经营战略应防止急功近利的短期行为。

（5）价格竞争与非价格竞争的关系。市场经济条件下的企业经营战略，价格竞争是必要的，但不是唯一的，还必须重视应用非价格竞争，使两者有效地结合起来。

（6）进入市场与退出市场的关系。进入市场是一种战略，退出市场也是一种战略，可称为“战略调整”。在一定意义上，退是为了进，有进有退是市场竞争的必然现象。进与退的战略本质是有利于企业经营的稳健发展。

（7）主营与兼营的关系。从企业战略角度来判断，企业的主营一定要强，要力争第一或处于行业前列。但在主营强的情况下也可以从事一些同主营相关的业务或产品的兼营活动，其前提是每一种业务或产品应坚持盈利原则，不能靠主营来补贴。在主营强和同主营相关的业务或产品盈利的情况下，也可以开发一些非相关的业务或产品，但前提是这些业务或产品也必须坚持盈利原则。避免用“一业为主，多种经营”这种抽象笼统的行政口号去替代具体的企业经营战略。

中国企业“走出去”战略制定和实施过程中的企业制度

创新目标是建立和完善现代企业制度。现代企业制度是国有企业改制和民营企业建制的共同方向。现代企业制度包含现代企业产权制度、现代企业组织制度和现代企业管理制度三大组成部分，其中产权制度创新是前提，组织制度创新是保证，管理制度创新是基础。因此，中国企业“走出去”过程中的制度创新，必须处理好产权、组织、管理三者的关系，使其相互促进、相互补充，以利于“走出去”战略取得长期稳健的效果。

二、“走出去”战略与中国政府制度的创新

现阶段实施企业“走出去”战略，关键不在于要不要发挥政府的作用，而在于必须明确政府发挥什么样的作用。中国政府制度创新的方向，是依法处理好政府与企业的关系，有效地促进中国企业走向国际市场，提升中国企业的国际竞争力。

因此，中国政府制度的创新，按照转变职能和调整政府机构的要求，应当建立起支持“走出去”的法律政策体系，形成有利于促进“走出去”的行政服务体系。境外投资包括新建企业和跨国并购是一种跨国界的企业经营行为，应遵循国际惯例，不能按在国内设立企业的思维方式和有关规定来设计境外投资的行政管理方法。必须改革对中国企业“走出去”的政府行政管理制度，改变政出多门和政策随意性与多变性的状况，以加快中国企业“走出去”的步伐，也有利于“走出去”战略的稳健实施。

中国企业“走出去”过程中的政府制度创新，不仅应当为企业“走出去”创造良好的国内环境，而且还要比企业站得更高，看得更远，为中国企业在国际市场中争取更有利的国际环境。从企业层面来说，“走出去”战略的制定和实施，要抓住机遇，迎接挑战；从政府层面来说，要有全球思维大战略，既要充分利用对中国企业“走出去”的有利因素，又要消除或减少对中国企业“走出去”的不利因素。只有政府先建立全球经济战略，才能有效地实施企业“走出去”的具体战略，变被动为主动。中国企业“走出去”，远比国内市场的商业行为更复杂、更困难，诸如反倾销、反补贴和跨国并购中的资源型企业、战略性原材料及能源问题，都不是单纯的市场交易行为和企业经济利益问题，还涉及各种社会关系、政治因素、心理障碍乃至西方世界50年前形成的冷战思维。中国企业在国内市场碰到问题忙于找政府，处于政府说了算的局面，但“走出去”在国际市场上碰到问题时，则必须学会按国际规则办事，转变思维方式和行为方式。为此，首要的是中国政府应以身作则，带头在国内转变思维方式和行为方式，使企业在国内市场养成良好的、规范的商业习惯，有利于主动地走向国际市场。

在中国政府制度创新的过程中，随着政府职能转变和政府机构调整，原有行政性的行业主管部门已经解体或正在解体，但新型的行业协会和商会又未发育成熟。中国企业“走出去”的两个极端行为，即单纯企业个体行为和单纯依赖政府行为，导致行业自律行为缺失，同行企业在国际市场上低价竞销，自相残杀，肥水外流，而且容易授人以柄，成为反倾销对象。因此，应加快中国行业协会、商会的立法进程，解决中国行业协会、商会的制度建设和统一对外问题，利用世界贸易组织非歧视原则和国际贸易争端解决机制，维护中国企业“走出去”的合法利益。

中国企业“走出去”的发展前景是广阔的。中国企业制度创新和中国政府制度创新，必将为中国企业“走出去”奠定长期的制度保证和战略基础，也有利于企业采取国际贸易、境外投资、对外承包工程、对外劳务合作、特许经营、跨国并购、国际性技术开发研究、战略联盟等多种形式，充分发挥中国企业在国际市场竞争中的综合比较优势。

[原载《对外经贸财会》杂志，2006（10）-（11）]

企业和谐：制度创新与人本管理

企业是社会进步和经济发展的基本点，企业和谐是社会和谐的基础。在社会主义市场经济条件下，制度创新与人本管理是构建和谐企业的基本保证。现阶段的中国企业制度创新目标是建立与完善现代企业制度。无论是国有企业的改制，还是民营企业的建制，虽然有着各自的途径和方式，但殊途同归，其共同点是建立规范的现代公司制度。现代企业制度是由现代企业产权制度、现代企业组织制度、现代企业管理制度三个部分构成的。其中产权是前提，组织是保证，管理是基础。产权涉及企业的财产及利益问题，组织涉及利益前提下的职责与权限划分问题，管理涉及企业的战略制定及其实施过程中的各项基础性工作和精细化操作业务问题。

企业的科学管理最重要的体现是：第一，制度管理；第二，有序管理。要改变企业管理工作中的随意性做法，管理制度化就是摆在我们面前的首要任务。所谓科学管理，就是针对各类企业的制度化管理。精细化管理的成败在于制度化管理。管理的精髓就是系统思考和化繁为简。各项管理工作、管理方法要改进，但最重要的是各项管理工作要从无序状态转为有序状态。构建和谐企业，必须在管理制度的建设方面解决好以下几个问题。

一是中国企业管理制度的建设要与企业形态结合起来。企业形态可以分成三大类：第一类是小企业；第二类是大企业，以大公司为代表；第三类是大企业的变形体。大企业的第一个变形体在中国叫企业集团，在国外叫跨国公司。中国的企业集团应该瞄准跨国公司。跨国公司管理与小企业管理不同，这是差别很大的不同企业。大企业的第二个变形体是企业联盟，是在跨国公司基础上的联盟。它竞争中有合作，合作中有竞争。小企业发展到跨国公司之后，其管理就要讲究合作，否则就会蒙受损失。因此，我们不要把双赢的原则、竞争、合作等都套到所有企业的管理之中，那就违背了企业形态的区分。

二是中国企业管理制度的建设要与市场结合起来。中国企业管理制度的建设，最重要的是要解决面向市场还是面向政府的问题。长期以来，中国企业管理就是对政府负责，对主管部门负责，只要主管部门表扬，企业就心满意足。奖旗、奖状可以挂满屋子，但三年以后企业就无影无踪，这主要是政府表扬它，但市场不承认它。市场是长期的行为，政府是短期行为，因为政府是论届的，市场是延续的。导致企业管理大量的短期行为，是因为它们没有对市场负责。

三是中国企业管理制度的建设要与产权制度建设联系起

来。现在我们产权制度改革的当务之急就是要实现产权多元化或分散化。产权多元化最主要的方向是要增加经营者持股和必要的职工持股，使公司形成一个利益主体。我们现在企业管理本身目标不明确，原因就是不是一个利益主体，不知为谁而管理。产权问题不解决，管理就没有前提、没有动力，不知为谁而管理。

四是中国企业管理制度的建设要与组织制度相联系。我们说组织管理是管理的四大职能（即计划、组织、指挥、控制）之一。而现代企业的组织越来越重要，因为有什么样的组织制度，就有什么样的管理制度，二者的关系是：组织是执行力的保证。再好的企业管理制度，如果没有组织来执行，这个管理是不行的。组织制度首先可以解决企业组织结构合理化；其二保证治理结构规范化。现代的公司法人治理结构，涉及内外各种人的利益关系。外部四种人有客户、债权人、政府、社会公众；内部四种人有股东、董事、经理、员工。公司是内外八种人的利益共同体。管理的实质就是协调这内外八种人的利益关系，保持一种利益的平衡，这样企业才能和谐发展。侵害任何一种人的利益，企业管理都是不成功或不和谐的。

企业和谐还应处理好人本管理与管理制度的关系。以人为本的管理，有个前提条件，即在解决了企业制度（包括产权制度、组织制度、管理制度）之后来发挥人的作用。如果企业制度不规范，越讲发挥人的作用，管理工作就越混乱。什么叫管理？管理就是通过别人来做好工作的过程。什么叫管理者？管理者就是对别人工作负责的人。所以说不能认为人本管理就是调动人的积极性，人本管理要回归到它本来的含义。理解人本管理的含义，要把握以下三个方面。

一是人本管理的核心是要提高人的素质。这里是指市场经济条件下人的素质，主要包括诚信、敬重、责任、公平、关怀和公德等。管理不是讲大道理，不是讲抽象的原则，管理就是行动，管理就是实干，管理就是具体，管理就是细节。总的来说，管理应讲究对每个人的素质培养，使其自立、自重、自尊、自强、自律。自立，就是要有自主意识，自己动手。自重，就是要有自信心，要有承担风险的能力。自尊，就是要有责任心。自强，就是要有创新意识、开拓精神、表现能力。自律，就是要讲信誉、信用，具有自我控制的能力。以人为本的管理就是要强调个人，要尊重人性、尊重个性。

二是要强调团队精神、企业文化。企业中所有人最高的目标应该是企业利益，不是个人利益。这里讲的团队与传统的集体概念不完全一样。传统的集体概念是牺牲了个人的利益，为了集体利益又加上“主义”两个字。这里讲的团队恰恰是建立在尊重个人利益的基础上，承认个人利益的基础上，但是个人利益要服从企业利益、团队利益。团队精神靠什么？靠企业文化。企业文化不是把社会上的一些口号拿来变成企业文化，不是搞点什么文体活动、表演、比赛就叫企业文化。这些只是企业文化的形式，不是实质。企业文化最实质性的内容是，为了实现企业目标而具有凝聚力的全体员工认同的价值观。管理没有企业文化是不行的，企业制度与企业文化是企业发展的两大支柱。

三是人本管理要处理好人和制度的关系。制度与人的关系主要体现在人是暂时的，制度是延续的，制度寓于企业管理的每一项工作之中。企业管理要靠几代人来解决，靠制度来延续。一个企业如果制度不完善、不规范、混乱，那么我们就不能相信这个企业的管理是好的。管理工作好是暂时的，管理制度好是永恒的。制度好，坏人难以得逞，歪门邪道难以得逞。制度差，坏人会钻空子，好人甚至会变成坏人。因此，制度和人的关系寓于每项管理工作当中。所以每项企业管理工作都应该既有制度，又要发挥人的作用，这是我们构建和谐企业必须要解决的一个重要问题。

［原载《中国石油报》，2007-03-20］

制度创新是国有企业改革的方向

1978年伊始的国有企业改革，先后经历了1979年到1983年的放权让利、扩大企业自主权阶段；1984年到1986年实行以承包责任制为主要形式的多种经营方式阶段；1987年到1992年的转换企业经营机制阶段；1993年起的国有企业改制新阶段，即建立以现代企业制度为目标的国有企业改革新阶段。国有企业改制与国有企业改革是既有联系又有区别的两个概念。国有企业改制是国有企业改革的延续和发展。所谓“延续”，就是不能割断国有企业改革的历史进程。没有1978年到1992年国有企业改革的各类措施及其实践，不可能在1993年提出国有企业改制的目标要求。但回顾历史，不是单纯评功摆好，而是为了照亮未来。反思改革措施，不是否定改革，更不是反对改革，而是为了更好地坚持改革，深化改革，推动社会更好地进步。所谓“发展”，就是不能停留在1992年以前的国有企业改革措施层面。因为这些国有企业改革措施的局限性日益显现出来。例如，对国有企业“扶持”“优惠”“倾斜”的改革措施，只能解决国有企业一些暂时的困难，不利于提升国有企业的市场竞争力，不能从根本上解决国有企业长期发展问题，因为公平、公正、公开是市场经济的基本准则。又如，用行政手段推广个别企业的管理方法和经验，虽然能局部改善一些具体管理工作，但从整体看不利于国有企业从本企业实际出发开展管理制度创新，因为企业是市场经济的主体，不存在计划经济体制下的千篇一律的管理方法。

在中国，国有企业是计划经济体制的产物。政府对国有企业的单纯行政管理导致千篇一律的管理方法。虽然在 1978 年开始的国有企业改革过程中，曾提出“政企分开”的口号，但直到 1992 年之前，政企关系及国有企业改革目标仍不明确，这是由于整个经济体制改革目标不明确。在此期间的提法先后有“引入市场竞争机制”“以市场调节为辅的计划经济”“有计划的商品经济”“国家调节市场和市场调节企业的经济”“计划经济与市场调节有机结合的经济”等。但在 1992 年明确提出经济体制改革目标是建立社会主义市场经济体制，取消计划经济体制。与此相适应的是在 1993 年提出国有企业改革目标是建立现代企业制度，使国有企业改革进入新阶段。

应当充分肯定，1993 年以来的国有企业改制取得了明显成效。但也必须清醒地看到这些成效是不理想的，没有达到预期的目标要求。当务之急是深化国有企业改革，加快国有企业改制步伐，建立与完善现代企业制度。

现代企业制度是以公司制度为主体的市场经济体制的基

本成分。到目前为止，全国多数国有企业特别是中小型国有企业已分别改为公司制或其他企业形态，一些大型国有企业通过主辅分离与辅业改制提升了市场竞争力。当前国有企业改制的突出表现是央企重组问题，这已被视为国有企业改革的攻坚阶段。

按照现代企业制度的目标要求，在央企重组过程中，应当处理好社会主义市场经济体制三个成分的关系，即消费者、企业、政府的关系。其中消费者是第一位的成分，最重要的成分。消费者构成市场的核心。国有企业制度创新的目标就是创造有价值的订单。维护消费者权益是国有企业改制的出发点和落脚点。必须在维护消费者权益的基础上来追求企业的合法利润。因此，在国有企业改制过程中，如何处理好企业与消费者的利益关系，是制度创新的基本内容。鉴于目前央企在国民经济命脉的重要行业和关键领域已处于绝对集中的地位，如何防止行政性垄断行为导致损害消费者权益和扼杀有效的市场竞争，便成为今后国有企业改制和规范现代企业制度的重要任务。虽然 2008 年 8 月 1 日生效的《反垄断法》有利于保护消费者权益和维护企业间的合理竞争，但因相关条款规定过于笼统、抽象，再加上执法机构分散，所以，我们更加期望在央企重组过程中的制度创新，取得更好的执法效果。

在社会主义市场经济体制各个成分中，企业是基本成分，政府是不可缺少的成分。企业与政府两者不是孤立存在的。企业离不开政府，因为市场是具体的，不是抽象的。市场经济活动中的消费者行为和竞争者行为应当是有序的、合规的，不是无序的、混乱的。政府的职责就是为企业服务，提供规则和执行规则，解决企业自身不能解决的问题。所谓“政企分开”，就是要明确企业与政府在市场经济中的各自定位。企业是社会生产力发展的载体，是创造财富和积累财富的单位，是市场经济活动的主体。市场经济体制中的企业与政府两者关系，不同于计划经济体制中的两者关系。应当发挥市场在资源配置中的基础性作用，发挥企业在市场中的主体作用。特别是大型国有企业通过公司制改造之后，必须确立独立的公司法人地位，明确公司与政府是建立在法律基础上的对等关系，不再是政府与国有企业那种领导与被领导的行政关系。目前央企与政府的关系仍然存在着种种不规范的表现，包括政府的越位、错位、缺位问题。因此，坚持“政企分开”的改革方向，具有重要的现实作用和深远的战略意义。

当前的国有企业改革存在着垄断性行业滞后于竞争性行业、中央企业滞后于地方企业、政府改革滞后于企业改制要求的状况，应当予以重视并加以有效解决。在中国搞市场经济能否成功，关键取决于能否处理好消费者、企业、政府三者的关系。而计划经济体制把这三者的关系颠倒了。当前的任务就是把被颠倒的三者关系改为符合市场经济体制的要求，符合社会生产力发展的要求，符合社会进步的要求。改制的实质就是要消除思维障碍，继续解放思想，调整三者的利益关系。倒退到计划经济是没有出路的，是死路一条。因为几十年的计划经济实践表明，计划经济是贫穷的社会主义，是失败的社会主义。20世纪的重大事件就是计划经济的兴起和计划经济的破灭。人类历史正反两方面实践表明，实行市场经济制度，是人类社会发展的历史规律。但是，国内外的市场经济实践表明，市场经济不是十全十美的，是有缺陷的。市场经济的局限性表现在它是有条件的，不是无条件的；是有范围的，不是无限的；只能解决社会效率，不能解决社会公平问题；只能促使人们去挣钱，不能解决如何挣钱和怎样对待金钱的问题。发挥政府作用正是有助于消除市场的缺陷，发挥市场经济的优越性。中国市场经济的前途究竟是好的市场经济还是坏的市场经济，也取决于消费者、企业、政府三个成分关系如何处理，尤其是企业与政府的关系。为了有效地消除权钱交易、官商串通，防止权贵市场经济的出现，必须加快转变政府职能，改革政府机构，处理好政府与企业之间的职责和权限的划分及其利益关系，改变计划经济条件下的“政企不分”状况。社会主义市场经济的成败，成在政府，败也在政府。

国有企业改制过程中的制度创新涉及三个方面的内容，即产权制度创新、组织制度创新、管理制度创新。这三个部分的内容是相互联系、相互补充、缺一不可、统一整体的关系，切忌片面、极端、孤立、刮风。其中产权是前提，组织是保证，管理是基础。即将进行的新一轮央企重组，实际上都涉及这三个方面的制度创新，不能仅仅作为一般性的产业结构调整和企业布局调整工作来抓。

央企重组过程中的产权制度创新，当前应当解决公司股权多元化、股权结构合理化、国有股东的确定、各类股东的平等法律地位、国有股东所有权与公司法人财产经营权的分离等诸多问题。解决这些产权变革问题的指导思想应当是“市场化”和“开发性”的基本原则，突破固有的以行政性行业控股公司为依据、国有企业之间相互持股的旧框框。最近有一位地方国有企业老总问：“一家央企要做大做强，通过政府来重组整合我们地方企业，这种做法对不对？”这位老总的提问很深刻，促使我们必须思考和回答一个问题：央企重组的目的是什么？央企重组的目的应当是形成有能力在全球市场参与跨国公司平等竞争的中国大公司或企业集团。而这些大公司或企业集团的形成和壮大，只有通过市场竞争、市场检验、优胜劣汰实现，不能单纯由政府的行政手段来决定。因此，必须明确国有资产出资人即国有股东的职责和权限。而解决国有股东的构建及其职责和权限问题，又涉及国有资产管理体制改革问题。国有资产管理体制改革是一项系统工程，当务之急是要解决“政资分开”问题，即管理国有资产的政府机构与经营国有资产的股东机构分开。2003 年国务院国有资产监督管理委员会成立以来，解决了在此之前的国有资产多头管理问题，但鉴于国资委的定位不明确，并未真正解决国有股东的构建及其同公司法人的关系。

在构建国有股东的过程中，必须处理好国有股东与公司法人的产权关系，实行国有股东所有权与公司法人财产经营权分离的新型公司产权制度，改变传统国有企业“政企不分”“政资不分”“国有股东与企业不分”的状态。依据《公司法》及其相关法律的规定，国有股东承担国有资产出资的责任与义务，享有股东的权利与利益，包括投票权（即投票选举董事和表决重大决议的权利）、分红权、转移权、知情权、优先认股权等。公司法人对股东承担信托责任。公司法人财产经营权是指作为依法独立的公司法人必须对股东出资的财产承担法律责任，同时拥有统一支配公司法人财产的权限，包括产业资本与金融资本相结合的经营权、股权与债权相结合的经营权以及税后利润分配权。

在国有企业产权制度改革的过程中，实行“国有股东与公司法人分开”即国有股东所有权与公司法人财产经营权分离的新型公司产权制度，这是社会主义市场经济体制的要求，有利于实现央企重组的目标。一方面，有利于国有股东集中精力提高国有资本的运作效率，实现国有资产的保值增值；另一方面，有利于维护公司法人财产的独立性与统一性，使公司在重组、并购、再造、整合中一步步壮大，推动技术进步和提高经营效率。在央企重组过程中，既要发挥国有股东的作用，又要发挥公司法人的作用；既要避免单纯由企业自愿组合，又要防止国有股东或行政机构主导一切。国有股东与公司法人分开，就是要明确划分国有股东与公司法人在央企重组中的各自职责和权限。但是国有股东所有权与公司法人财产经营权的分离，并不意味着国有股东可以不过问公司法人财产经营状况或是公司法人可以脱离国有股东而为所欲为。例如，处理央企重组过程中投资与贷款的关系，必须改革传统国有企业投贷不分的制度性缺陷，实行投贷分开的新型公司产权制度，即国有股东承担投资责任并享有投资收益权利，公司法人拥有举债权利并对债务承担法律责任。反映在公司资产负债表中，即是表中的左边为公司资产即公司法人财产，右边分为两个部分（股东权益和债权债务）。因此，公司法人既经营股权又经营债权，拥有股权与债权相结合的经营权。当然，公司法人对股权与债权的经营效果取决于公司资产负债率或偿债能力大小，而且重大举债事项需按公司法规或公司章程交由股东机构表决。

计划经济体制下的传统国有企业，实行统收统支、税利不分的企业财务制度，即国有企业全部收益上交国家，既交税又交利，全部费用由国家统一支付。但是，通过对国有企业的公司制改造，包括改制后的有限责任公司、股份有限公司或上市公司，应当实行税利分开的新型公司财务制度。依法纳税是公司对国家的应尽义务。至于税种、税率及其有关税收的各项政策，则由国家统一规定，这是政府对企业宏观经济调控的重要工具与手段。而税后利润的分配权，则属于公司法人的职责与权限。公司法人对税后利润的分配，既包含公积金的提取及相关费用的支出，也包含股东分红比例的确定。因此，国有股东拥有分红权，但具体的分红比例及其相关方案则属于公司法人财产经营权的范畴（税后利润分配方案需按相关规定交由股东机构表决）。这是国有股东所有权与公司法人财产经营权分离制度的重要表现。至于国有股东获取的分红收益与国家税收所得的关系，则属于国家财税体制改革和国有资产管理体制改革必须进一步解决的问题。

综上所述，在以央企重组为突破口的国有企业改制过程中，产权制度创新是前提条件。为此，应当坚持实行政企分开、政资分开、国有股东与公司法人分开、投贷分开、税利分开的“五分开”制度创新方向。为使国有企业产权制度改革取得更好效果，必须建立规范的公司法人治理结构，处理好股东机构、董事会机构、以总经理为代表的管理机构之间的权力制衡关系，改革传统国有企业领导体制及人事制度，如近期上海提出对企业领导人员不再延续党政机关干部的管理办法，按市场化原则选任用人机制，取消企业领导人员的行政级别，不再保留公务员身份。这些都是今后国有企业改革的制度创新方向。

［原载《经济与管理研究》，2008（10）］

十把科学“钥匙”打开管理提升之门

管理提升对企业而言是一项重要的工作，也是一项系统工程，需要在很多方面做出成绩，才能得到最终结果。对于每个企业的管理提升来说，背景和要求不一样，侧重点也不一样，这样就要求必须有所差异，即需要有针对性才能取得理想的效果。对于大型央企而言，管理提升的重点是加强科学管理，提升发展质量。既不能不分重点，也不能眉毛胡子一把抓，而是必须找到关键和着力点。综合来看，在管理提升中需要注意以下十个方面，既打造十把科学“钥匙”来帮助企业提升管理活动。

第一，依据内部条件和外部环境来加强科学管理，提升发展质量。内部条件包含四个方面。首先是生产要素，分析设备、机器、劳动者的状况是否适应发展需求；其次是流通要素，分析企业是否适应市场变化；再次是科技要素，要对专利、技术水平、技术结构、人才状况清清楚楚；最后是清楚无形资产是否有优势，是否适合知识经济时代、信息时代的要求。这些都要求领导有清醒的头脑和客观的判断。外部环境的关注点有五个：资源物质条件、历史环境、社会文化环境、宏观和微观经济环境。其中，宏观经济环境包括财政、货币、金融、税收等影响，微观经济环境涵盖企业竞争对手的成本、价格等内容。分析内外部环境，找出有利因素，看到不利因素，发挥优势条件，并将劣势条件可能导致的损害、损失和风险降到最低，这就是科学管理的着力点和关键。

第二，处理好市场经济体制的三个成分，即消费者、央企本身和政府的关系。消费者是检验央企发展质量的唯一标准、最好标准，争取了消费者就能打败国内外的竞争者。

第三，完善现代企业制度。制度创新包括产权制度、组织制度、管理制度，产权是前提，组织是保证，管理是基础。创新是支撑企业持续发展的内在主线，企业管理提升就要从这三个制度的创新入手。

第四，重视股权和股权结构调整，要更加科学地处理复杂的股权关系，进而合理地进行股权调整。对于股权的配置，必须结合企业实践来推行，尽可能吸引潜在的投资者，调动更多的社会资源来推动企业发展。

第五，坚持组织变革。处理好母子公司关系。组织变革包括横向变革，指机构、岗位设置、人员配备是否科学，是否适应市场经济、全球化、信息化等要求。纵向变革，央企的组织层次不应超过三个，层次太多容易鞭长莫及。横向的分工要明确，纵向的层次要减少。只有内部组织有凝聚力，才有外部的市场竞争力。

第六，规范公司法人治理结构。这是决定公司发展命运的核心问题、根本问题。公司法人治理结构是法律规定的三类人的关系：第一类是股东、出资者，第二类是董事，第三类是以总经理为代表的管理者、经理层。他们都处于公司的高层。只有处理好这些高层的治理关系，管理才是科学的。

第七，实行战略管理与业务管理相结合的管理制度。战略管理是解决方向、使命、趋势问题的，业务管理就是基础管理、细节管理、精细化管理，战略和业务相结合才是科学的。而战略管理中不应只关注母公司的战略，子公司和孙公司的战略不能被母公司的代替。

第八，处理好规模和效益、成本和质量、微利与暴利、进入市场与退出市场、主营和兼营这五大关系。

第九，实行综合、系统、科学的业务管理制度。以中国石油为例，该公司大致有几大管理系统要建立和分析：生产管理系统，营销管理系统，研发管理系统（或者技术研发管理系统），人力资源管理系统，财务管理系统，并形成较为完善的业务管理制度体系来支撑企业运营。

第十，央企制度创新和央企文化建设相结合的管理框架。文化是无形的力量。制度是硬的，文化是软的，制度是外在的，文化是内在的，科学管理必须双管齐下才能取得好的效果。

[原载《中国石油报》，2012-08-14]